合肥工业大学图书出版专项基金资助项目

# 乡村振兴背景下
# 农地资本化的实现机制研究

王海涛　张本照　窦晨彬　著

合肥工业大学出版社

　　乡村振兴战略是党的十九大报告中提出的重大战略。实施乡村振兴战略是建设现代化经济体系的重要基础，也是实现全体人民共同富裕的必然选择。围绕乡村振兴工作的实际需要，国家层面做了一系列顶层设计，2021 年 2 月 25 日国家乡村振兴局正式挂牌；同年 4 月 29 日《中华人民共和国乡村振兴促进法》表决通过并于 2021 年 6 月 1 日起正式施行。在人口与产业结构全面变革的新时代，如何有效推进乡村振兴以及如何切实激发乡村振兴的内在动力是政界和学界普遍关注的问题。

　　激发乡村振兴动力的关键在于激活乡村土地、人才、资金等相关要素。历代农村变革的逻辑起点都是从农村土地制度改革开始的，全面推进乡村振兴的土地制度改革也就自然成为其核心突破点之一。当前及未来一段时间内乡村振兴面临的问题就是如何有效盘活乡村土地资源？如何激活农村土地要素以赋能乡村振兴？本书尝试从历史演进的角度梳理农村土地制度变革的基本逻辑，提出推进农地资本化流转以实现农地价值增值的实现机制。农地资本化是指将农村土地资源以市场化的逻辑进行标准化设计，进而实现其价值增值的过程；其实质就是将农村土地进一步明确产权和权能，消除我国进一步全面深化改革过程中长期积累起来的屏障，使得农村土地财产权利流动起来，切实提高农民获取土地收益和增加收入的能力。

　　全书的内容有五篇二十章：第一部分为农地产权市场篇，主要梳理我国农业经营制度的演变逻辑，明确乡村振兴对土地利用及土地权能改革的新要求，对农村耕地资源利用、闲置宅基地流转和农村建设用地的产权市场建设进行针对性设计，为农地资本化的实现与实践提供理论框架基础。第二部分是农地流转模式篇，主要介绍了农户自发、集体主导和市场主导的农地资本化流转模式，剖析了相关资本化流转模式的内在机理与实践逻辑。第三部分是农地资本化机制篇，主要从定价机制、分配机制、风险防控机制和抵质押融资的实现机制等方面系统介绍了乡村振兴背景下实施农地资本化的具体运行逻辑与理论机制。第四部分是农地资本化实践篇，详细分析并对比梳理了农村土地股份合作社、城乡土地增减挂钩、集体经营性建设用地入市及农村"三变"改革等农村土地资本化的实践案例，基于农地资本化的时代要求、整体框架与理论机制，分析了每一种实践的推广价值和适用条件，为农地资本化系列建议的提出奠定了基础。第五部分是农地资本化政策设计篇，主要是梳理全书的主要结论，从产权市场建设、流转模式优化、风险防控构建、资本化产品设计等方面有针对性地提出相关政策建议，为业界提供相关决策参考与依据。

本书是合肥工业大学乡村振兴基金专项"脱贫攻坚与乡村振兴建设有序衔接的理论、方法与实践研究"（JS2020HGXJ0092）、安徽省自然科学基金项目"新型城镇化中农地资本化红利的形成机理、分配机制及影响因素研究"（1508085QG142）、教育部人文社科规划基金项目"新型城镇化进程中农村土地资产证券化定价机制、利益分配及其风险防控机制研究"（14YJA790078）的阶段性研究成果。本书的出版得到2020年度合肥工业大学图书出版专项基金（HGDCBJJ2020034）的资助。全书由王海涛（合肥工业大学副教授/博士）、张本照（合肥工业大学教授/博士）、窦晨彬（合肥工业大学讲师/博士）组织统稿撰写完成。具体分工如下：第一章（王海涛、汪曲）、第二章（张本照、张子扬）、第三章（王海涛、刘道林）、第四章（张本照、杜启明）、第五章（王海涛、罗余银）、第六章（张本照、吴佳湟）、第七章（王海涛、赵明远）、第八章（王海涛、郭正梅）、第九章（张本照、沈爱迪）、第十章（张本照、张玉）、第十一章（王海涛、汪曲）、第十二章（方春丽、窦晨彬）、第十三章（王海涛、慕文静）、第十四章（王海涛、朋新苗）、第十五章（王海涛、陈天磊）、第十六章（王海涛、祁原杰）、第十七章（王海涛、梅健）、第十八章（张本照、谢逢彬）、第十九章（张本照、方心语）、第二十章（苏娟娟、李运达）。在此，向为本书出版做出贡献的相关支持者表示衷心的感谢！

本书试图系统全面地分析我国乡村振兴背景下农地资本化的实现机制与实践逻辑，尝试为有效盘活乡村沉睡的土地资源提供思路，建立乡村土地资源资产证券化的设计框架。现在这本书是我们对农地资本化理论与实践机制的初步研究成果，由于该课题内容涉及主体众多，内容丰富，体系庞大，有许多理论和实践问题还需要进一步探索与梳理，因此，本书难免还有很多不成熟的观点、瑕疵和缺陷，希望各界同仁提出宝贵意见，以利于我们今后继续开展深入研究。

最后，感谢合肥工业大学图书出版专项基金对本研究的支持，感谢合肥工业大学出版社对本书出版所做出的努力与帮助！

王海涛

2021 年 11 月

# 目录

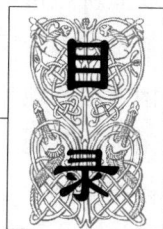

## 农地资本化实践篇

### 农地资本化政策设计篇

# 第一章　绪　论

## 第一节　问题的提出

乡村振兴战略是党的十九大报告中提出的一项重大战略。当前，我国正处于正确处理工农关系、城乡关系的历史关口，如何处理好工农关系、城乡关系，在一定程度上决定着现代化的成败。党中央提出，要坚持农业农村优先发展，按照产业兴旺、生态宜居、乡风文明、治理有效、生活富裕的总要求，建立健全城乡融合发展体制机制和政策体系，加快推进农业农村现代化。

乡村振兴的关键在于城乡要素的双向自由流动，尤其是激活乡村各类资产性要素。中华人民共和国成立后，在当时的历史条件和国际环境下，依靠农业农村支持，在一穷二白的基础上推进工业化，建立起比较完整的工业体系和国民经济体系。改革开放以来，依靠农村劳动力、土地、资金等要素，快速推进工业化、城镇化，城镇面貌发生了翻天覆地的变化。新时代背景下，围绕共同富裕的伟大目标，实施乡村振兴战略，着力推动农业农村现代化发展，就需要打通城乡要素流动的双向通道，其中的关键问题是如何实现乡村要素资源的价值。

众所周知，市场是资源优化配置的有效手段。乡村振兴的关键是让市场能在农村资源配置中发挥基础性作用，提高资源配置效率。市场的实质在于自由平等地交换，核心是产权的交换。科斯（1994）认为，如果交易费用为零，那么无论产权如何界定，市场机制都会使资源配置达到最优。但现实中由于交易费用的存在，不同的产权制度安排产生不同的交易费用、不同的激励约束机制，从而影响着交换主体决策行为，影响着交换的发生以及资源配置的效率。因此，产权制度安排显得非常重要，其成为资源配置的逻辑起点（曲福田 等，2011）。在我国城乡二元土地制度下，城乡土地要素流动游离于市场之外，土地征用或征收成为城乡要素流动的唯一途径。长期以来，由于农村集体土地产权不清和产权制度的激励约束等功能的缺失，农村土地资源配置低效、农民权益受损问题较为严重。党的十八届三中全会和 2014 年中央一号文件明确提出："稳定农村土地承包关系并保持长久不变，在坚持和完善最严格的耕地保护制度前提下，赋予农民对承包地占有、使用、收益、流转及承包经营权抵押、担保权能。在落实农村土地集体所有权的基础上,稳定农户承包权、放活土地经营权,允许承包土地的经营权向金融机构抵押融资。"这为盘活土地资产,促进城乡要素流动提供了新的政策基础。

本书基于乡村振兴战略背景,围绕如何有效盘活农村土地资源,实现其资源禀赋价值,提出农地资本化的研究框架,算是一个尝试。农地资本化是为了增加土地的流动性,这种流动性形成农村和农业的资本积累,就是希望以权证的方式虚拟土地使用权未来收入预期的贴现值,使其可以在交易市场上获得流动性,产生土地资源配置的帕累托效率。本书基于我国乡村振兴战略背景,围绕农村土地资本化运行模式与实现机制进行系统研究,拟主要回答下列问题:乡村振兴背景下不同类型的农村土地产权交易市场如何建设?农地在此过程中流转模式是怎样的、存在怎样的内在逻辑关系?农地资本化的运行机制和形成机理是怎样的,如何实现?这些问题的回答对进一步推进乡村振兴战略的实施、推动农村土地资本化的运转、提高农民获取土地红利比例和增加收入能力,具有重要的理论和现实意义。

## 第二节 国内外研究进展

### 一、有关农地经营制度的相关研究

农地经营制度是我国"三农"问题的重要制度之一。美国汉学家利伯塔尔认为人民公社制度在一定程度上激发了个人积极性。钟甫宁(2021)从要素配置的角度对中国农业经营制度进行分析,他认为农业生产资源配置和利用效率不仅取决于政治经济制度,也取决于农业生产资源配置和利用效率。未来的农业生产组织应当具有充分的弹性,能够像制造业的全球产业链一样在不同层次上进行分工协作。"看得见的手"应帮助生产者实现这种具有弹性的协作方式。田鹏(2021)提出要提升不同农地产权结构及其权能体系下多元产权主体可行性能力,同时强化法治保障,完善体制机制,实现农地产权制度创新与农业经营制度变迁的协同演化。陈苏广(2015)从农业经营制度的变迁来研究新型农业经营体系的构建,提出培育新型农业经营主体,构建全覆盖的、具有活力的农业社会化服务体系,构建适应现代农业发展的宏观经营环境。

实现"乡村振兴",推动农村城镇化进程,离不开农村土地资本化。在解决乡村经济发展的问题时,将依托土地资本化作为重要抓手,不仅能有效解决农村土地资源的闲置、土地细碎化等一系列农村发展的现实矛盾,还能整合土地权益和社会资本,使具有较强独立性的土地经营权在金融机构的业务创新下利用率得到进一步的提升。党的十九大以来，中央文件多次强调深化土地制度改革和建立农业现代化体系，完善产权制度和要素市场化配置，形成土地资源与人、钱、业等要素的协调发展格局，促进乡村全面振兴。中华人民共和国成立 70 多年以来，中国农村土地制度不断发生变化，耕地资源的利用方式也随之而变（罗玉辉，2020）。耕地是农民群众的财富。盘活耕地资源，使其积极流转，才能真正改善乡村生活水平，加速乡村发展（韩长赋，2018），并对高标准农田建设具有重要意义（张承 等，2020）。在农业生产经营大规模发展的趋势下，劳动力成本上升导致的资本替代劳动已经成为不可逆转的趋势，农地资本化将成为农业发展新动能的关键（胡雯 等，2019）。有效的公共干预可以促进农地市场流转，应发挥基层政府组织及村委会的优势，为流转双方提供充足的信息以及保障合约的进行，扩大流转市场的范围，同时激发各方的流转意愿（陈甲 等，2021）。

## 二、有关宅基地和建设用地流转的相关研究

农村集体经营性建设用地直接入市，对助力乡村振兴、建设高标准市场经济体系、增加农民财产性收入意义重大。伴随着城镇化进程的加快和村庄空心化，农村闲置宅基地不断增加，在尊重农户退出意愿的基础上对宅基地退出机制与模式的研究成为核心，众多学者认为退出机制的缺失是宅基地大量闲置的主要原因（夏柱智，2018；张勇 等，2016）。有学者认为，在考虑农村宅基地退出补偿意愿的基础上，可基于退出宅基地农户货币补偿、实物补偿以及就业保障等激励农户闲置宅基地退出（邹伟 等，2017），通过增加闲置宅基地持有成本等约束退出（Zhao et al，2020）。构建长效退出利润分享机制更有利于激励农户退出闲置宅基地，通过建立宅基地退出收益分享机制、长期收益分配机制、设立宅基地发展权，构建政府、村集体、农户主体对宅基地收益分配关系及比例，对不同地块、不同群体的农户实行不同的收益分配比例，提高农户退出闲置宅基地的积极性（Zeng et al，2019）。保障农户退出闲置宅基地的后续生活，完善社会保障体系，提供就业机会，提高社会福利水平，维系社会稳定秩序才能标本兼治农户退出闲置宅基地的后顾之忧（Lv et al，2017）。在集中宅基地退出模式与机制的基础上，尊重自然区位条件，因地制宜通过复耕、复绿以及产业发展等推进闲置宅基地再利用（何潇，2020；刘燕 等，2020），实现经济价值与社会效益的双提升。根据不同组织主体形成的闲置宅基地组织模式，可以划分为政府主导型、村集体推动型、市场组织型。对宅基地进行统一规划、集中管理，发挥市场的灵活性与政府及村集体的协作配合，明确多主体间的角色定位，做到宅基地退出与再利用的有效衔接（薛珂，2016；彭华 等，2018）。未来宅基地退出再利用的研究重点将逐步转向以服务乡村振兴为目标，完善政策体系以确保农户退出闲置宅基地后的可持续发展利益。

2019 年修订的《中华人民共和国土地管理法》明确规定了农村集体经营性建设用地合法入市交易，提出农村经营性建设用地入市的未来路径（于佳秋，2021）。农村集体建设用地市场化整合可以较好地解决农村建设用地分散性大、工业用地空间不足的问题。赵天如和黄亚平（2018）梳理了中华人民共和国成立至 21 世纪初中国农村集体建设用地的发展进程，提出构建"因素层-行动层"框架和农村集体建设用地流转机制。陈明（2018）认为现阶段改革离"建立城乡统一的建设用地市场"这一目标还有很大距离，主要存在与城镇化战略衔接不足、改革举措难以全面推开、与关联改革配套性不够等问题。总的来说，只有依靠深化改革的市场化程度来破解，需要在调整规划管理体制、探索市场化机制、深度打通"三块地"改革上有所突破。

### 三、有关农地资本化流转模式的相关研究

农地资本化流转模式按照参与主体可以分为农户自发型、集体主导型和市场主导型三种类型。农户自发的农地资本化流转模式是一种农户为了追求自身的利益，自愿参加以家庭为单位的土地流转模式，人地匹配、城乡生产力发展的要求以及农户自有的土地观念推动着农户自发的农地流转模式发展至今（于传岗，2014）。这种模式中的土地流转一般活跃于农户之间，相对于其他的农地资本化流转模式，其流转的多为细碎土地，面积较小且流转的效率较低（何春华，2019），但农户自发的农地资本化流转模式的机会成本和国家治理成本相对于其他两种流转模式来说却是最小的（于传岗，2012）。农户自发的农地资本化流转模式的流转方式主要分为农地互换、出租和转包，如重庆江津模式（何雄浪 等，2021），互换增加了双方的收益，加快了农村剩余劳动力的转移，农地化碎为整也增加了耕种效率（曹海涛，2010）。农地转包是当下主流的流转方式，以转包形式多样、转包成本较少且转包过程中信息更加透明的温州模式为代表（韩江河，2008），土地转包极大地带动了全国农地经济的发展，但在较为偏远的地区，土地转包多以口头协议为主，增加了违约成本，带来了较大的不确定性（朱小静等，2019）。目前由于农地流转的相关法律没有得到完善，政府缺乏管理体系，农户主体没有得到相应的权利和农地市场体系不完整等都阻碍了当前农户自发的农地资本化流转市场发展（郑雄飞 等，2021），地方政府和村集体在农村土地流转中发挥着协调和整合的作用，可以提高农户自发型农地流转的效率（席莹，2018）。

集体主导型农地资本化流转模式现存有土地托管模式、返租倒包模式、土地租赁等方式（Pender，1999），村集体作为中介方，连接了农户供给者和种养大户等企业的需求方，实现了有前瞻布局发展的土地流转，承担着具有议价能力的主导角色（桂华，2019）。集体主导型以适度规模经营为主，土地流转也以适度

流转为主（Jensen，2002）。宋宜农（2017）认为，农用地流转模式主要包括私人流转模式、政府主导模式、市场导向模式三类。Matthew（2001）指出，更多的农户通过土地租赁的方式而非土地买卖来获得土地。杜焱（2021）指出，返租倒包模式中农户发挥了极大作用，其中村集体作为中介承担沟通土地流转双方的义务。David（2017）指出，土地托管作为流转模式之一，能促进政府、村集体、农户等多方受益，产生集合效应，目前国内外正在逐渐兴起。由于集体组织主导的土地流转也会涉及多方群体，故此会产生委托代理关系（苗绘，2021）。张新辉（2006）认为，目前农户与集体组织间的委托代理问题主要是农地产权界限不清晰。王蔚（2017）认为，在农业合作社这种土地流转模式中，委托代理关系极为明显，但是可通过合作社民主治理制度规范化、设置外部理事制度等措施，解决大农小农之间的委托代理问题。熊玉娟（2010）通过清晰界定农地产权，建立健全农地市场，改革规范集体组织等措施，对产权制度本身及相关制度进行改革，从而为农地产权制度运行提供有效的内部激励和外部约束机制，为建立高效的委托代理制度提供可能。

我国农村土地信托是以农村土地为标的物的新型信托模式，以土地承包经营权作为转让标的，以此来间接管理财产（杨宏等，2016）。陈强（2021）认为，我国目前开展土地信托将面对存在法律漏洞、委托人身份不明晰、农地信托产品设计和经营难度较高、农户认知程度较低这四类问题。马浩翔（2021）认为，我国信托模式存在的很大问题之一是农民过于依赖土地，很大比例的农民以土地为立身之本，不愿进行土地信托（2021）。土地银行制度最早起源于200年前的德国，随后，美国的"联邦土地银行"、法国的"土地信贷银行"等都陆续以土地抵押贷款等业务开展土地银行工作，以解决农业发展过程中农业企业尤其是新型经营主体、小规模的企业存在的"融资难"和"融资贵"问题。Feeny（1993）认为，产权明晰对经营主体来说具有绝对的重要意义，其可以进一步提高投资者的投资信心。廖皓杰和曾鸣（2019）认为，我们可以借鉴国外比较完善的土地银行模式，土地银行应发展为由政府主导的政策性银行，解决我国土地银行功能单一的问题，鼓励其金融多元化发展。熊晓轶等（2020）认为，我们可以学习西方模式，采取建立土地银行的方法解决城市化改革进程中的土地问题。肖金成和卢秉忠（2021）探索了我国土地银行应具备的功能及组织架构，既要兼备服务职能，又要承担监督职能。

## 四、有关农地资本化机制的相关研究

农地资本化机制的核心问题就是土地流转定价、收益分配及风险防控问题。土地经营权的流转定价是研究"三权分置"的重要问题（韦鸿 等，2020）。朱道林（2016）认为，流转价格是一种非常重要的标准，主要是用来衡量新形势下流转市场发育程度和流转体系是否健全；高艳梅和张效军（2012）指出，社会保障价值主要由基本的生活保障价值和就业保障价值组成。于丛艳（2020）利用经济学的思维，将农地的流转过程看作是商品的流转，而在经济学中价格恰恰是体现商品价值的工具。杨向飞等（2016）指出，当前我国农地流转价格主要有四种形成机制，分别是以收益为主导的价格形成机制、以市场为主导的价格形成机制、以成本为主导的价格形成机制和以权力为主导的价格形成机制。评估农地价格的方法，最常见的主要有收益还原法、市场比较法和成本逼近法（张天祥，2016）。在实际评估农地价格时，需要根据不同农地特点以及农地所处市场与自然环境选择合适的评估方法。农村社会所处的区位存在差异性，就会使得农地流转价格呈现多样化的趋势，农地流转价格的影响因素差别也会很大（陈玲，2019）。张晓娟（2018）提出，农地质量、所处区域特点、当地经济发展状况、农户的个人情况等与流转价格均呈正相关关系，非农收入占家庭收入比重以及农村政府的保障制度与农地流转价格呈负相关关系。Drescher（2001）探究了明尼苏达州地区农地流转价格的影响因素，利用特征价格模型测度土地特征的内在隐含价值，研究结果表明农地的流转价格会受农业发展所需的生产要素以及需求因素的影响。

现有关于农地资本化利益分配的研究内容主要表现为以下三方面：一是农地资本化与农户增收。冒佩华和徐骥（2015）认为，推进土地农地资本化是促进我国农民增收和现有农地制度完善的新途径。杨子和马贤磊等（2017）认为，土地流转使转入户家庭人均总收入和农业收入显著提高，并且大规模转入的农户总收入的增加程度显著高于小规模转入农户，论证了规模效应的存在。耿宁和尚旭东（2021）研究论证农村土地资本化可以显著增加农户的福利水平，且租入户的净福利增加值显著高于租出户，并指出租出户福利提升不明显，主要是因为土地制度改革的效果存在滞后性。二是农地资本化中农户利益的保障。有学者认为，农地资本化过程中，农民权益受到侵害，其所获收益占比相对较小（宋家宁等，2016）。李长健和张伟（2016）在对农村土地流转过程中利益博弈分析的基础上，探索保护农民土地权益的制度机制路径，形成创新农地信托服务制度、农地信息平台制度以及农地舆论监督制度的农民土地权益的安全保障网络体系。另外，史常亮（2020）发现收入水平越高的农户在农地资本化过程中会获得更高的收入，进而导致农户内部收入差距增大。三是农地资本化的利益分配。张本照和谢璇（2018）提出，不同主导模式下农村土地流转利益分配存在差异，相比大户（企业）主导流转模式、村集体（中介）主导流转模式，参与方完全纵向一体化的土地股份合作社模式带来的流转双方利益最大。刘子俊（2019）研究指出，构建按贡献分配的农地资本化利益分配原则，确定合理的收益比例和灵活多样的分配方式，以及加强对土地增值收益分配的监督等。孙士越等（2020）则指出，通过初次分配和再分配或"以地定权"的一次分配和"以人定权"的二次分配的收益分配模式，调节农地资本化利益分配格局。

农地资本化作为一种土地利用制度创新，对振兴我国土地资源、改变土地利用方式、提高土地利用效率具有重要意义（Li 等，2017）。随着农村集体土地改革，社会主义新农村建设的推进，城市化的快速发展和土地资本化是农村经济发展的必然选择。Sun 和 Chen（2017）发现，土地资本化在给社会带来实实在在的利益的同时，也存在诸多风险，尤其是流转风险。耕地资本化中的流转风险主要是指影响流转行为能否正常发生以及流转行为有无损失可能的风险，如农地流转权益风险、市场风险、农地过度集中风险等（朱强 等，2012）。Paata 和 Badri（2018）提出，农业用地的价值是组织成功耕作的基本要素。在农用地定价中，应考虑若干因素，其中最重要的是土地租金和与农业用地有关的立法条例。但我国的耕地定价机制不够完善，给农户带来不可避免的风险。

## 五、有关农地"三权分置"与土地股份合作的相关研究

"三权分置"是继土地承包责任制改革之后的国家土地制度又一重大改革举措，但是这项改革在学界中存在争议，争论点在于"三权分置"的核心内容：土地承包经营权的拆分。"三权分置"对构建和完善我国农地权利体系具有一定的合理性（丁静茹，2019）。农村土地融资的前提是农地能够流转，农地产权制度是农地流转的基础，解决农地问题的关键在于界定土地权益属性（高韧，2018）。对于"三权分置"持反对意见的学者则认为，这是基于产权对农村土地提出的观点，加上农地"三权分置"的改革缺乏法律支撑，与法理不相符。土地经营权的定位与定性是"三权分置"农地新型权利体系中最重要的一环，但目前立法并未对其做出准确界定（屈茂辉，2020）。我国现行农地流转制度不完善、抵押农地难以实现等问题需要政府和金融机构共同努力解决（黄昊明，2020）。我国目前土地经营权抵押制度模糊的问题依然存在（倪成杰，2021）。综上所述，"三权分置"是为未来盘活农村经济，解决农地问题而提出的前瞻性举措。

袁青峰（2010）认为，股份合作经济也存在弊端，要注意合作社制度的合理性与产权分配的合理性。张兰君等（2013）认为，土地股份合作的驱动因素为这种经济合作模式增强了农业的竞争力，满足了农民获得稳定的长期收益的需要，也有利于推动城镇化、工业化和城乡一体化。应瑞瑶（2004）认为，职业经理人问题成为合作经济组织不可忽视的重大问题，因为合作社的委托代理关系极其复杂。加强合作企业成员、专业农户和权益农户之间的利益关系，能够促进多主体跨区域合作（Ying，2019）。田莉和于广宁（2021）指出，金沙河土地规模经营合作

社的制度安排主要有股权结构明晰、利益分配合理、人人一本明白账、节本增效抗风险、以农民实践培训和试验田种植为重点。张天佐（2020）指出，金沙河种植合作社采用固定租金或股权分红两种分配模式，通过"固定租金"或"保底收益"等方式，确保农户的土地收益。合作社可以根据当地的生产力水平，将相邻的合理土地移交给专业农民管理，并将其作为一个单独的核算单位，这样做不仅可以实现适度的规模经营，而且还可以提高土地的综合产出效益（叶梓，2020）。

土地"增减挂钩"机制的核心是调整土地布局和土地结构。在我国城市用地严重短缺、农村土地使用粗放的背景下，增减挂钩的实践具有重要意义（郁俊莉，2015）。呼东方（2018）认为，从地票改革试验来看，农民对农村宅基地及附属设施用地的利用和管理观念发生了很大变化，更加重视权证办理，更加珍惜农村土地房屋财产，更加注重对集体内其他成员使用宅基地的监督。农民对土地财产权的重视，也反过来促使政府进一步完善农村宅基地审批管理，以精细化为目标加强农村土地权籍管理，以城乡一体化发展为指导加快推进农村土地利用规划编制，不断深化、推动农村产权制度改革。当然，在实施过程中，要坚持土地承包责任制不变、耕地质量不降、数量不减以及农民自愿的原则，并且建设出高质量、高水平、宜居、宜作的新型城镇（刘亚伟，2016）。从农民的角度来看，宅基地换房这一模式能够提高农民的生活水平，较好地解决"三农"问题。"三农"问题的核心是农民问题，充分尊重农民的意见，对稳定社会有着极其重要的意义，也符合宅基地换房建设小城镇的初衷，即实现广大农民安居、乐业、有保障（杨雅婷，2015）。蒋省三等（2003）通过对广东佛山市南海的调查，提出农民可借助土地权利参与工业化，既可以减少征地制度的权益损害，又有助于地方的工业化进程。冯青琛等（2014）认为，农村集体经营性建设用地入市，可以为农村土地改革的实施注入新活力，并指出允许农村集体经营性建设用地入市是农村土地改革的前奏，也是加快城镇化进程的必要手段。叶红玲（2018）总结了南海集体经营性建设用地入市实践的五个创新点和五个基础条件。伏绍宏等（2017）通过对收益分配各级文件的政策梳理，结合成都市郫都区不同收益分配案例的对比分析，围绕国家、集体、农民、社会资本四类主体，有针对性地指出重构收益分配机制面临的现实障碍并提出对策建议。崔雪炜（2021）认为，城市规划区内集体经营性建设用地入市打破了农民对农业、农村的依存关系，导致农民集体的群体性特质改变。

随着我国经济的快速发展，农村资源分散、资金分散、农民分散等问题，导致我国农村经济难以实现现代化发展，以至于城乡差距越来越大，农村经济的发展问题亟待解决，六盘水市农村"三变"改革的成功，给出了很好的解决路径。六盘水市农村"三变"改革实践推动农业供给侧结构性改革、培育农业农村发展新动能、实施精准扶贫有效脱贫、促进欠发达地区农业现代化发展等方面有很好的实践创新价值（王永平 等，2018）。农村"三变"改革与经典农地股份合作制不同，尽管其核心都是股份合作制，但两者制度生成环境、制度变迁方式、政府参与程度等存在差异，六盘水市实践表明"三变"改革是经典农地股份合作制的升级与再造，是农地股份合作制在贵州的新实践（于福波，2019）。农村"三变"改革是欠发达地区实现农业现代化的路径（孔祥智 等，2016）。渭南市"三变"改革借鉴六盘水市"三变"改革经验，依据自身特色开展"三变"，也实现了壮大集体经济等目的，为乡村振兴提供了新路径（王留鑫，2020）。各地通过"三变"改革，不仅盘活了农村自然资源、闲置资产、人力资源等，而且还激发了政府资源、集体资源、社会资源等，使各种资源发挥其最大化的价值，极高地促进了农业生产效率、农民收入增加、农村资源增值，为新时代乡村振兴发展提供了新路径（王东京 等，2017）。

泰国、印度、巴西等发展中国家对农地产权的界定非常清楚，就减少了一些潜在风险，提高了资源配置效率，显著增加了金融机构对农户的信贷供给（Piza et al，2016）。张艳平（2020）认为，我国农地确权促进了土地流转，催生了专业大户、家庭农场、农业合作社和农业企业等新型农业经营主体，农业的生产效率得到了提高，生产规模得到了扩大，但是农业经营的风险也在加大。土地信用合作的实质是提高农业的生产效率，合作社通过股份制等形式把分散的土地集中起来经营（Helfand et al，2019）。但是我国的农村信用信息共享机制不完善，还存在漏洞，这是阻碍农村经济发展的重大障碍（李荣强 等，2020）。农地经营权抵押贷款在实践过程中呈现出差异化的政策供给，多采用"农地＋"的组合抵押担保模式（彭澎 等，2019）。陈东平和高名姿（2018）分析同心县案例后认为，第三方组织基于熟人社会治理机制实现抵押的有效处置以及代理人强激励，是保证第三方组织履约的机制。汪险生和郭忠兴（2016）从信用社的定价策略与合作社的治理机制两方面深入剖析了同心模式的运作机理。同心模式采取了抵押与贷款相分离的融资机制及"农地抵押＋团体贷款"复合型担保措施，通过组建融资中介、实施复合抵押、推动市场整合，显著改善了普通农户的土地抵押信贷配给。杨丹丹和罗剑朝（2018）利用农地经营权抵押贷款试点地区 723 户农户的农业生产数据进行实证分析，农地经营权抵押贷款可得性会影响到农户农业生产效率，并得出结论：相较于市场主导型模式，政府主导型模式下农地经营权抵押贷款可得性对农户农业生产效率的提升作用更为明显。因此，亟须深化农地经营权抵押贷款改革，逐步推广政府主导型农地经营权抵押贷款模式，优化农业经济发展外部环境以提高农地经营权抵押贷款与农业发展的耦合度来进一步提高农业生产效率。

## 六、文献述评

纵观国内外已有相关研究，以往关于农村土地产权、土地使用权资本化等问题的研究十分丰富，为本研究的开展奠定了良好的基础，然而，乡村振兴背景下如何有效推进农村土地资本化问题，尤其是农地资本化红利的形成机理、分配机制、风险防控机制及具体的实现机制等问题的研究却鲜有系统深入的论述。本书围绕农村土地、集体建设性用地及宅基地，基于乡村振兴背景，从农村土地产权市场建设的要求及历史演进脉络角度，系统深入剖析农村土地资本化红利的形成机理、利益博弈、分配机制、风险防控机制及具体的实施机制，并针对国内典型模式进行案例比较研究，以期为有效推进农村土地资本化进程和土地制度改革创新进程，有效盘活乡村土地资源要素，激发乡村振兴的内生动力提供理论支持与科学依据。

## 第三节　研究技术路线

本书的技术路线图如图 1-1 所示。

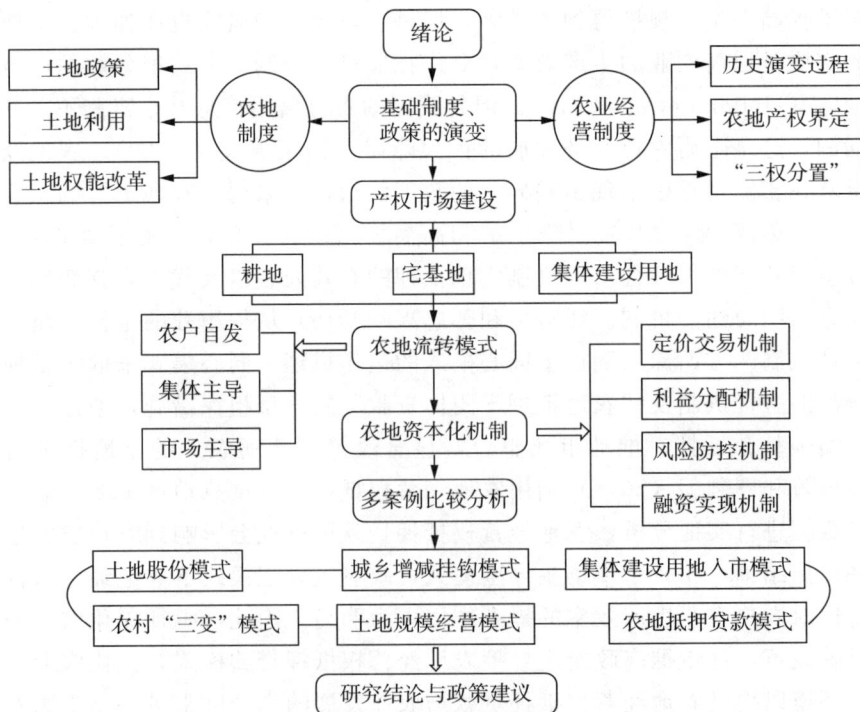

图 1-1　技术路线图

# 第四节　本书的特色与创新

一是研究的系统性。本书从框架结构上分为农地产权市场篇、农地流转模式篇、农地资本化机制篇、农地资本化实践篇和农地资本化政策设计篇，从土地基本制度和政策的演变梳理到农地产权市场的建设、土地流转模式的归纳以及农地资本化定价、红利分配、风险防控等运行机制的研究，最后进行具体的案例比较分析，完整系统地呈现了农地资本化的实现过程。

二是研究的创新性。本书立足乡村振兴的时代背景，将农地分为耕地、宅基地、集体建设用地三种类型，聚焦如何有效盘活农地资源以深度赋能乡村振兴，分别探讨三种农地资本化实现机制的具体路径与实现模式，分别从资本化产权市场建设、资本化交易模式选择、资本化定价机制、利益分配机制和风险防控机制等角度提出了行动指南和具体方案。

三是研究的拓展性。本书围绕乡村振兴对土地资源的需求，嵌入市场化逻辑以盘活土地资源交易，提出高标准农田、标准化宅基地及农村建设用地的市场建设、交易标准、交易机制等设想，提出了可以进一步拓展的研究空间，梳理了当前各地先进经验与典型案例，为后续相关研究和相关实践提供了可以进一步拓展的空间。

四是研究的特色。本书描绘了农地产权市场的建设路径，提出以县级区域作为试点，以土地产权交易所为中心，将农民、企业、政府、金融机构等相关利益主体有机联系起来，协同共建土地交易市场，并分别从近期、中期、远期对耕地、宅基地、建设用地的市场交易准则、程序等做了谋划性设计，进而提出农地资本化的实现方案、政策体系及保障措施，具有一定的特色。

# 农地产权市场篇

　　农地产权市场的建设是乡村振兴背景下有效盘活土地资源的基础性制度架构。梳理农地制度的历史演进规律，结合乡村振兴的内在要求，建立统一的土地产权交易市场，对充分盘活农村土地资源，提高农村土地利用效率，增加农民收入，助力乡村振兴具有重大意义。

# 第二章　乡村振兴与土地制度

乡村振兴战略的实施需要土地政策的调整与土地制度改革的支持，土地政策的变迁与演变过程实质上是土地权能的不断改革。实现乡村振兴，需要有配套的土地政策支持与土地权能改革。

## 第一节　乡村振兴与土地政策

### 一、土地政策的变迁

#### （一）第一阶段：土地制度建立与探索阶段（1949—1978 年）

土地改革运动促进了新中国土地制度的前进。1950 年 6 月，《中华人民共和国土地改革法》的颁布吹响了土地改革运动的号角，土地改革迅速在广大农村地区开展。

建立合作社制度，农业互助合作的模式正式组织起来。1952—1957 年实行了农业合作化，该阶段的演变分别是互助组、初级社到高级社。1951 年 9 月，中共中央召开全国第一次农业互助合作会议，并在会议中通过《中共中央关于农业生产互助合作的决议（草案）》。1953 年 12 月，中共中央作出《关于发展农业生产合作社的决议》，自此合作社制度正式组织起来。1955 年 10 月，中共七届六中全会（扩大）通过的《关于农业合作化问题的决议》使初级社开始大范围转变为高级社。1958 年 4 月，中央政治局会议批准了成都会议于 3 月 20 日通过的《中共中央关于把小型的农业合作社适当地合并为大社的意见》，自此正式开始开展和实施小社并大社的具体工作。

探索人民公社制度，人民公社化运动率先开展。1958 年 8 月，中共中央政治局扩大会议（北戴河会议）讨论通过了《中共中央关于在农村建立人民公社问题的决议》（以下简称《决议》），《决议》说明了建立人民公社的意义并解决了一系列人民公社的建立问题。之后，全国各地纷纷开展人民公社化运动，各地人民公社相继建成。中共八届七中全会通过的 1959 年 3 月中共中央政治局扩大会议产生的会议纪要《关于人民公社的十八个问题》，正式确定了以生产队为基础，三级所有的人民公社根本制度。1962 年 9 月，中共八届十中全会通过的《农村人民公社工作条例（修正草案）》将三级所有的基础和基本核算单位降为生产队，30 年不变。自此以党的文件形式确立的"三级所有，队为基础"的人民公社制度在全国范围内逐步稳定下来，成为当时中国农地制度的基础。第一阶段土地政策梳理见表 2-1 所列。

表 2-1　第一阶段土地政策梳理

| 时间 | 土地政策文件 | 核心内容 |
|---|---|---|
| 1950 年 6 月 | 《中华人民共和国土地改革法》 | 土地改革运动 |
| 1951 年 9 月 | 《中共中央关于农业生产互助合作的决议（草案）》 | 确定了农业互助合作的政策 |
| 1953 年 12 月 | 《关于发展农业生产合作社的决议》 | 合作社制度正式开始在全国范围内组织起来 |
| 1955 年 10 月 | 《关于农业合作化问题的决议》 | 初级社开始大范围转变为高级社 |
| 1958 年 4 月 | 《中共中央关于把小型的农业合作社适当地合并为大社的意见》 | 开展和实施小社并大社的具体工作 |
| 1958 年 8 月 | 《中共中央关于在农村建立人民公社问题的决议》 | 人民公社化运动在全国农村地区广泛地展开 |
| 1959 年 3 月 | 《关于人民公社的十八个问题》 | 确定了以生产队为基础、三级所有的人民公社根本制度 |
| 1962 年 9 月 | 《农村人民公社工作条例（修正草案）》 | 确立了"三级所有，队为基础"的人民公社制度 |

资料来源：《中国近现代经济史（1949—1991 年）》。

**（二）第二阶段：土地与家庭经济制度重新确立阶段（1978—1984 年）**

探索"包产到户"和"包干到户"。人民公社化后期出现了一些"出工不出力"等问题，严重影响了生产效率，而"包产到户"则在一定程度上解决了传统"大锅饭"效率低下的问题。1980 年 9 月，中央召开各省、市、自治区党委第一书记座谈会，并批准印发了会议纪要《关于进一步加强和完善农业生产责任制的几个问题》，即著名的中发〔1980〕75 号文件。

确立家庭联产承包责任制。在小岗村之后，其他农村地区也竞相实行家庭联产承包责任制，中央在政策上也给予了支持。1982—1986 年，中央连续出台 5 个一号文件，都强调要稳定和完善家庭联产承包责任制。至此，我国农村基本确立家庭联产承包责任制。

## 专栏 2-1：小岗村：吹响改革开放后农村土地改革的号角

1978年12月，18个红手印在小岗村的一间茅草屋里被按在了"秘密契约"上，而这个契约也正式吹响了中国农村改革的号角。在按上"红手印"的第一年，小岗村便取得了渴望已久的大丰收，而这次的大丰收也正是得益于小岗村人解放思想、敢于冒险的精神，村民们不仅解决了温饱问题，还改变了20年来吃国家救济粮的现状，并且上缴了公粮。

废除人民公社体制。自中共十一届三中全会以来，全国范围内逐渐形成以家庭联产承包责任制为基础的农村土地制度，彻底打破了"大锅饭"。1983年10月，中共中央、国务院发出《关于实行政社分开建立乡政府的通知》，标志着长达25年的人民公社体制宣告结束。第二阶段土地政策梳理见表2-2所列。

**表 2-2　第二阶段土地政策梳理**

| 时间 | 土地政策文件 | 核心内容 |
|---|---|---|
| 1980年9月 | 《关于进一步加强和完善农业生产责任制的几个问题》（中发〔1980〕75号文件） | "包产到户"和"包干到户"广泛推开 |
| 1982年1月 | 中共中央关于农村工作的第一个一号文件 | 确立家庭联产承包责任制 |
| 1983年10月 | 中共中央、国务院发出《关于实行政社分开建立乡政府的通知》 | 废除了长达25年的人民公社体制 |

资料来源：根据国家农业农村部官网公布的政策整理。

### （三）第三阶段：土地制度向市场改革过渡阶段（1985—2011年）

土地承包关系不断稳定。1993年11月，《中共中央、国务院关于当前农业和农村经济发展的若干政策措施》进一步明确，在原定的耕地承包期到期之后，再延长30年不变。1998年10月召开的中共十五届三中全会指出，要长期稳定以家庭承包经营为基础、统分结合的双层经营体制。2008年10月，中共十七届三中全会决定再次强调，现有土地承包关系要保持稳定并长久不变，凸显了党中央坚持农村基本经营制度、稳定农村土地承包关系的决心。

农业税费全面取消。2000年3月，中共中央、国务院下发《关于进行农村税费改革试点工作的通知》，农村税费改革试点快速扩展，并在2003年9月基本全面推开。鉴于征税成本已远高于征税收入，同时也为落实"多予少取"、增加农民收入的要求，农村税费的改革方向也逐步开始向降低税费直到取消农业税转变。2003年12月，《中共中央 国务院关于促进农民增加收入若干政策的意见》提出当年农业税税率总体上要降低1个百分点。2005年12月，第十届全国人民代表大会常务委员会第十九次会议决定自2006年1月1日起废止《中华人民共和国农业税条例》。自此，延续了2600多年的农业税正式退出历史舞台，同时也意味着国家与农民的关系、与城乡的关系发生了根本性的变化。

土地流转逐步发展。土地承包经营权流转在最初时是不被允许的。直到1984年的中央一号文件才提出，支持土地向种植强手和有种植经验的农民集中；在承包期内，因自身原因或其他原因无法耕种土地的农民，可以与其他有意愿耕种土地的农民协商，将土地转包给他人。1998年10月，中共十五届三中全会明确，农户承包地使用权可自愿、有偿流转。2003年3月，《中华人民共和国农村土地承包法》规定，土地承包经营权可以采取转包、出租、互换、转让或者其他方式流转。

新型城乡关系的初步确立。随着经济社会的发展，城乡关系失衡问题日益突显。2005年，中央启动社会主义新农村建设，逐步构建农村最低生活保障制度，促进城乡人口合理流动，改善农民进城就业条件，将更多农村剩余劳动力从土地中解脱出来，又有就业岗位容纳。这样的背景催生了土地流转规模经营进一步发展。第三阶段土地政策梳理见表2-3所列。

表2-3 第三阶段土地政策梳理

| 时间 | 土地政策文件 | 核心内容 |
| --- | --- | --- |
| 1993年11月 | 《中共中央、国务院关于当前农业和农村经济发展的若干政策措施》 | 在原定的耕地承包期到期之后，再延长30年不变 |
| 1998年10月 | 中共十五届三中全会 | 长期稳定以家庭承包经营为基础、统分结合的双层经营体制；农户承包地使用权可自愿、有偿流转 |
| 2000年3月 | 中共中央、国务院下发《关于进行农村税费改革试点工作的通知》 | 农村税费的改革方向开始向降低税费直至取消农业税转变 |
| 2003年3月 | 《中华人民共和国农村土地承包法》 | 土地承包经营权可以采取转包、出租、互换、转让或者其他方式流转 |

（续表）

| 时间 | 土地政策文件 | 核心内容 |
|---|---|---|
| 2003 年 12 月 | 《中共中央 国务院关于促进农民增加收入若干政策的意见》 | 农业税税率总体上要降低1 个百分点 |
| 2005 年 12 月 | 自 2006 年 1 月 1 日起废止《中华人民共和国农业税条例》 | 延续了 2600 多年的农业税正式退出历史舞台 |
| 2008 年 10 月 | 中共十七届三种全会 | 现有土地承包关系要保持稳定并长久不变 |

资料来源：根据中华人民共和国农业农村部官网公布的政策整理。

（四）第四阶段：农村土地制度改革的全面深化阶段（2012 年至今）

建立农村土地"三权分置"制度。2013 年 12 月，习近平总书记在中央农村工作会议上指出，农村改革要不断创新，要实现承包权和经营权分置并行，切实维护农民自身的利益，保障农民的权益。2015 年 1 月，农村部、中央农村工作领导小组办公室等六部门联合印发《关于认真做好农村土地承包经营权确权登记颁证工作的意见》，明确提出用 5 年左右时间基本完成土地承包经营权确权登记颁证工作。2016 年 10 月，中共中央办公厅、国务院办公厅联合印发《关于完善农村土地所有权承包权经营权分置办法的意见》，对"三权分置"做出系统全面的制度安排，提出"落实集体所有权，稳定农户承包权，放活土地经营权"的思路，形成农村土地"三权分置"新格局。实行"三权分置"，为适度引领土地经营权流转、发展多形式规模经营、推进农村土地要素配置奠定了制度基础，使我国农村经营制度展现出崭新的一面。2017 年 5 月，中央办公厅和国务院办公厅联合印发《关于加快构建政策体系培育新型农业经营主体的意见》，加快培育新型农业经营主体、形成立体式复合型现代农业经营体系。

开展农村土地承包经营权确权登记颁证。党的十八大以来，党中央针对确权登记颁证工作做出了一系列决策部署。2013 年，习近平指出要狠抓土地承包经营权登记制度的落实工作，坚决做好土地承包关系稳定的格局。

完善承包地产权权能，促进土地经营权流转。2015 年 12 月，全国人大授权国务院在北京市大兴区等 232 个试点县（市、区）依法开展承包地经营权抵押试点。2016 年 10 月，国务院印发《全国农业现代化规划（2016—2020）》，明确提出要在有条件的地方稳妥推进进城落户的农民土地承包权有偿退出试点，解决土地流转障碍。第四阶段土地政策梳理见表 2-4 所列。

表 2-4　第四阶段土地政策梳理

| 时间 | 土地政策文件或会议 | 核心内容 |
| --- | --- | --- |
| 2013 年 12 月 | 中央农村工作会议 | 把农民土地承包经营权分为承包权和经营权，实现承包权和经营权分置并行 |
| 2015 年 1 月 | 《关于认真做好农村土地承包经营权确权登记颁证工作的意见》 | 中央明确提出用 5 年左右时间基本完成土地承包经营权确权登记颁证工作 |
| 2016 年 10 月 | 中共中央办公厅、国务院办公厅联合印发《关于完善农村土地所有权承包权经营权分置办法的意见》 | 完善土地所有权、承包权、经营权分置办法 |
| 2017 年 5 月 | 中共中央办公厅、国务院办公厅联合印发《关于加快构建政策体系培育新型农业经营主体的意见》 | 加快培育新型农业经营主体，加快形成立体式复合型现代农业经营体系 |

资料来源：根据中华人民共和国农业农村部官网公布的政策整理。

## 二、农村土地改革的演变脉络

随着农村改革的不断深入，土地承包到户使农民都能够自营土地、自负盈亏，形成土地所有权自有的形式，而不再是由土地所在村、组两级的集体所有的形式。国家鼓励在公开市场流转土地承包经营权，鼓励土地适度规模经营，培育新型农业生产经营主体，构建集约化、专业化、组织化、社会化相结合的新型农业经营体系。农村土地改革的演变脉络图如图 2-1 所示。

2014 年 12 月，中共中央办公厅、国务院办公厅联合印发《关于农村土地征收、集体经营性建设用地入市、宅基地制度改革试点工作的意见》。2015 年 1 月，国务院办公厅印发《关于引导农村产权流转交易市场健康发展的意见》。2015 年 5 月，确定开展试点。这项改革试点的核心是赋予农民对集体资产股份占有、收益、有偿退出及抵押、担保、继承权。随着土地承包经营权流转日益增多，土地产权交易逐渐市场化。

| 时间 | 改革主题 | 改革重点 |
|---|---|---|
| 党的十一届三中全会后 | 土地承包责任制度分产到户,乡镇企业可转移农村劳动力 | 政府和农民对土地占有、使用和利用权限不断调整 |
| 1987年1月 | 中共中央政治局印发了《把农村改革引向深入》 | 土地使用权的流转突破了家庭承包经营的限制 |
| 2001年12月 | 中共中央发布了《关于做好农户承包地使用权流转工作的通知》 | 允许农户进行承包地使用权合理流转的实践,农村土地流转必须坚持依法、自愿、有偿的原则 |
| 2003年3月 | 《中华人民共和国农村土地承包法》 | 农民可以采用转包、出租、互换、转让或者其他形式对土地承包经营权进行流转 |
| 2005年1月 | 《农村土地承包经营权流转管理办法》的发布标志着我国农村土地流转进入了市场化阶段 | 该办法对我国农村土地承包经营权流转进行了详细而明确的规范 |
| 2009年中央一号文件 | 依法加强土地流转的规范管理,让农村土地承包经营权的流转市场健康发展 | 强调了土地流转中不得改变土地所有权和土地的用途 |
| 2015年国务院办公厅印发《关于引导农村产权流转交易市场健康发展的意见》 | 农村土地使用权特别是承包土地经营权流转日益增多 | 土地产权流转交易市场逐步发展 |

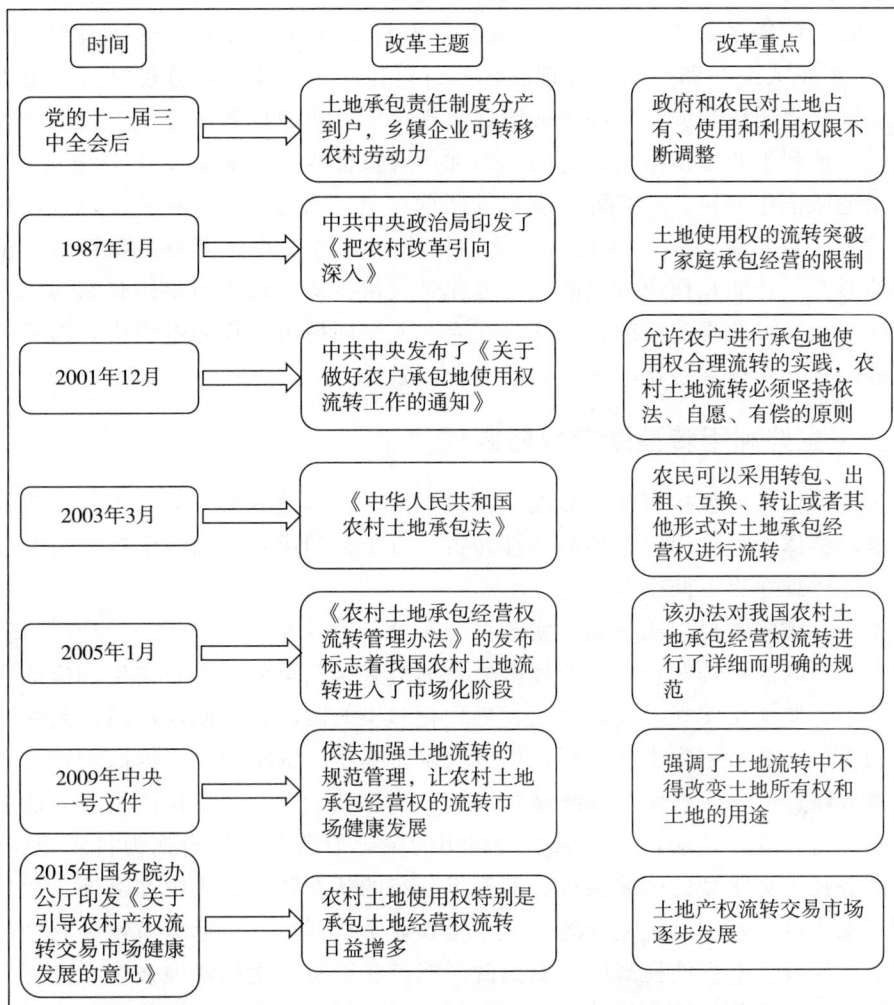

图 2-1 农村土地改革的演变脉络图

# 第二节 乡村振兴与土地利用

## 一、土地利用方式演变

土地利用是经济发展的脉搏,也是乡村振兴的关键。农村土地在农业经济为主的时期,其利用形式较单一,经济增长所带来的物质增长不足以弥补人口自然增长所带来的消耗，农村沿着现有轨道缓慢发展。改革开放后，随着农村土地开发权和农户配额的放开，乡镇企业崛起，农村工业化、城镇化迅速发展。1990年后，《中华人民共和国土地管理法》修订、住房制度改革和分税制改革更大程度地促进了规模化和城镇化的工业园区出现，成片耕地规划成为工业园区和城镇圈地，土地利用的规模结构、空间形态和所有权性质发生显著变化。2003—2008年，土地城镇化加快，5年间城市建成区面积就增加了7900多平方千米，每年的净增长达到5.64％。土地利用变化以用途和集约度的变化为主要特征。土地利用的形态、功能和作用方式的动态变化是农村经济从农业为主体转型为工业为主体或多元经济的真实反映，尤其是在农村人口向城市迁移的过程中，造成了农村土地闲置、农村空心化等土地形态变化问题。

## 二、土地利用转型助力乡村振兴

土地利用转型包括耕地、林地、城镇土地、宅基地等单一类型土地利用形态以及地域整体土地利用形态的趋势性转折。以土地利用转型加快实现乡村全面振兴，具体体现在以下两个方面：

第一，重构农村生产空间，实现产业振兴。作为农村产业发展的空间场所，农村生产空间的重构对农村产业经济体系的振兴至关重要。在农村生产空间重构的过程中，要加快实现农业产业化、现代化和工业园区化，使农产品依附性强的劳动密集型产业适度集中在农村，推进技术密集型、资本密集型的高端产业向城镇进行战略迁移，实现城乡系统结构协调和优势功能互补。重构的主要方法是通过对土地进行综合整治，以改变土地利用的主导形态，具体措施为将工业园区、商务区等技术密集型的区域从过去的零星分布的状态转变为集中在交通、通信等地理条件优越、基础设施完善的地区；将农业生产区转移至远离城镇和村中心繁华区域的位置，不仅能提高中心商圈的产能，还能防止优质耕地被非农业部门占用；加快实现农业规模化经营，大力发展高标准基本农田。在优化重构农村生产空间的基础上，通过创新农村产业化经营方式，激活农村传统产业，大力发展农村经济等农村经济结构调整新形式的措施，并最终形成农村一、二、三产业融合发展的农村土地利用格局。

第二，重构乡村生活空间，实现组织和文化的振兴。合理规划农村居民点，完善居民点配套设施，促进农村人口适度集中居住，以此为基础，加快落实乡村农民居住环境质量的达标，形成城乡协调互动的农村人居空间。生活空间重建过程中，应注重加强农村地域系统在空间和功能上的有效连接和相互支持，特别是在城市和农村地区应该基于中心、关键城镇能量传播链上的节点作用，加强特色产业，加快建设和完善配套基本公共服务设施，推进乡镇基础设施加快建设。同时，加强乡村特色文化景观的保护，加快乡村文化建设，增强乡村文化功能，通过配套旅游服务、文化创意等特色产业的发展，实现产业发展与特色文化保护与复兴的良性互动。通过对乡村生活空间的改造，形成土地利用格局，服务于乡村振兴宜居、文明、有效治理的目标。

# 第三节 乡村振兴与土地权能改革

## 一、土地权能改革的必要性

一是土地权能改革是生产关系调整的历史选择。改革开放以来，我国农村土地制度逐步确立为以家庭联产承包责任制为核心，以农村土地集体所有制为基础的基本经营制度。从长远来看，家庭联产承包责任制在社会稳定、农村繁荣、城乡融合发展等方面立下不可磨灭的功勋。当然，历史告诉我们，再好的生产关系，也必须服从生产力的发展。现行家庭联产承包责任制在农业发展和改革中暴露出许多问题，在一定程度上阻碍了农业改革。因此，从当前的角度来看，现有的家庭联产承包责任制亟须改革，以适应当前的农业生产力水平。

二是土地权能改革是适应农业改革的实际需要。党的十八大强调要进一步推进农村土地改革，中央一号文件也多次提到要进一步夯实农村土地改革，通过农村土地改革来适应农业改革的需要，并在土地确权、抵押权、土地承包经营权、土地流转等方面给予更大的自由，从而更加肯定和巩固了土地权能的属性和地位。推进土地权能改革是以土地确权为基础的土地改革的重要环节。在权能改革过程中，应及时调整相关法律制度，准确把握中央文件精神，在实践中进一步推进农业改革。

三是土地权能改革是保护农民权益的有效途径。改革的目的是保护农民的权益，让农民从集体资产增值中受益，增加农民收入，促进农村小康社会顺利实现。一方面，应进一步完善土地承包经营权中的实体法权力，促进实体法权能的落实，通过权能的落实，农业现代化将对土地资源要素的配置产生更积极的影响，土地流转将更加顺利，为实现土地流转市场化打下更坚实的基础。另一方面，要进一步强化产权状态下的经营权归属，只有经营权完全掌握在农民手中，能够按照农民自己的意愿进行控制，才能实施完全符合农民意愿的土地权利和权能改革，才能说是真正意义上的权能改革。

## 二、土地权能改革的难题

土地权能改革是发展现代农业，实现农业生产规模化、集约化的必然要求。

目前，法律因素制约着我国农村土地权能的发展，土地权能的不完整导致承包人处置权和经营者用益物权难以实现。

土地权能界定仍有进一步提升的空间。我国目前实施的是农村土地集体所有制，随着农村人口结构的变化及农村空心化问题的凸显，集体所有制的产权安排在实施层面面临新的挑战。土地权能界定的清晰与否直接关系着农民利益的保障和土地资源配置的效率。

土地承包经营权流转市场混乱，存在法律风险。目前，我国在法律层面针对农村土地经营权流转问题的调整仍在不断变化中，并存在一定的模糊性。政府出台了《中华人民共和国农村土地承包法》等法律法规，表明了政府对土地流转的重视，但这仍然没有从根本上改变土地承包经营权流转及流转市场不规范等问题。缺乏基本的土地流转法律。登记注销没有明确的规定和操作规范，土地流转内容面临着无法可依的境地；针对专业合作社的相关立法不明确。随着土地规模化经营逐渐显著，并发展成以合作社为重要载体的形式，但合作社立法内容模糊不清，未来发展前景不明朗。土地流转的自发性和不规范性比较明显。农村法律意识不强，大多数土地流转约定没有签订正式法律合同，导致约定不具有法律效力，因此，这种情况下的土地流转就容易增加违约风险，影响农村的稳定。

### 三、土地权能改革的方向

以农村土地集体所有为前提。从目前的改革步骤来看也不宜过多，稳定还是农村的优先工作，要保持现有的农村土地承包关系，赋予农民土地流转和经营权的抵押、担保功能。坚持农村土地集体所有制，落实 18 亿亩耕地红线，为创新集体经营、合作经营奠定基础赋予农地更多的权能，如经营权抵押、担保。

以落实"三权分置"为关键。习近平总书记强调："在推动我国农业现代化进程中，当前的农村土地改革是该进程的一大障碍，土地制度改革解决与否，关系到农业和农民的问题。以农村土地集体所有为基础，将承包经营权分离，形成'三权分置'，实现土地经营权流转，进一步推进土地制度改革。"农民在土地"三权分置"之后，将土地经营权转让给有经营能力并且愿意经营的人，并收取一定的转让费，而这些有一定经营能力的经营者可以从转让来的土地经营中获利，从而能达到集中规模经营，扩大资本投入，激发农业生产力，推动农村经济发展的目标。

## 第四节　农地资本化面临的制度障碍

农地资本化的核心在于乡村振兴过程中农村土地要素的有序、有效流转与交易，而农地交易仍然面临系列制度障碍。

## 一、法律层面上，土地产权关系和权能属性不明晰

改革开放 40 年来，中国政府持续推进农地产权制度改革，在不断明晰农地产权的同时使农民获得越来越充分的土地权利，如通过不断延长土地承包期、限制土地行政性调整、强化农民土地自主经营权、明确农地承包经营权的物权属性、加强土地承包合同管理、注重土地产权的确权与保护等，极大地提高了农民拥有的土地产权完整性和完全性。进入新时代以来，中央政府更是适时推出"三权分置"的农地产权制度，农民拥有的农地产权得以进一步强化和拓展。但是，我国农地集体所有者、农户承包者、农地经营者之间的土地权利关系、土地权能属性仍然不够明晰，农民所拥有的土地权利仍然受到诸多限制。例如，我国农村土地实行集体所有制，集体土地所有权的权利主体被界定为"农民集体"，但是，谁代表集体行使土地所有权？农民集体与集体成员的农民之间是何关系？如何适应农村人口结构不断变迁的动态现实情景？相关支持性和限制性的法律层面界定并不清晰。促进土地有效有序流转与规模经营，推动农地资本化是大势所趋。因此，需要在"三权分置"制度框架下妥善处理农村集体、承包农户、土地经营者之间的关系，在落实集体所有权、稳定承包权和搞活经营权之间进行博弈权衡，以市场交易机制的设计倒逼土地产权法律体系的完善，逐渐破解农地资本化的制度障碍。

## 二、要素层面上，农村土地金融发展滞后

农地资本化后的规模经营需要大量的资金投入，比如，大型先进的农业生产机器的购买、农业基础设施建设、土地的重新规划整理等，都需要大量的资金要素支持。但由于我国农村土地交易市场起步晚，发展较慢，市场化程度较低，在实际的流转过程中，土地的经济价值得不到充分体现，这也影响了农民获取资金支持的额度。虽然在 2018 年 12 月 29 日经第十三届全国人大常委会第七次会议第二次修正施行的《农村土地承包法》出台了"承包方可以用承包地的土地经营权向金融机构融资担保，并向发包方备案。受让方通过流转取得的土地经营权，经承包方书面同意并向发包方备案，可以向金融机构融资担保"的相关规定，农民可以拿着土地承包经营权证书去银行贷款，将土地的经营权抵押给银行，从而获得资金，各地金融机构也纷纷推出了土地经营权抵押贷款产品，为农村经济发展提供了金融支持，但在具体实施的过程中，仍是困难重重，相关政策缺乏配套实施细则、政策边界模糊，导致可操作性不强，金融服务没有真正下沉到农户本身。农村金融市场还需进一步发展，各地产权交易机构也应发挥自身优势，积极主动开辟农村产权交易市场，助力土地产权高效流转，为金融资本顺利进入农村市场，有效发挥金融功能打下基础。

### 三、政策层面上，地方政府支持政策不足

乡村振兴战略的实施和农地资本化的运转都离不开地方政府的支持和引导，但地方政府部门在农村土地资本化的发展、应用的重要作用还未进一步凸显。我国农村地域扩大，不同地区的农村发展情况也都不一样，地方政府是直接面对农民的，对于农民切身需求和本村土地发展特点也是最为了解的，应在党的政策方针下，因地制宜地去制定农村土地承包经营权流转管理的细则，如：村庄的流转合同范本、土地流转台账和程序等。地方政府也应设立专门的工作团队或组织管理农地资本化相关事宜，并深入街道、田间去认真解决农民在土地资本化方面的问题。但调查发现，目前大部分的地方政府服务网站上都较少甚至没有土地资本化方面相关具体政策和信息。在监督管理方面，当地政府也是较少及时跟进。土地供求双方进行土地流转以后，政府在监督管理方面实际行动不足，导致农地流转后出现抛荒现象，或者不按照约定发放股利、租金而损害农户利益，导致经营很是缺乏持续性。因此，政府对于流入土地的农业经营主体，应采取有效的监督，灵活设置各项如亩产等考核农业经营效率指标，切实监督关于农户的租金或股利是否及时发放，这是避免流入土地抛荒现象的有效措施，并以此保障土地流转后真正可以提高生产效率，促进经营主体可持续发展能力。

# 第三章　农业经营制度与土地产权性质

农业经营制度作为农村改革发展的基本制度之一，对乡村振兴战略的有效实施具有重要的基础作用。农地产权的性质与农业经营制度变革息息相关，梳理我国农业经营制度的变迁过程，可以更好地理解现行农业经营制度中农地产权的性质及改革逻辑。

## 第一节　农业经营制度的演变过程

### 一、农业经营制度的概念

农业经营制度是我国关于农业农村的重要制度之一，是我党关于农村政策的基石。党的十八大报告明确提出，要坚持和完善农村基本经营制度，依法维护农民的各项权利，发展农民专业合作和股份合作，培育新型经营主体，发展多种形式规模经营，构建集约化、专业化、组织化、社会化相结合的新型农业经营体系。党的十九大报告提出"巩固和完善农村基本经营制度"。农业经营制度关系着全国人民的口粮安全，同时也涉及农村问题的方方面面。

翻阅众多文献与时政材料，发现我国对农业经营制度并未有准确定义，有学者将农业经营制度等同于农村基本制度，其实不然，农村基本制度包括了农业经营制度。中央在关于农村问题的系列政策文件的表述中，更多的是农村基本经营制度。农村基本经营制度的概念包含了农村土地制度和农业经营制度，其中土地制度问题主要研究的是土地产权和土地资源利用问题，而农业经营制度主要研究的是关于农业经营主体和农业经营活动的制度。

### 二、中华人民共和国成立以来的农业经营制度变迁

中华人民共和国成立70多年来，根据不同的历史时期任务和发展阶段，我国也制定了不同的农业经营制度。中华人民共和国成立以来的农业经营制度的变革大体经历了以下四个阶段。

### （一）家庭经营基础上的合作经营（1950—1955 年）

1949 年中华人民共和国成立后，国家根据《中国人民政治协商会议共同纲领》的规定，将由地主所有的土地改变为由农民所有。1950 年 1 月，根据《关于在各级人民政府内设土改委员会和组织各级农协直接领导土改运动的指示》，在新解放区逐步分批实行土改的准备工作。其基本内容是没收地主阶级的土地，分配给无地少地的农民，把封建剥削的土地所有制改变为农民的土地所有制。原先的地主阶级，也同样分到了一定数量的土地，通过劳动改造成新人。

1950 年 6 月颁布的《中华人民共和国土地改革法》成为指导土地改革的基本法律依据。同时该法也对此次土改的目的作了说明，即废除地主阶级封建剥削的土地所有制，实行农民的土地所有制，解放农村生产力，发展农业生产，为新中国的工业化开辟道路。与新中国成立之前相比，对于富农的政策更加宽松，不再征收富农多余的土地财产，转为保存富农经济的政策，从而达到孤立地主、保护中农和小土地出租者、稳定民族资产阶级的状态。归根到底，这是为了有利于生产的恢复和发展。

通过这次土改，土地资源得到了进一步合理分配，7 亿亩土地和其他生产资料分到了 3 亿多无地少地的农民手里，此次土改极大地提高了农民的生产积极性，对农业生产和农民收入的提高产生了有效的促进作用。土改中规定免除地租，这不仅让农民减少了支出，增加了收入，而且由于积极生产的作用，农业生产的边际收入也增加了。但是由于小农无法拥有并保持大牲畜大农具，原来属于地主的生产资料也无法对现有的多数小农进行均分，这就在生产要素结合方式上产生了一定的矛盾。要恢复并进而改善资源配置，就需要探索新的经营制度。

### （二）集体所有制下的集体经营（1956—1978 年）

为了更好地改善资源配置，家庭之间的互助组出现了。10 多户家庭都拥有土地，但耕畜或大型农具只被少数农户所有，犁和小车等生产运输工具并不能像土地一样实现均分的状态，通过 10 个左右农户组成一个互助组，在其内部既可以进行劳动力的简单合作，也可以用劳动力交换耕畜和大型农具。

但拥有耕畜或大型农具的少数农户通常拥有更大话语权，在农忙时节经常会导致组内农户之间的冲突，为了解决这一问题，初级合作社出现了。在初级合作社里，农民将私有土地、耕畜、大型农具等主要生产资料集合在一个生产单元内统一经营和使用，根据农户提供的土地质量和数量给予适当的土地分红，其他入社的生产资料如耕畜、大型农具也付给一定的报酬。初级合作社在一定程度上消除了土地的先后作业问题。同时，生产要素组合的改善，资源进一步得到了合理配置，通过简单协作产生的规模经济也使得生产效率得到了提高，但也凸显了农闲时节农业劳动力过剩问题。在劳动力不能自由流动的条件下，解决农业劳动力过剩问题成为首要问题。通过扩大经营规模为过剩农业劳动力开辟其他利用方式，由此，高级合作社出现了。高级合作社里土地等主要生产资料转为集体所有，对于耕畜、大中型农机具，则由合作社按照合理价格收买，或成为集体财产，社员个人消费品根据按劳分配的原则进行分配。从初级社到高级社，规模的扩大也带来了监督上的困难，与此同时，过剩劳动力问题依旧存在，市场规模也无法解决过剩劳动力季节性的使用问题。进一步扩大规模似乎是一个自然的选择，因此人民公社应运而生。

可见，在这一时期，从最初的互助组，到初级合作社，再到后期的高级合作社运动，再到人民公社化运动，一系列看似顺其自然的行政命令实际上对农户的自主经营权进行了侵害，同时农业生产经营的最小单位也从单个家庭向集体性的单位转变，由家庭经营基础上的合作经营转换为集体所有制下的集体经营。

但是，劳动力过剩的问题得不到根本解决，而且监督困难的问题随着规模的扩大而加剧。1962年以后，人民公社实行"三级所有，队为基础"的基本经营制度，监督困难问题大大改善，但随着技术进步和生产效率的提高，劳动力过剩的问题更加严重。

（三）家庭经营基础上的双层经营（1979—2012年）

1978年底开始的农村改革改变了人民公社的政社合一体制和集体经营体制。家庭联产承包责任制消除了监督困难的问题，市场导向的经济改革便利了家庭资源的重新配置以及劳动力的转移。不过，农户规模过小问题始终存在，恢复家庭经营必然导致一系列新问题。与土地改革时的情况一样，土地可以平分，农业机械和耕畜却无法平分，集体积累的其他资产也无法平分，集体创造的非农就业机会更无法公平分享。因此，不仅小规模土地经营与现代农业机械、农业科技服务之间的联系有待重建，小规模家庭生产与市场之间的联系有待重建，当地劳动力在农业和非农产业之间的配置也有待重新调整。农村精英可能希望各显神通，而弱势群体、能力不足者则希望得到某种形式的支持和帮助，这恐怕是多种形式"双层经营"长期存在的原因之一。

发生于40多年前的中国农村经济体制改革，以农村基本经营制度的变革为核心。在这场变革中，土地所有权与经营权分离开来，各个生产小队为单位的集体统一经营，改为以农民家庭为单位分散经营。此次改革不仅使得农民家庭获得土地经营权，也享有了对土地的经营剩余索取权。1999年，在对《中华人民共和国宪法》（以下简称《宪法》）修正时，中央提出"以家庭承包经营为基础、统分结合的双层经营体制"。在此表述下，逐渐形成了家庭经营基础上的双层经营制度，但这种双层经营制度仍是农村土地归农村集体所有。

### （四）家庭经营基础上的多元经营（2013 年至今）

随着我国的工业化与城镇化的发展，土地的集聚性更强，人口流动的速度也更快，在此背景下，农业经营方式要求进行变革，从而对农业经营体制改革提出了新的要求。2013 年，中央提出，要构建新型农业经营体系。新型农业经营体系以家庭经营为主体，但不意味着是对原有经营体系的否定，也不是对传统农业经济中的小农经济的复制。对比小农经济，新型农业经营体系的主要特点体现在：一是规模化。土地等生产要素和组织服务的规模化，可以加快在某一领域的专业化发展，同时规模化的发展也倒逼入城农民工放弃对农地的经营权，让他们在城市安居乐业，在一定程度上解决"假城镇化"问题。二是现代化。现代化主要体现在生产过程的机械化、经营产品的标准化以及服务的科技化。党的十九大报告提出，要构建新型农业经营体系，培育新型农业经营主体，从而"实现小农户和现代农业发展有机衔接"。

可以看出，现阶段的农业经营体系已不断衍生出以种养大户、家庭农场、农民专业合作社、农业龙头企业等新的农业经营主体。这些新型的经营主体的产生也正显示了近年来农业经营制度的演变，即多元化经营体系的形成。近年来提出的土地三权分立制度的一般表现是将农民土地承包经营权划分为承包权和经营权，实现承包经营权分离，形成权属分离，承包权和经营权在坚持农村土地集体所有权的前提下，以促进经营权流转。

## 三、农业经营制度变迁的经验

回顾新中国成立以来，我国农业经营制度的过程变化，可以总结一些经验：第一，农村土地制度是最基本的经济制度，农业和农村的发展离不开良好的土地制度。第二，要把农民与土地的关系作为农业经营问题的主线，农民为农业经营主体，产权的分配方式决定了农业经营模式，土地本身具有稀缺性，在农业发展过程中是核心要素。第三，集体经济组织的功能要继续发挥出来。从新中国成立初期的土地个人所有制到后来的土地集体所有制，实践证明，农民的生产积极性可以通过家庭经营来促进，但由于农民缺乏资本和技术等生产要素的投入动力，无法达到农业经营的规模化和现代化。农业经营体制改革应以有效发挥集体经济组织功能为前提。第四，新型农业社会化服务体系是农业经营体系改革的重要保障。在现阶段，农业社会化服务是促进农民生产的重要经营方式，实现小农和现代农业有机衔接，发展农业社会化服务是构建现代农业经营体系、转变农业发展方式、加快推进农业现代化的重大战略举措。

# 第二节　不同类型土地产权的界定

农村土地包括农用地、宅基地、建设用地以及荒地，不同的土地类型具有其特殊的产权性质。

## 一、农用地

农用地是指用于农业生产的土地，包括耕地、园地、林地、牧草地、其他农用地等。

2020年11月17日自然资源部发布的《国土空间调查、规划、用途管制分类指南（试行）》，对用地用海类型的含义进行了明确。将耕地划分为一级类，包括水田、水浇地、旱地三个二级类用地。耕地是指利用地表的耕作层来种植农作物为主的土地，每年种植一季及以上，包括熟地，新开发、复垦、整理地，休闲地（含轮歇地、休耕地）等。

耕地是生产粮食的关键，我国的人口比较多，耕地的多少直接影响国家的粮食安全。最近几年来，我国对耕地采取了严格的保护制度，《中华人民共和国土地管理法》中规定："国家保护耕地，严格控制耕地转为非耕地。"我国对占用的耕地进行补偿，并制定相关制度，对于占有耕地的非农业建设项目，按照"占多少，垦多少"的原则，由占用耕地的单位负责开垦与所占用耕地的数量和质量相当的耕地；没有条件开垦或者开垦的耕地不符合要求的，应当按照省、自治区、直辖市的规定缴纳耕地开垦费，专款用于开垦新的耕地。但我国的耕地保护现状仍面临较大的压力。

## 二、宅基地

宅基地指农村村民用于建造住宅及其生活附属设施的土地，包括住房、附属用房等用地。根据《中华人民共和国土地管理法》规定，宅基地并不是真正意义上的财产，农民只有使用权，其所有权归村集体。宅基地既不能买卖，也不能继承，但可以在本村集体内流转，经过土地管理部门依法批准，发放证件。根据《中华人民共和国土地管理法》第十条规定，集体和国有的土地可以跨越集体组织成员身份的界限，必要时可以依法确定给某些个人和单位使用，这一规定具有里程碑式的意义，进一步明确了集体和第三人之间的合法有效的土地流转。近年来，农业农村部指导试点地区开展宅基地制度的改革，围绕宅基地的所有权、资格权、使用权探索"三权分置"改革方案，中央政府先后出台了相关文件来配合改革。"三权分置"的改革旨在解决城镇化过程中出现的农村宅基地荒废、闲置等问题,"人地分离、人户分离"的问题也反映了推进城镇化过程中的障碍所在,农村人口不断减少,党的十九大报告中提出要实现乡村振兴的目标,宅基地改革也要结合乡村振兴的目标来实施。

乡村振兴发展背景下,加快盘活农村闲置土地资源尤其重要。要实现乡村振兴,先要实现脱贫,在易地搬迁脱贫项目下,新建住宅大多为集体性建设,位置多为村庄外围,此时就出现了大量的空闲宅基地,形成了内空外延的用地状况,由此形成了"空心村"。在此背景下,出现了"退宅还耕"政策,让农民共享土地红利,按照"宜耕则耕、宜园则园、宜林则林"的原则,退出宅基地的农民在一段时间内仍享有原宅基地的经营权。不仅如此,对于多余的闲置宅基地,可由城市资本购买其使用权,利用农村的自然风景建设度假小村、疗养院等,农民收取租金,或者直接由当地农户集资,建设乡村民宿、农村生活休闲体验地等乡村产业。

## 三、建设用地

建设用地是指建造建筑物、构筑物的土地。建设用地主要具有以下特点:

（一）集约性

建设用地的集约性主要体现在建设用地的占地面积较小,通过投入劳动和资本,单位面积的产出效益要高于农用地,具有利用的高度集约性和资金的高密性。

（二）困难性

建设用地的资金高密性导致人们都想将土地改为建设用地,但一般来说,由农用地转为建设用地较为容易,但建设用地逆转为农用地则较为困难。这是因为建设用地上的建筑物一般使用年限较长,土地性质及用途一般比较稳定,要想再将土地转变为农用地就异常困难。由于这一特性,在农用地转为建设用地的审批上要更加谨慎,避免农用地越来越少,危害耕地安全。

（三）持续扩张性

城镇化的推进和城镇人口的增长,导致了建设用地不断增加,但其扩展的路径基本上是现有城镇周边的土地,而这些地方多为地势较为平坦的耕地及农用地。但是土地资源是有限的,这就要求我们在城镇化过程中,认真考虑如何应对持续的建设用地需求,同时兼顾耕地保护的原则。

（四）再生性

再生性是指已有的建设用地通过再开发手段成为新的建设用地,比如现有的城市更新与旧城改造、棚户区建设等。利用建设用地的该特点，可以在一定程度上缓解越来越多的建设用地需求。

### 四、荒地

荒地属于未利用地，广义指可供开发利用和建设而尚未开发利用和建设的一切土地，主要包括宜农、宜林和宜牧荒地等。狭义的荒地通常指宜农荒地，即撂荒的土地。农村荒地的产生本质上还是由于小农经济的收益太低，而城市的发展机会又多，越来越多人进城，造成无人耕地的局面。解决农村土地撂荒问题是当前农业农村改革发展的重要问题之一。2021 年 1 月，农业农村部印发《关于统筹利用撂荒地促进农业生产发展的指导意见》，通过一系列的具体改革方案，鼓励农村居民积极投入荒地治理的问题上来，如通过将荒地流转、出租，提升农村土地利用的规模化和现代化水平，同时也为撂荒土地的农户带来收益，提高自身的经济收入。

农村荒地的产权基本上属于村集体，在没有村集体的许可之下，擅自开荒的，其所有权也不会归属于个人，仍然属于农村集体经济组织所有，此时开荒者只不过是拥有开荒地的使用权，不具备所有权。

土地是最基础的生产资料，也是农民的“命根子”，一旦农民拥有对某块土地的经营权，就可以享有该土地带来的收益，也可以使用权证进行抵押贷款，实现农地的资本化，还可以将其出租，流转起来带来收入。国家对于荒地的确权也给了两种处理方式。第一种方式是允许确权登记，在获得农村集体或土地管理部门的认可，并且取得相应的手续后，可确权登记到开荒人名下。第二种处理方式就是不允许确权登记。相关文件已经明确指出，没有经过国家允许或者是村集体允许自己开荒的土地，是不能够进行确权登记的，原则上可以继续交给开荒者使用，但是当农村集体经济组织有其他的用途时则有权收回。

## 第三节　农地产权“三权分置”变革的内在逻辑

“三权分置”是农地产权制度变革的一个尝试，坚持集体所有制的基础上，稳定承包权，放活经营权，以解决农地利用效率不高，甚至农地撂荒等问题。

### 一、“三权分置”的背景

土地三权分置是指所有权、承包权、经营权三权分置，其中土地的所有权归集体，承包权归农户，经营权可流转。2016 年 10 月，中共中央办公厅、国务院办公厅印发《关于完善农村土地所有权承包权经营权分置办法的意见》，作为试点的浙江省义乌市首次提出要探索农户资格权及农村宅基地的"三权分置"。

随着中国城镇化的推进，越来越多的农村青壮年离开农村去往城市，这就造成农村土地的撂荒，土地问题一直是农民问题的核心之一，而农民问题又是解决"三农"问题的关键所在。"三权分置"将所有权、承包权、经营权划分开来，集体所有土地确保了土地始终攥在村集体手里，农民拥有承包权，可以满足部分进城农户将闲置土地出租获取收益的需求，而经营主体通过其所获得的经营权利用土地实现投资等活动。其中，重点是落实所有权、稳定承包权和放活经营权。落实所有权，就是坚持农村土地集体所有制，加强监督和管理，不走私有化的路线，明确所有权收回的条件。稳定承包权，要求注重公平的原则，将所属集体的土地分包给家庭农户，并制定好相关的调整和退回机制。要注重土地经营效率，提高土地的规模化和现代化水平，因此要放活对土地的经营权。关于土地承包权期限，习近平总书记在党的十九大中指出，保持土地承包关系稳定并长久不变，第二轮土地承包期满后，再延长30年。通过保持农地承包关系的稳定和长期稳定，延长承包期限，有利于稳定农民的经营预期，确保农地稳定和国家粮食安全，促进农地流转，解决新型农业经营主体土地流转后的投资期限配置和投资激励问题，进一步提高农业生产效率。

"三权分置"具有以下重要意义：

一是有利于落实农村土地所有制，规范土地资源的合理利用。坚持农村土地归村集体所有，是坚持村集体基本经营制度的"魂"。通过农村土地归农村所有的有效实施，可以约束农村土地的非法占用和征地行为，确保国家耕地不受侵害。

二是稳定农民手里的承包权。20世纪80年代土地制度改革以后，农村土地归集体所有的这一概念逐步被淡化，由于模糊的产权关系会损害农民的土地承包权，因此，明确农民手里的承包权对于其进行土地流转也给予了信心和积极性，也为开展农地的规模化运作打下了基础。

三是提高农民收入。农民收入主要可以划分为财产性收入、经营性收入和工资性收入。农民可以将土地的经营权流转出去，从中获取租金收益。在"三权分置"背景下，各地积极创新"放活土地经营权方式"，探索出了出租、转包、抵押、担保等多种农地经营权资本化的实践方式；农民通过转入其他农民的土地经营权，实现农地经营的规模化，实现经营性收入。农地的工资性收入主要是指农民被规模经营的公司或者合作社雇佣，从而获取工资收入。总的来说，通过"三权分置"，农民收入来源趋于多元化，拓宽了农民收入的渠道。

四是有利于保障经营主体的土地经营权，提高其经营的积极性。"三权分置"

的政策明确之后，经营主体获得土地的经营权和村集体的所有权、农户的承包权具有同等法律效力，稳定了经营主体的经营预期。土地经营权的创立也对构建新型农业经营主体具有促进作用。这样一来，农业经营主体就敢于在农地上进行投资，规模化的农地也会促进新型农场的产生；再者，经营权的可抵押性实现了农地的资本化，引入农业发展所需的资本，稳定经营主体的投资活动。

## 二、农业经营制度与"三权分置"的逻辑

改革开放之初，农村开始实行家庭联产承包责任制，对土地所有权和承包经营权进行了划分，所有权属于集体，承包经营权属于农民。这极大地调动了亿万农民的积极性，有效地解决了温饱问题，农村改革取得了显著成效。"三权分置"是农村基本经营制度的自我完善，符合生产关系适应生产力发展的客观规律，体现了农村基本经营制度的持久生命力，有利于理清土地产权关系，更好地维护农民集体、承包农民和经营主体的权益；有利于促进土地资源的合理利用，构建新型农业经营体系，发展多种形式的适度规模经营，提高土地产出率、劳动生产率和资源利用率，促进现代农业的发展。要充分认识"三权分置"的重要意义，正确处理"三权"之间的关系，正确运用"三权分置"理论指导改革实践，并不断探索和丰富"三权分置"的具体实施形式。

# 第四章　耕地资源利用与产权市场建设

土地是财富之母，农业之本，农民之根。2018 年是乡村振兴战略的开局之年，在新形势下推进深化农村改革，处理好农民与土地的关系仍然是工作的重点。如何运用市场化机制有效盘活农村耕地资源是乡村振兴工作的一个重要内容。

## 第一节　耕地资源利用方式的演变过程与现状

耕地作为土地的基本属性，弄清楚耕地资源利用方式的演变和现状能够有效把握我国的农村发展在哪些环节有问题，更好地利用耕地资源，助力乡村振兴战略，把握耕地市场的发展现状。

### 一、耕地资源的概述

耕地是用以耕作产出粮食的土地。土壤学中通常将耕地定义为有耕作土壤的土地，耕作土壤即在自然土壤的基础上，进行耕作、施肥、灌溉、土壤品质改良等社会生产活动会同自然因素的综合作用而形成的土壤。不是任何土地都能当耕地来使用，耕地必须保证有充足的养分，适合农作物生长发育的环境。随着社会经济的发展和耕地保护的不断实践，耕地概念也得到了相应的发展。2017 年 11 月，由中华人民共和国国土资源部组织修订的国家标准《土地利用现状分类》（GB/T 21010—2017）对包括耕地在内的土地资源做出了最新的划分标准。耕地的具体类型见表 4 - 1 所列。

表 4 - 1　耕地的具体类型

| 名称 | 类型 | 含义 |
|------|------|------|
| 耕地 | 水田 | 种植水稻、莲藕等水生农作物的耕地，包括实行水生、旱生农作物轮种的耕地 |
| | 水浇地 | 有水源保证和灌溉设施，在一般年景能正常灌溉，种植旱生农作物（含蔬菜）的耕地 |
| | 旱地 | 无灌溉设施，主要靠天然降水种植旱生农作物的耕地 |

资料来源：中华人民共和国国土资源部《土地利用现状分类》（GB/T 21010—2017），2017 年 11 月 1 日。

## 二、耕地资源利用方式的演变

从古至今，土地一直都是民众赖以生存的基础，具有维持生计的功能。中国共产党从成立初始就非常重视土地制度的问题，积极制定土地政策，在新民主主义革命时期解决农民与地主之间关于土地的矛盾，在新中国成立后解决农民土地分配和利益分配的矛盾，致力于实现"耕者有其田"，改善农民群众的生活水平，促进农业生产的积极发展，推进农村的现代化建设。

（一）建立土地制度解决温饱问题的初级阶段（新中国成立至改革开放）

新中国成立后，1950 年颁布了《中华人民共和国土地改革法》，1953 年开始进行农业的社会主义改造，将土地等农业生产资料由私有制改为社会主义公有制，实行集体经营，农业生产力进一步提高。随着"三大改造"的完成，国民经济体系以社会主义公有制为主导，新中国进入社会主义初级阶段。最初的农业合作社提高了农民的生产积极性，农民也愿意投入耕地中，通过耕地来谋求生活，解决自己的温饱问题。

（二）改革土地制度解放生产力的发展阶段（改革开放至 20 世纪 90 年代初）

1978 年 11 月产生于安徽省凤阳县凤梨公社小岗村的大包干，最主要的内容有三条：一是分田到户；二是不再伸手向国家要钱要粮；三是如果干部坐牢，社员保证把他们的小孩养活到 18 岁。1979 年 10 月，小岗村当年粮食总产量 66 吨，相当于全队 1966—1970 年粮食产量的总和。1980 年 9 月，中共中央印发《关于进一步加强和完善农业生产责任制的几个问题》，肯定在生产队领导下实行的包产到户不会脱离社会主义轨道。1982 年 1 月，中国共产党历史上第一个关于农村工作的一号文件正式出台，明确指出包产到户、包干到户都是社会主义集体经济的生产责任制。1991 年 11 月中国共产党第十三届中央委员会第八次全体会议通过的《中共中央关于进一步加强农业和农村工作的决定》指出，农村改革，必须继续稳定以家庭联产承包为主的责任制，不断完善统分结合的双层经营机制。改革开放初期关于家庭联产承包责任制的相关政策见表 4-2 所列。

表 4-2 改革开放初期关于家庭联产承包责任制的相关政策

| 发布时间 | 文件名称 | 政策要点 |
| --- | --- | --- |
| 1980 年 9 月 | 《关于进一步加强和完善农业生产责任制的几个问题》 | 肯定生产队领导下实行的包产到户 |
| 1982 年 1 月 | 中国共产党历史上第一个关于农村工作的一号文件 | 确定包产到户、包干到户都是社会主义集体经济的生产责任制 |

（续表）

| 发布时间 | 文件名称 | 政策要点 |
|---|---|---|
| 1991 年 11 月 | 《中共中央关于进一步加强农业和农村工作的决定》 | 家庭联产承包为主的责任制、统分结合的双层经营体制作为我国乡村集体经济组织的一项基本制度 |

家庭联产承包责任制打破了"一大二公"和"大锅饭"的旧体制，把个人的付出比例与个人的收入比例挂钩，多劳多得，极大地提高了农民生产的积极性，解放了农村生产力。新中国成立后至改革开放初期，耕地资源一直都扮演着解决温饱问题、维持生计的作用，正确的土地政策也会扩大耕地资源一定时期的历史作用。家庭联产承包责任制下，耕地资源得到了充分的利用，使人民群众由温饱到富余，这是这一时期耕地资源所承担的历史责任。

（三）工业化与城镇化快速发展催生农地变革阶段（20 世纪 90 年代中期至 21 世纪初）

随着工业化进程的加快，大量农村人口流向城市，产生了耕地抛荒、"空心村"、城乡差距不断扩大等问题。进入 21 世纪后，农村的耕地资源利用方式发生了一些变化。一是耕地总面积的锐减，大量的工业建设用地和商品房买卖用地占据了大量的耕地，城市扩张同样占据了大量的耕地；二是农村人口大多外出务工，流向城市，原有的耕地在耕作中因为成本的不断提高，利润不断下降，发生了耕地抛荒现象；三是工业发展产生的污染严重破坏了原来的耕地，使得原有的耕地已经达不到耕地土壤生产的要求。因此，在城市工业化的进程中，小农经济已经不再适合生产力的发展，只有加快农业工业化进程，将耕地资源整合，实行规模经营，提高效益，才能更好地发挥出乡村振兴战略的实际意义。

（四）深化土地制度改革的创新发展阶段（党的十八大至今）

党的十八大以后，以习近平同志为核心的党中央领导集体对"三农"问题进行深入研究，深刻意识到农村存在的重大问题，如缩小城乡收入差距、脱贫攻坚、粮食安全等。2013 年，中央经济工作会议把"切实保障国家粮食安全"放在首位，耕地资源的利用不仅仅是为了耕作获得粮食，更重要的是为了国家整体的粮食安全，耕地资源上升到了国家战略层面。可能会有人觉得我们国家的粮食年产量位于世界第一，为什么还要担心粮食安全？因为我国的粮食进口量也是世界第一，我们不缺粮，但是我国农业生产的结构化差异显著，同时粮食作为大宗商品具有战略储备的价值和需要。从第三次全国国土调查的数据来看，我国阶段性地守住了耕地红线。新时代下要想进一步利用好耕地资源，就必须打破原有的小农经济的耕作模式，加速农业的工业化进程，全面推进乡村振兴，而这关键就在于利用好农村的耕地资源，不断提高农业全要素生产率。

## 三、耕地资源利用方式的现状

第三次全国国土调查的数据显示，我国目前共拥有耕地面积12 786.19万公顷（19 1792.79万亩），64％的耕地位于秦岭—淮河以北，耕地面积前五的省区分别是黑龙江、内蒙古、河南、吉林和新疆，五个省区耕地面积总占比达到全国耕地面积的40％。与第二次全国国土调查后的十年相比，中国耕地面积减少了1.13亿亩，在占补平衡的耕地保护措施落地后，农业结构化调整和国土绿化成为耕地减少的主要原因。过去10年，耕地与林地、园地相互转换，结果耕地向林地的净流量为1.12亿亩，向园地的净流量为6 300万亩。耕地流向园地等其他农业用地，有的耕作层已经破坏，达不到耕地标准，有的没有破坏，第三次全国国土调查为此特别进行了调查标注，全国共有87 00多万亩即可恢复为耕地的农用地，还有1.66亿亩可以通过工程措施恢复为耕地的农用地，如果需要，这部分农用地可通过相应措施恢复为耕地。因此，只要统筹安排，严格管控，18亿亩耕地红线是可以完全守住的。我国目前耕地数量情况见表4-3所列。按不同类型划分的耕地面积情况见表4-4所列。

**表4-3　我国目前耕地数量情况**

| 分类 | 面积 | 占比 |
|---|---|---|
| 水田 | 3 139.20万公顷（47 087.97万亩） | 24.55％ |
| 水浇地 | 3 211.48万公顷（48 172.21万亩） | 25.12％ |
| 旱地 | 6 435.51万公顷（96 532.61万亩） | 50.33％ |

资料来源：自然资源部《第三次全国国土调查主要数据公报》，2021年8月25日。

**表4-4　按不同类型划分的耕地面积情况**

| 划分类型 | | 面积 | 占比 |
|---|---|---|---|
| 按成熟期划分耕地面积 | 一年三熟 | 1 882.91万公顷（28 243.68万亩） | 14.73％ |
| | 一年两熟 | 4 782.66万公顷（71 739.85万亩） | 37.40％ |
| | 一年一熟 | 6 120.62万公顷（91 809.26万亩） | 47.87％ |

（续表）

| 划分类型 | | 面积 | 占比 |
|---|---|---|---|
| 按降水量划分<br>耕地面积 | 200mm 以下 | 740.32 万公顷<br>（11 104.79 万亩） | 5.79% |
| | 200～400mm<br>（含 200mm） | 1 280.45 万公顷<br>（19 206.74 万亩） | 10.01% |
| | 400～800mm<br>（含 400mm） | 6 295.98 万公顷<br>（94 439.64 万亩） | 49.24% |
| | 800mm 以上<br>（含 800mm） | 4 469.44 万公顷<br>（67 041.62 万亩） | 34.96% |
| 按坡度划分<br>耕地面积 | 2 度以下 | 7 919.03 万公顷<br>（118 785.43 万亩） | 61.93% |
| | 2～6 度坡度<br>（含 6 度） | 1 959.32 万公顷<br>（29 389.75 万亩） | 15.32% |
| | 6～15 度坡度<br>（含 15 度） | 1 712.64 万公顷<br>（25 689.59 万亩） | 13.40% |
| | 15～25 度坡度<br>（含 25 度） | 772.68 万公顷<br>（11 590.18 万亩） | 6.04% |
| | 25 度以上 | 422.52 万公顷<br>（6 337.83 万亩） | 3.31% |

资料来源：自然资源部《第三次全国国土调查主要数据公报》，2021 年 8 月 25 日。

我国土地资源的特点是"一多三少"，即总量多、人均耕地少、优质耕地少、可用于开发的备用耕地资源少。我国耕地资源质量总体水平较差：首先，水土资源配置不合理，中低产耕地过多，淮河以北的耕地占全国的 60% 以上，而水资源占比却不到全国的 20%，相反长江以南则是地少水多；其次，伴随我国近些年来经济的高速发展，环境污染也越来越严重，受到污染的土地增加和水土流失问题越发严重。我国东西部发展很不平衡，西部地区地广人稀，但是缺乏相应的深层动力去推动开垦耕地，人口集中的东部地区伴随经济发展更出现了大片的耕地变为荒地的现象。因此推动高标准农田建设以及耕地保护刻不容缓，落实好国家藏粮于地的战略目标，是当下乡村振兴的一个重要内容，做好农地耕地的合理规划和保护，才能更好地实现高质量的乡村振兴。

# 第二节　高标准农田建设与保护机制

高标准农田建设既是国家粮食安全战略的基础，也是推动乡村振兴战略的重要组成部分。

## 一、高标准农田建设的背景

2011年颁布的《高标准基本农田建设规范（试行）》是我国第一个开始试行的高标准基本农田建设的官方文件。国家通过对全国耕地质量的调查，对全国耕地划分等级，形成一个全国统一的耕地质量标准，同时调查结果还显示我国耕地质量参差不齐，各区域差异明显，各种因素交错复杂。在我国耕地总面积中，优等地只占到2.7%，高等地也只有30%，大部分还是中低等地，中低等地占比为67.3%。优等地主要分布在湖北等7个省份，质量较差的耕地主要分布在内蒙古等地。面对耕地质量整体低下、区域分布不平衡的国情，要想制定一个"一刀切"的全国统一标准是极其困难的，对于高标准要求的统一更是难上加难。通常情况下，高标准农田建设完成后的耕地质量应当达到所在县域内的高标准等级。《全国土地整治规划（2011—2015年）》提出将"提高一个等级"作为可衡量、可评估、可检查的平均标准，充分展现出对高标准农田建设实事求是的态度，对不同区域采用不同标准，进行因地制宜的科学建设，通过这种定量与定性的结合，更好地促进高标准农田建设。全国高标准农田建设主要指标见表4-5所列。

表4-5　全国高标准农田建设主要指标

| 序号 | 指标 | 目标值 | 属性 |
|---|---|---|---|
| 1 | 高标准农田建设 | 到2022年累计建成高标准农田10亿亩 | 约束性 |
|  |  | 到2025年累计建成高标准农田10.75亿亩 |  |
|  |  | 到2025年累计改造提升高标准农田1.05亿亩 |  |
|  |  | 到2030年累计建成高标准农田12亿亩 |  |
|  |  | 到2030年累计改造提升高标准农田2.8亿亩 |  |
| 2 | 高效节水灌溉建设 | 到2022年累计建成高效节水灌溉面积4亿亩 | 预期性 |
|  |  | 2021—2030年累计建成高效节水灌溉1.1亿亩 |  |
| 3 | 新增粮食综合生产能力 | 新增高标准农田亩均产能提高100公斤左右 | 预期性 |
|  |  | 改造提升高标准农田产能不低于当地高标准农田产能的平均水平 |  |

（续表）

| 序号 | 指标 | 目标值 | 属性 |
|------|------|--------|------|
| 4 | 新增建设高标准农田亩均节水率 | 10％以上 | 预期性 |
| 5 | 建成高标准农田上图入库覆盖率 | 100％ | 预期性 |

资料来源：中国农业农村部《全国高标准农田建设规划（2021—2030 年）》，2021 年 9 月 6 日发布。

通过高标准农田建设，可以让各类市场主体参与到乡村发展与建设中，让土地流转起来，更好地发挥土地自身的价值，提高农民财产性收入。

## 二、高标准农田建设的内容

### （一）高标准农田的概念

《全国高标准农田建设规划（2021—2030 年）》指出，规划期内，集中力量建设集中连片、旱涝保收、节水高效、稳产高产、生态友好的高标准农田，形成一批"一季千斤、两季吨粮"的粮田，满足人们粮食和食品消费升级需求，进一步夯实国家粮食安全的基础，一定要将"饭碗"牢牢掌握在自己的手中。

### （二）高标准农田的建设标准

遵循乡村振兴战略部署要求，统筹考虑高标准农田建设的农业、水利、土地、林业、电力、气象等各方面因素，围绕提升农田生产能力、灌排能力、田间道路通行运输能力、农田防护与生态环境保护能力、机械化水平、科技应用水平、建后管护能力等要求，结合国土空间、农业农村现代化发展、水资源利用等规划，紧扣高标准农田建设的田、土、水、路、林、电、技、管八个方面内容，加快构建科学统一、层次分明、结构合理的高标准农田建设标准体系。高标准农田建设标准见表 4-6 所列。

表 4-6　高标准农田建设标准

| 田 | 田块整治 | 通过合理归并和平整土地、坡耕地田坎修筑，实现田块规模适度、集中连片、田面平整，耕作层厚度适宜，山地丘陵区梯田化率提高 |
|----|----------|------|
| 土 | 土壤改良 | 通过培肥改良，实现土壤通透性能好、保水保肥能力强、酸碱平衡、有机质和营养元素丰富，着力提高耕地内在质量和产出能力 |
| 水 | 灌溉与排水 | 通过加强田间灌排设施建设和推进高效节水灌溉等，增加有效灌溉面积，提高灌溉保证率、用水效率和农田防洪排涝标准，实现旱涝保收 |

（续表）

| 路 | 田间道路 | 通过田间道（机耕路）和生产路建设、桥涵配套，合理增加路面宽度，提高道路的荷载标准和通达度，满足农机作业、生产物流要求 |
|---|---|---|
| 林 | 农田防护与生态环保 | 通过农田林网、岸坡防护、沟道治理等农田防护和生态环境保护工程建设，改善农田生态环境，提高农田防御风沙灾害和防止水土流失能力 |
| 电 | 农田输配电 | 通过完善农田电网、配套相应的输配电设施，满足农田设施用电需求，降低农业生产成本，提高农业生产的效率和效益 |
| 技 | 科技服务 | 通过工程措施与农艺技术相结合，推广数字农业、良种良法、病虫害绿色防控、节水节肥减药等技术，提高农田可持续利用水平和综合生产能力 |
| 管 | 管理利用 | 通过上图入库和全程管理，落实建后管护主体和责任、管护资金，完善管护机制，确保建成的工程设施在设计使用年限内正常运行、高标准农田用途不改变、质量有提高 |

资料来源：中国农业农村部《全国高标准农田建设规划（2021—2030年）》，2021年9月6日。

### （三）建设高标准农田的意义

一是提高了国家粮食综合生产能力。截至2021年10月底，全国共计建成8.808 3亿亩高标准农田。农田中的基础设施得到升级维护，农民耕地的生产环境得到改善，提高产量，农田应对病虫灾害以及极端天气的能力显著增强，粮食综合生产能力得到保障。高标准农田建立后，粮食平均亩产提高了10%～20%，农民的种粮积极性得到极大的提高，确保了我国的粮食安全，实现藏粮于地。

二是加快了农业生产方式升级转型。田间管理方面，通过集中对高标准农田进行土壤改良、配套设施建设，既解决了细碎化、耕地质量下降以及耕地中设施不配套等农田问题，也有效促进了农业生产规模化和标准化，经营专业化，推进了农业生产机械化耕作，提高水土资源利用效率和土地质量，进而提高生产力。攻克了农业耕作的许多技术问题，培育了一批具有创新意识的农业经营主体，促进了农业经营方式、生产方式和资源利用方式的转变，极大地提升了农业综合效益和竞争力。

三是改善了农田生态环境。高标准农田通过田块整治、沟渠配套、节水灌溉、林网建设和集成推广绿色农业技术等措施，优化农田生态，调整整体农业生产布局，农田生态防护能力增强，耕地最有价值的耕作层水土流失减少，农业原材料的投入利用率提高，产出更多，减少了农业耕作和治理的污染问题，改善了农田整体生态环境。高标准农田建设完成后，农业绿色发展水平大幅提升，节水、节电、节肥、节药效果明显，推进山水林田湖草综合保护和农村环境的持续改善，为实现生态宜居目标奠定了坚实基础。

四是拓宽了农民增收致富渠道。高标准农田建设改善了农田基础设施、耕地质量和农业生产条件，降低了农业生产成本，提高了产出效率，增加了土地流转收入，从而显著提高了农业生产的整体效益。从各地实践来看，平均每亩节本增效约 500 元，有效增加了农民生产经营性收入。

### 三、耕地保护机制

高标准农田建设也是对耕地保护的重要措施，通过建设高标准农田，既能提高农田的产量，增加农民的收益，也能加强对耕地的保护。从国家推行的一系列政策和法律法规中可以看出，耕地保护旨在保护耕地的数量和质量。耕地数量保护主要体现在：①严格遵守耕地保护红线，坚决落实对基本农田的保护制度；②实行耕地占补平衡，用多少土地补多少，对耕地转为非耕地的情况要严格管制；③推进土地开发、复垦整理，防止耕地水土流失和污染，避免耕地变成荒地。耕地质量保护主要体现在：①改造中低产农田要有计划和分步骤地进行，建设高标准农田，改善耕地质量并不断优化，积极保护像黑土地这样的优质耕地；②将被占用的耕地的耕作层土壤转移至新开垦的耕地，保证土壤质量，对土壤质量较差的耕地进行土壤改良；③在行政区域内实行自上而下的耕地保护责任制，将保护责任落实到具体负责人，由该行政区域内的主要负责人作为耕地保护的第一责任人；④县级以上地方人民政府应当出台符合本区域的农业政策和具体保护措施，调整农业结构，指导地方村集体进行科学耕作，防止破坏耕地。农用地不再作为其他用途时，应当及时复垦种植，使其达到种植条件进行农业生产。

高标准农田建设与耕地保护机制建设是紧密相关、相辅相成的，高标准农田建设是国家投入大量人力物力的一项重大工程，要切实保护好已经取得的成果。目前我国高标准农田面积已占总耕地面积的 40%，要想进一步实现 2025 年乃至 2030 年的目标，一定要守好现在的，做好未来的。耕地保护机制不只是对高标准农田的保护，也是对耕地红线的保护，更是对国家粮食安全的保护，是乡村振兴进程中不可或缺的重要组成部分。

## 第三节　农业耕地市场建设路径

乡村振兴离不开农地的有效流转，要实现耕地的有效流转就必须建立有效的农地产权交易市场。

### 一、农业耕地产权交易市场

农业耕地产权交易市场总体上可以分为两个市场，即一级市场和二级市场。

一级市场类似于一个发行市场，由产权所有主体或产权承包主体将国有土地或集体土地按规定挂牌到土地产权交易所，再由土地产权交易所的合格参与者与意向经营者进行投标。中标的企业或者个人获得土地的经营使用权，并且根据土地性质进行开发，闲置期限不得超过半年。二级市场相当于一个交易市场，流转的是土地的经营权，须保证土地性质不变。我国农村土地的承包经营权在相关法律法规和国家政策所允许的情况下可采用出租、转包、互换、转让等方式进行合法流转，要把这些已经实践过的农地流转方式融入土地产权交易所的土地流转中。二级市场中的流转更相当于一种土地转让，为了能大规模成片地开发利用农地，还应对二级市场中交易的土地进行互换，再通过当地的村集体转包，将余下的土地部分也出租出去，使得出租的土地呈连片状态，实现土地的高效利用。农村耕地渐进式流转总体框架如图 4-1 所示。

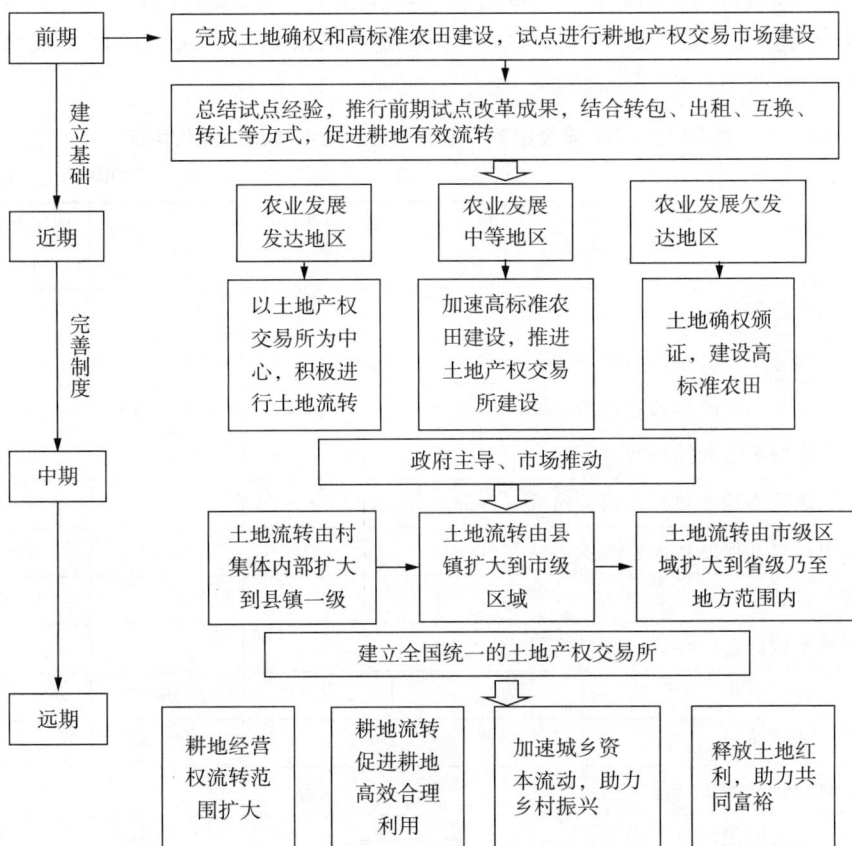

图 4-1　农村耕地渐进式流转总体框架

　　土地产权交易所不仅具有现存的普通流转方式，还应当具备土地抵押、信托以及土地资本化的功能，企业、农民、金融机构相关参与方应当在场内进行更深入的流转。鉴于以上农地产权交易市场的建设和土地异质性的问题，本书提出的设想是在省级区域内建立土地产权交易所，由县市级政府或有关主管部门进行审核、监督，确保交易市场公平，土地积极有效流转，农地合理利用。

## 二、农业耕地流转机制建设

　　耕地的流转不仅包括农耕土地经营权的出租、转让和互换的初级流转，还包括土地信托、土地抵押、土地入股、土地证券化等更高阶的农地资本化流转。在土地产权交易所落实建立后，土地流转就有了一个专门的交易流转市场，在其中具体流转的土地也应有其具体的规定，包括参与流转的各方主体资格、耕地流转期限、耕地流转价格以及耕地流转面积等，并且由政府部门进行监管，具体到耕地也应当有其相应的交易准则。2020 年全国农户家庭承包耕地流转年度变化情况见表 4-7 所列。

表 4-7　2020 年全国农户家庭承包耕地流转年度变化情况

（单位：万亩）

| 指标 | 2020 年 | 比上年增长（%） |
|---|---|---|
| 一、耕地承包情况 | — | — |
| 　（一）家庭承包经营的耕地面积 | 156166.24 | 1.00 |
| 　（二）家庭承包经营的农户数（万户） | 22040.98 | 0.20 |
| 　（三）家庭承包合同份数（万份） | 21643.80 | 1.60 |
| 　（四）颁发土地承包经营权证份数（万份） | 21008.82 | 3.10 |
| 　　其中，以其他方式承包颁发的（万份） | 75.54 | — |
| 　（五）机动地面积 | 7665.69 | 12.60 |
| 二、土地承包经营权转让、互换情况 | — | — |
| 　（一）转让面积 | 1358.97 | — |
| 　（二）互换面积 | 1878.80 | — |
| 三、土地经营权流转情况 | — | — |
| 　（一）流转面积 | 53218.92 | 4.30 |
| 　　1.出租（转包）面积 | 47497.23 | 6.50 |
| 　　其中，出租给本乡镇以外人口或单位的面积 | 5385.28 | 28.30 |

（续表）

| 指标 | 2020 年 | 比上年增长（%） |
|---|---|---|
| 2. 入股面积 | 2926.61 | −11.50 |
| 其中，入股合作社的面积 | 1703.88 | 7.40 |
| 3. 其他形式流转面积 | 2795.08 | −10.00 |
| （二）流转去向 | — | — |
| 1. 流转农户的面积 | 24882.76 | — |
| 2. 流转入家庭农场的面积 | 7124.26 | — |
| 3. 流转入合作社的面积 | 11453.01 | −9.00 |
| 4. 流转入企业的面积 | 5558.54 | −3.50 |
| 5. 流转入其他主体的面积 | 4200.35 | −29.60 |
| （三）土地流转服务机构情况 | — | — |
| 1. 乡镇土地流转服务中心总数（个） | 22308.00 | — |
| 2. 土地流转市场总数（个） | 1589.00 | — |
| （1）县级（个） | 1474.00 | — |
| （2）地级市（个） | 102.00 | — |
| （3）省级（个） | 13.00 | — |

资料来源：农业农村部政策与改革司，2021 年 9 月。

可见，家庭承包耕地面积规模庞大，耕地流转去向主要是五个方面：农户、家庭农场、合作社、企业和其他主体。耕地流转方式以出租转包为主，土地入股方式较少，较上一年下降 11.50%。土地流转服务机构绝大部分设立在县级，部分设立在地级市，极少数设立在省级。总体来看，土地流转交易市场未来的发展空间巨大。

耕地流转的标的主要应是在田、土、水、路、林、电、技、管八个方面建设的高标准农田。耕地流转的最小面积应达到 1 亩，达不到 1 亩的耕地按照所占 1 亩的比例进行计量；耕地流转年限应在承包期内，超过承包期的年份不予认可；耕地流转价格按照当地土地产权交易所最新成交价格作为参考，流转双方进行具体磋商决定价格。参与耕地流转的双方需要进行资格审查，耕地流出方应具备国家土地确权后颁发的相关证明，耕地流入方想要获得耕地的经营权，政府相关部门首先对其农业经营能力进行资质审查，同时对其项目的可行性和环保性进行审查。审批通过后，双方签订农用地经营权流转合同。加强耕地利用，禁止闲置荒芜耕地，禁止占用永久基本农田，发展其他用途，坚持农业用地，及时遏制耕地"非农化"，防止耕地"非粮化"。如果耕地流入方放弃耕作超过 2 年，转让农民可以终止合同。农民在合理期限内不解除合同的，发包方有权要求解除合同，收回流转的土地。根据再流转的规定，耕地流入方转让通过流转取得的耕地经营权或者向金融机构作担保融资的，需要农民书面同意并向有关部门备案。土地流转参与各方的资质要求见表 4－8 所列。

表 4－8　土地流转参与各方的资质要求

| 参与方 | 资质要求 |
| --- | --- |
| 企业主体 | 具有良好的资信状况，此前无不良记录；具备从事农业生产经营的能力；近两年营业收入应达到总资产规模的三分之一，净利润占营业收入的三分之一；符合国家法律法规的相关要求 |
| 金融机构 | 具备抵押、信托等业务的相关牌照；近三年内贷款不良率低于 2%；具有三年以上（含）从事农业生产经营方面的贷款业务经验；符合国家法律法规的相关要求 |
| 农户主体 | 个人诚信记录良好，无不良记录；具有土地承包权，拥有国家土地确权颁发的证书；进行流转的耕地应达到国家高标准农田的要求 |

随着国家对土地流转政策的不断规范以及参与土地流转的各方越来越多，流转形式也多种多样，因此制定统一的流转机制是必不可少的。以县级区域为例，农村耕地流转交易程序图如图 4－2 所示。

农村耕地流转合同到期后，双方可以通过协商达成续约，并将协商后的合同上报土地产权交易所，对新合同的流转价格、流转期限、土地用途等进行说明，经市级政府或有关部门审批后，新合同生效。双方在合同到期后也可以选择结束合同，流转双方重新进入市场，根据自身需要和市场变化情况在土地产权交易所进行交易。

## 三、风险处置与收益分配

农地资本化的过程中必然伴随着各种风险。耕地事关国家粮食安全问题，同时，土地流转涉及农户、政府、企业乃至金融机构等，如何处理好它们之间的关系也是一个棘手的问题。本书主要讨论的是耕地在市场流转过程中的风险，包括市场流转前期、流转中期、流转后期，不同阶段、参与流转的主体不同会产生不同的风险。

（一）流转前期

流转前期尚处于流转的起步阶段，主要参与者是以农民为主的村集体和个

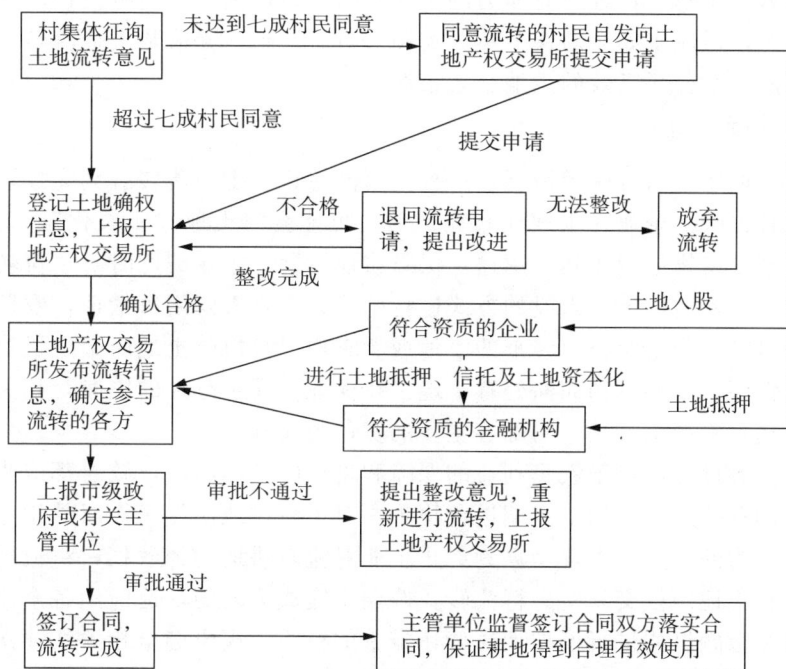

图 4-2　农村耕地流转交易程序图

人。村集体会向村民征询耕地流转意见，在达到一定比例时由村集体决定通过征询意见，村集体开始筹备关于流转的相关工作，为了能够顺利达成流转的目的，村集体或者个人在其中可能会上报虚假信息或者隐瞒不利因素，如耕地没有达到高标准农田或者流转土地产权不明晰。应对该阶段的风险需要土地产权交易所发挥积极的作用，健全规章制度，在流转申报的审查中要严厉对待，严格审查每一块将进行流转的土地，不符合标准的土地坚决不允许流转，进行流转的土地做好登记备案，做到有迹可查，减少纠纷。同时土地产权交易所还应当加强对农民群体的教育引导，积极宣传土地流转政策，开展土地流转下乡交流座谈会，帮助农民群体解答疑惑和解决问题。

（二）流转中期

流转中期，企业对土地主要以竞拍的方式获得，企业可能会为了拿地而恶意竞争。同时，为了获得金融机构的贷款和土地产权交易所的审核，企业很可能伪造相关资料，将土地抵押骗取资金，损害农民利益。金融机构在此阶段往往会面临一些隐藏的风险。处理这一阶段的风险仍然需要土地产权交易所发挥积极的作用，规范流转过程中的规章制度，尤其是对流转价格、流转年限等问题有个明确标准，坚决打击恶意竞争和骗取补贴等违法行为，加强企业资格审查，对其主营业务有深入的了解，让合规有能力的企业加入乡村振兴中。金融机构应加强自身的业务学习，适应现如今的快节奏，控制好自身风险，弄清楚土地流转市场的细则，建立起一个公平高效的土地金融市场。

（三）流转后期

流转后期还应当分两种情况：一种是合同签订，土地流转顺利完成；另一种是土地流转失败。企业在土地流转完成后，可能会将土地"非农化"，我国法律明确规定禁止将耕地用作其他用途，保障耕地属性。企业破产时对于流转来的土地如何处理，若是以土地入股的方式进行的流转，是否要用来偿债，农民是否将面临失地风险？若企业将流转来的土地或者农户以自由的土地向金融机构抵押贷款后无力偿还，金融机构如何处置土地？在保证合同规范性的同时，相关条文应该准确表达，不产生歧义，明确各主体的责任与义务。

在合同签订后，对于农民利益的保障和耕地的实际用途，政府都应当监管到位，在合同存续期间应当不定期进行检查，对于将耕地用作耕作以外用途和骗取国家补贴行为的，一经发现，立刻终止企业对流转耕地的经营权，将流转耕地收回，重新在土地产权交易所进行流转，逾期未完成流转的，退回到各个流转农户手中。对在金融机构进行抵押无法偿还贷款的行为，应当健全相关法律法规，妥善处置。

土地流转带来的收益应当源自土地自身和机械化耕作带来的增值，农民通过出租、转包等方式流转土地，农户可以在是否需要缴税后获得全部收益，耕地流入方通过自己经营得来的收益归自己所有。如果土地流转是在土地产权交易所中进行的，土地交易产权所可以收取一定的手续费和服务费，耕地流入方和流出方按照合同分配收益。若是通过土地入股等形式进行流转，企业按照合同获得相关收益后，农民则按照入股的土地面积所占百分比获得剩余收益的部分。

# 第五章 闲置宅基地流转与产权市场建设

随着城镇化加速推进，农村劳动力人口向城市涌入和代际继承导致的"一户多宅"等问题，使农村地区出现大量闲置宅基地。促进闲置宅基地有效退出，增加乡村产业用地供给，提高土地资源利用效率，是推进实施乡村振兴战略、实现农地资本化运作的重要途径。

## 第一节 闲置宅基地流转背景

当前农村地区存在大量闲置宅基地"沉睡"资产，深入研究闲置宅基地退出制度演变，对今后一段时期推进宅基地制度改革、盘活闲置宅基地、推进市场化建设具有深远意义。

### 一、闲置宅基地退出演变过程

回顾新中国成立 70 多年的宅基地制度变迁，可以清晰地发现宅基地使用权和所有权分离具有明显的阶段性特征，制度性的约束显著决定着宅基地的权利构成。宅基地退出流转主要以党的十八届三中全会和乡村振兴战略提出的时间为转折点。党的十八届三中全会实现了市场在资源配置中起决定性作用的历史性转变，强调了农村土地要素在市场化改革中的重要地位，为农村宅基地要素进入市场化运作做了制度安排。2014 年 12 月，中共中央办公厅、国务院联合印发《关于农村土地征收、集体经营性建设用地入市、宅基地制度改革试点工作的意见》，指出在保障农村居民宅基地使用权的同时确保农村家庭户有所居，积极引导城镇新居民退出闲置宅基地。试点宅基地集体内部流转为"三权分置"的改革奠定了制度基础。宅基地改革试点在保持土地集体所有制不变、限制流转范围、保护农民权益等方面做出了良好的尝试。对非法占用宅基地、"一户多宅"，严格有偿使用，规范退房申请程序；在宅基地改革过程中，要结合当地实际，充分发挥基层民主管理制度优势。2016 年 5 月，《中国银监会、国土资源部关于印发农村集体经营性建设用地使用权抵押贷款管理暂行办法的通知》指出，推进农村集体经营性建设用地使用权抵押，与城市国有建设用地同等竞争，推进金融手段与土地使用权相结合，使农村土地制度改革更加具体清晰。2017 年 2 月，中共中央、国务院印发《关于深入推进农业供给侧结构性改革、加快培育农业农村发展新动能的若干意见》，指出加快宅基地确权登记工作，在总结宅基地试点地区经验基础上，保障农民宅基地用益物权与原有宅基地集体所有权前提下，保障农户宅基地占用和使用权，通过试点农村集体经济组织内部通过出租、合作经营等方式有效提高闲置宅基地及住宅利用效率，增加农村居民家庭财产性收入，允许村集体内部通过多种筹资方式，用于补偿进城落户居民退出闲置宅基地。闲置宅基地制度改革的政策文件见表 5－1 所列。

表 5－1 闲置宅基地制度改革的政策文件

| 年份 | 文件名称 | 要点 |
| --- | --- | --- |
| 2014 年 12 月 | 《关于农村土地征收、集体经营性建设用地入市、宅基地制度改革试点工作的意见》 | 在保障宅基地用益物权的同时，探索多种形式的保障农村住房户有所居，积极引导新进城落户居民退出闲置宅基地 |
| 2017 年 2 月 | 《关于深入推进农业供给侧结构性改革、加快培育农业农村发展新动能的若干意见》 | 总结宅基地改革试点经验，保障宅基地所有权基础上，通过在村集体内部范围内出租、合作经营方式有效提高闲置宅基地及住宅利用效率，增加农村居民家庭财产性收入 |
| 2018 年 | 中央一号文件《中共中央　国务院关于实施乡村振兴战略的意见》 | 探索宅基地所有权、资格权、使用权"三权分置"，落实宅基地集体所有权，保障宅基地农户资格权和农民房屋财产权，适度放活宅基地和农屋使用权 |
| 2019 年 9 月 | 《土地管理法》 | 通过出租、合作等方式进行经营生产；鼓励进城落户居民退出闲置宅基地，村集体依法依规给予补偿 |

2018 年初的中央一号文件指出乡村振兴战略实施过程中要探索宅基地集体所有权、农户资格权、使用权"三权分置"改革。落实宅基地集体所有权，保障宅基地农户资格权和农民房屋财产权，适度放活宅基地和农民房屋使用权。保障宅基地农户资格权和农民房屋财产权，赋予农户退出宅基地后仍然享有宅基地作为要素发展收益权能，激发退出闲置宅基地积极性，增加农户财产性收入。适度放活宅基地和农民房屋使用权，目标是运用市场化手段将宅基地使用权作为担保、入股凭证，为农户开展生产经营创造资金渠道。"三权分置"宅基地改革进入市场化阶段，此举为乡村经济发展建设注入创新活力，为乡村振兴提供土地资源支撑。宅基地市场化改革充分体现中央对宅基地制度改革的重视与决心。

2019 年 9 月，中央农村工作领导小组办公室和农业农村部联合印发《关于进一步加强农村宅基地管理的通知》，鼓励村集体和农户盘活闲置宅基地和住宅，通过自主经营、合作经营等方式发展乡村旅游、农家乐等，盘活闲置宅基地资金用于乡村建设。2019年10月，农业农村部在印发的《关于积极稳妥开展农村闲置宅基地和闲置住宅盘活利用工作的通知》中再次明确提出，要积极稳妥地开展农村闲置宅基地和闲置住宅盘活利用工作。《中华人民共和国土地管理法》规定土地所有权人可以通过出租、合作等方式进行经营生产。鼓励新进城落户居民退出闲置宅基地，村集体依法依规给予补偿，村集体优先利用闲置宅基地申请宅基地房屋建设，剩余部分用于村集体建设，尝试多种方式进行盘活利用。2020年2月，《中共中央　国务院关于抓好"三农"领域重点工作确保如期实现全面小康的意见》中进一步明确提道：以探索宅基地所有权、资格权、使用权"三权分置"为重点，进一步深化农村宅基地制度改革试点。近年来有关宅基地政策为农村宅基地市场化改革指明方向，奠定制度基础。

## 二、闲置宅基地退出现状

当前，农村闲置宅基地大量闲置、退出流转困难、利用效率低。根据统计数据，2021年末，我国城镇常住人口占比达64.72%，预计到2030年，这一比例达70%左右。在城镇化加速推进中，大城市"虹吸效应"导致大量劳动力人口向城市转移，获取就业机会，农村大量宅基地被闲置甚至荒芜，"占而不用"造成土地资源严重浪费。与此同时，在乡村振兴背景下，农村城镇化建设加快发展，用地需求不断增加，用地冲突不利于农村土地资源的合理配置，宅基地闲置问题较为突出。宅基地闲置主要有以下几个方面的原因。

（1）异地新建导致"一户多宅"。《中华人民共和国土地管理法》规定"农村村民一户只能拥有一处宅基地"，保障农村村民实现户有所居，新建住房尽量使用原有宅基地或村内空闲地。第三次全国农业普查数据显示，在农村拥有2处及以上住宅的农户高达12.5%，约2873万户，城镇购买商品房定居的农户不在范围内，可见一户多宅现象仍然很突出。伴随着生活水平的提高，原有旧房已不再适应生活居住要求，新建房屋已成为大部分农村人的追求，受传统宅基地私有观念影响，新建住房后并未将原有宅基地退还村集体，导致大量宅基地处于闲置状态。农户自有住房数量统计表见表5-2所列。

表5-2　农户自有住房数量统计表

| 住房数量 | 农户数量/万户 | 比例/% |
| --- | --- | --- |
| 拥有1处住房 | 20030 | 87.0 |
| 拥有2处住房 | 2677 | 11.6 |

（续表）

| 住房数量 | 农户数量/万户 | 比例/% |
|---|---|---|
| 拥有 3 处以上住房 | 196 | 0.9 |
| 没有住房 | 124 | 0.5 |

资料来源：国家统计局第三次全国农业普查。

（2）宅基地继承性闲置。当前宅基地继承性闲置主要是祖传住宅与成家另立门户产生的。祖辈上老宅传下来，受传统风水观的影响，即使房屋不再适宜居住甚至不复存在，原有老宅基地仍保留在自己手中，不愿退还给村集体；另外，在子女较多的家庭，子女结婚都会另申请宅基地新建房屋，宅基地无偿申请、无限期使用，使得宅基地占用普遍，在老人去世后，旧宅基地也并未退还村集体。

（3）人口流动造成的闲置宅基地。城镇化进程中，大量劳动力人口向城市转移，在具备一定的经济基础后在城市新购住房，为子女争取更好的教育环境，而往往这一人群在城市面临巨大的生存压力，即使是进城落户也要保留宅基地，作为未来返乡养老的"根据地"，从而造成大量闲置宅基地。

（4）隐性交易产生的闲置宅基地。部分地区宅基地存量紧张，申请程序严格，而需求量大，在高收益驱动下许多农户通过私下交易的方式获取宅基地，"占而不用"，因而出现多处宅基地闲置。交易程序不规范，导致宅基地未能进行有效配置。

受"乡土情结"影响，大量闲置宅基地退出仍然面临较大困难。目前全国缺乏统一的补偿标准，农户对宅基地退出流转认知不一，期待利益不高，政策导向不清晰，流转市场不完善等，导致很多农户持观望态度，严重阻碍宅基地退出流转。同时，对于一些偏远地区，即使宅基地退还给村集体，由于缺乏统一规划、资金项目支持，也并未得到很好的利用，往往处于荒废状态，只是形式上收归村集体。

## 第二节　闲置宅基地退出机制与补偿标准

解决闲置宅基地退出流转过程中退出困难、利用效率低的问题亟须行之有效的退出模式与形成机制，并在确定合理的宅基地补偿范围的基础上构建科学的宅基地补偿标准，这也是实现农村宅基地流转市场建设的必经之路。

### 一、闲置宅基地退出模式与退出机制

#### （一）闲置宅基地退出模式

不同学者从不同角度对闲置宅基地退出模式与形成机制进行了大量研究。宅

基地退出模式涉及参与多方利益，是内外部环境特征共同作用的综合体。宅基地退出模式由外缘和内核构成，其中外缘包括宅基地现状特征、参与主体农户特征以及宅基地周围禀赋特征，内核是对外部环境的响应，包括宅基地退出的总体规划、资金来源以及退出举措等。外缘和内核相互作用形成不同的宅基地退出模式。

根据不同宅基地所处的内外部环境，划分为资产置换、货币补偿、以地养老、土地入股四种退出模式，同时为鼓励农户退出闲置宅基地，往往会使用多种退出模式组合，比如"资产置换＋货币补偿"。

（1）资产置换。通过安置房或商品房补贴置换闲置宅基地，主要适宜处在城郊区或城中村，基础设施条件差，为改善生活条件的农户，该部分农户通过资产置换方式退出宅基地意愿强烈。在政府财政资金支持下，补偿退出闲置宅基地农户，对该地区进行统一新规划，纳入城市化社区新建设。

（2）货币补偿。依据退出补偿标准对退出闲置宅基地农户给予一次性的货币补偿。这主要适宜土地资源紧缺，宅基地长期闲置的地区，进城落户的居民需要资金提高生活水平。货币性一次性补偿不再统一安置，当地政府通过增减挂钩的方式，用结余指标用于城市建设，完善基础设施。

（3）以地养老。该举措主要针对在农村依靠宅基地养老的农户，通过安排统一养老服务，解决养老难题，主要适宜"一户多宅"，超标占用的农户以及移居城市的家庭。政府可以通过引入社会资本参与养老服务，同时结合扶贫政策，将闲置宅基地用于产业建设、集中养老中心建设及配套设施建设，改善农村居住条件。

（4）土地入股。农户退出闲置宅基地后参与入股分红，提高宅基地利用效率，这主要适宜于区位优势明显、商业价值高、农户产权认知水平高的地区，可以利用村集体资金与企业合作，对乡村进行统一规划，开发新农村，引入新产业、新业态，吸引社会资本向乡村流入，用于乡村振兴建设。

（二）闲置宅基地退出机制

闲置宅基地退出机制主要目标是推进宅基地有效退出，盘活闲置土地资源。广大农村地区存在大量闲置宅基地，但受特殊政策、特有国情影响，闲置宅基地退出仍存在困难多、阻力大、成效不显著等问题。因此，需要结合各地实际，因地制宜推进闲置宅基地退出政策，落实相应举措，实现闲置宅基地高质量退出。结合以往研究，退出机制具体可归纳为激励与约束机制、利益分配机制及保障机制。

1. 激励与约束机制

当前，宅基地"三权分置"改革试点仍处于起步阶段，受国家宅基地政策限制，绝大多数地区宅基地仍处于住房保障功能阶段，宅基地作为财产性资产的功能并未得到有效发挥，大量的宅基地难以实现财产性资产变现，使用权价值无法充分展现，农户无法从宅基地上获得财产性收入，构建积极的激励机制与严格的约束机制有助于促进闲置宅基地的退出。大量农户不愿退出闲置宅基地的主要原因是缺乏相应的激励配套措施，尤其是偏远地区宅基地退出所获得的补偿不具有激励性质，退出意愿低。在部分宅基地改革试点的地方，通过建设性补偿、实物补偿、货币补偿等形式，让有愿意退出的农户与村集体签订退出协议，让出闲置宅基地。具体表现：建设性补偿是给意愿退出宅基地的村庄进行集中乡村规划、完善当地基础设施，提高公共服务水平；通过安置房或商品房补贴置换闲置宅基地；采用货币资金的形式给予农户一次性补偿，可以用于购房补贴、生产经营等。单独的激励措施往往是有限的，一般各地都采用多种形式结合的方式激励农户退出闲置宅基地，如安徽金寨的"货币＋宅基地"补偿，重庆的"地票"模式等。激励机制往往能促进资金短缺、住房短缺的农户退出闲置宅基地，而对于部分"一户多宅"、违规占用宅基地的农户，激励措施往往作用不明显，需要通过严格的约束机制，倒推该部分农户退出闲置宅基地，如通过增加农户闲置宅基地的持有成本、补交超标使用费等约束措施，提高农户退出闲置宅基地的意愿。激励与约束机制相结合是在原有闲置宅基地作为住房保障功能基础上兼顾农户部分财产性权益，分不同对象促进闲置宅基地退出。

2. 利益分配机制

以货币等一次性补偿闲置宅基地退出后农户不再获得宅基地发展的预期利益，缺乏产权及宅基地资源认知价值一定程度上限制了农户的退出意愿。部分城郊、城中村地区，由于独特的区位优势，宅基地预期收益高，而能够给予的货币形式补偿有限，通过建立宅基地退出收益分享机制、长期收益分配机制，设立宅基地发展权，构建政府、村集体、农户主体对宅基地收益分配关系及比例，对不同地块、不同群体的农户实行不同的收益分配比例，提高农户退出闲置宅基地的积极性。在闲置宅基地退出利益分配过程中，相较于政府、村集体，农户处于弱势地位，往往很难参与到宅基地退出补偿决策过程中，宅基地发展权益难以分享。在设置宅基地发展权时要保障农户作为宅基地合法主体的应得收益，打破政府垄断分配。

3. 保障机制

保障民生，解决宅基地退出后顾之忧，才能标本兼治。宅基地退出既要充分考虑宅基地作为财产性资产的保障价值，又要借助保障机制提高闲置宅基地退出人群的保障水平。绝大多数农户不愿退出闲置宅基地的顾虑就是居无定所、"颠沛流离"，以及根深蒂固的乡土情结，返乡成了最后"一道防线"。在农村地区可以建立多元化的保障性住房，完善补偿标准，多种补偿方式结合，提高农户的固定资产价值，增强保障能力；通过技能培训，建立乡镇企业，提高就业竞争力与增加就业机会；建立保障性住房，为退出农户提供固定居所，通过户籍制度改革，提高新进城人群的基本公共服务水平，完善城市社会保障，享受同等的保障服务待遇，提高社会福利水平，为新进城居民提供廉租房、经济适用住房，消除该部分人群的生活保障担忧。

## 二、闲置宅基地退出补偿标准

### （一）补偿范围确定

补偿范围的确定是制定宅基地退出补偿标准的关键。通常而言，宅基地补偿范围包括宅基地自身的补偿与仍保留在宅基地上的建筑物等。当前，大部分地方立法规定补偿范围仅限于与宅基地最为密切的房屋价值的直接损失，忽略了其他附属物的价值以及负担损失的补偿。宅基地使用权作为用益物权应该作为补偿的一部分，狭窄的补偿范围不仅没有保障农户的财产权利，而且严重挫伤了农户退出闲置宅基地的积极性。保护权利人合法权益，规范退出补偿范围，才能更好地引导闲置宅基地自愿退出。

西方国家大多实行土地私有制，没有"宅基地"一说，房屋征收通常包含在土地征收上，国外的土地财产补偿制度虽与我国具有很大差异性，但本质都是对权利人合法财产的补偿，具有一定的借鉴意义。国外的土地财产补偿范围较我国广泛，如在英国除了补偿土地及其地上附着物价值，还补偿搬迁费、退出宅基地对农户的负面影响以及其他必要支出等；在法国土地退出除了补偿因果关系的损失，还包括因此造成的未来确定损失、精神损失和未来不确定损失等。

### （二）补偿标准的构建

基于对宅基地退出补偿范围的考虑，构建合理的补偿标准是闲置宅基地退出的核心问题。我国目前尚未形成统一具体的宅基地补偿标准，多由地方根据当地情况制定和实施。不同学者从不同角度对补偿标准进行了研究，彭小霞（2015）基于农户权益，认为宅基地退出没有积极引导农户参与补偿标准制定的过程，没有充分尊重退出意愿，以及农户退出宅基地没有得到社会保障，严重损害了农户宅基地财产权。宅基地退出要完善退出增值分配机制，建立城乡统一的社会保障体系，调动农户自愿退出宅基地积极性，提高农户在宅基地退出过程中的主体地位。从农户权益出发，学者们从不同角度分析了农村闲置宅基地退出补偿范围、标准以及补偿方式等。此外，吕军书（2021）认为盘活宅基地过程中，在兼顾宅基地保障功能的同时要重视财产性功能，要创新宅基地退出盘活机制。汪莉（2015）认为在宅基地退出过程中，现有政策框架下宅基地使用权农户不再拥有，自然禀赋、区位条件优越的地带增值空间大，退出后的农户应该分享宅基地退出后的增值收益，这不但符合闲置宅基地退出模式与退出机制的需要，更是激励农户退出宅基地的有效举措。构建宅基地退出补偿标准体系要理清宅基地功能价值，宅基地改革不同时期需要兼顾好宅基地本身的住房保障价值与作为固定资产的财产价值功能。

（1）农村宅基地保障功能。其主要包括宅基地住房保障价值与情感价值。我国宅基地制度具有显著的特殊性，农村集体内部成员无偿获得、无限期使用权、数量上的唯一性以及范围面积上的严格限制，对保障我国广大农村地区居民居住权和社会稳定发挥着重要作用。《中华人民共和国土地管理法》规定，"农村村民一户只能拥有一处宅基地""农村村民出卖、出租、赠与住宅后，再申请宅基地的，不予批准"，现行法律保障农村居民权，落实住房保障功能。市场化改革过程中宅基地所有权、资格权、使用权"三权分置"改革由此产生，"三权分置"改革是解决农地供给问题、实现宅基地退出市场化建设、实施乡村振兴战略的重要抓手。因此，在构建农村宅基地退出补偿标准时要充分考虑宅基地本身作为住房的保障功能。

（2）农村宅基地财产功能。改革开放 40 多年，农村农民家庭收入不断增加，而城乡差距也在不断拉大，农村农民家庭财产性收入明显低于城市居民财产性收入。据统计，我国农村居民家庭财产性收入只占总收入的 3%，远低于城市居民。城镇化进程中，农户对宅基地产权的认知水平不断提高，不再满足于宅基地保障价值，也有通过出租、流转等资本化方式实现财产价值的诉求，宅基地财产功能、商品属性日益凸显。根据自然资源部门统计，我国宅基地规模达到 0.13 亿平方千米，绝大多数属于闲置宅基地。现行法律制度下，宅基地无法进入市场交易，而宅基地退出后作为一种生产要素资源，宅基地实现市场化运作。要赋予宅基地收益权，拓宽居民财产性收入渠道，保障当前退出宅基地收益同时要补偿未来预期收益。"三权分置"改革的目的就是在保障居民居住权基础上激活农户宅基地财产权。

## 第三节　闲置宅基地流转市场建设路径

因地制宜推进宅基地流转市场建设改革是乡村振兴背景下实现农地资本化的重要途径。从农户权益角度出发建立相应的体制机制，并结合当下宅基地相关制度，采取渐进式、差别化的改革路径，逐步释放农村宅基地改革红利。

### 一、闲置宅基地流转的总体思路

闲置宅基地流转市场建设可以借鉴试点改革地区的经验，如安徽、浙江等地区已经试行的流转模式可以为其他地区提供新的思路。在现行法律制度下，我国宅基地实行申请分配制度，城镇化加速推进、人口外流、代际继承宅基地等因素导致"一户多宅"以及大量闲置宅基地现象。推进闲置宅基地流转不是一蹴而就的，不同地区自然禀赋、传统习惯、经济条件等存在差异，需要采取不同的流转模式，分时段、分地区、分类型的渐进式流转路径，盘活闲置宅基地，提高土地资源利用价值。闲置宅基地渐进式流转总体框架如图 5-1 所示。

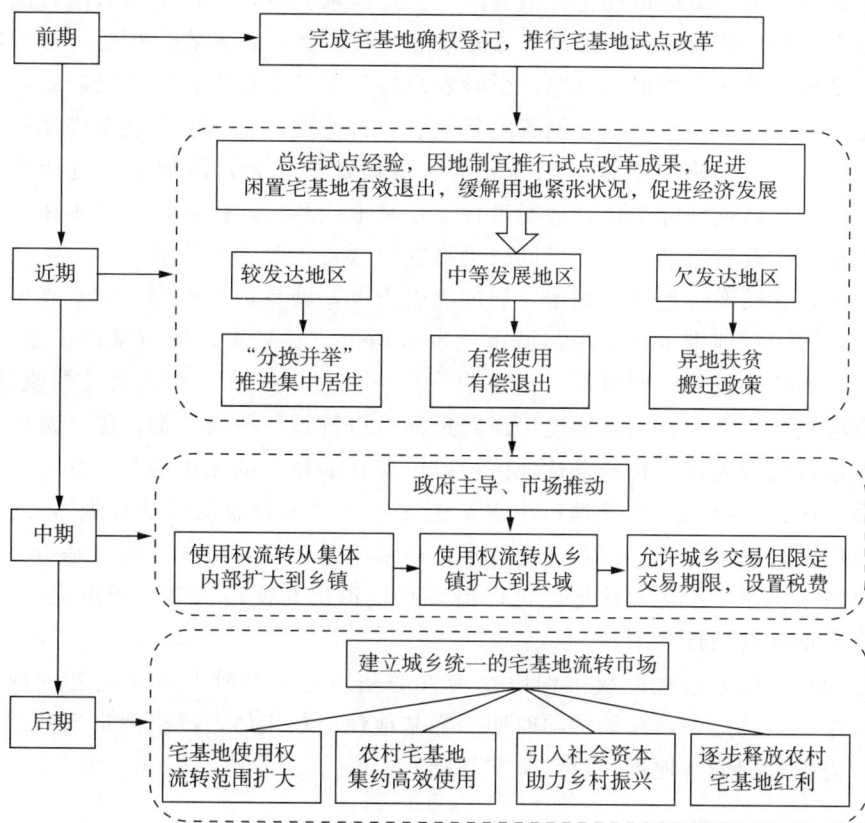

图 5-1　闲置宅基地渐进式流转总体框架

## 二、近期宅基地流转市场建设路径

近期闲置宅基地流转市场工作主要是促进有效退出，针对不同地区因地制宜采取不同的退出方式，如发达地区采取"以地换房、分换并举"方式，积极引导宅基地有效流转；欠发达地区可以采取异地扶贫搬迁的方式等。近期宅基地流转需要注意：一是无论是有偿退出还是扶贫搬迁，都要遵从自愿原则，充分考虑当地风土人情；二是针对部分违规建房、"一户多宅"问题等要把握好征收尺度，避免引起冲突，守住法律与道德底线，有序推进退出进程。

首先，在发展水平较低的地区，宅基地主要发挥住房保障功能，解决住房需求，所以流转近期该地区应以"户有所居"为主，逐步通过市场化方式盘活闲置宅基地获取经济收益。在闲置宅基地退出过程中，一方面农户对宅基地产权认知的局限性以及乡土情结的影响导致退出过程存在诸多障碍；另一方面在经济水平较低的地区，宅基地的市场化价值有限，土地需求较少，增值空间有限，因此宅基地退出缓慢。此时需要当地政府做好政策宣传工作，保障农户权益，听取农户退出宅基地诉求，尊重退出意愿，引导农户参与宅基地退出补偿标准制定，制定合理化的补偿措施，积极引导闲置宅基地农户自愿退出。对于自然条件恶劣、交通不便的地区可以将宅基地退出与异地扶贫搬迁相结合，因地制宜进行安置搬迁，做好搬迁后期保障工作，适度进行复垦林地或草地，提高植被覆盖率。在乡村振兴过程中改善自然生态环境同时提高农户收益，改善生活水平。

其次，在较发达地区，城市发展的吸引力大，城乡边界模糊，宅基地闲置状况较轻，城中村地带宅基地参与城市化发展增值收益较大，城市基础设施齐全，具有明显的区位优势。同时发达地区农户产权认知水平高，在高收益的驱动下，退出意愿较高，所以在宅基地退出流转近期可以推行一些新举措、创新流转方式在试点地区先行先试。在较发达地区可以借鉴江浙地区的先进经验，如嘉兴分换并举集中居住，统一规划管理；绍兴实施3年的"闲置农房激活计划"，通过出租、合作、合资等方式，引入社会资本，激活宅基地要素市场，建立基本完善的宅基地退出机制。中等发达地区可以借鉴有偿退出和使用机制，如重庆"地票"制度与异地扶贫搬迁政策。

近期在完成宅基地确权工作以及闲置宅基地退出基础上立足宅基地现有状态，在维持宅基地保障功能的同时明确宅基地使用权主体，严格规定宅基地申请程序，为中远期宅基地流转奠定坚实基础。

## 三、中期宅基地流转市场建设路径

中期的宅基地流转市场建设的重点是开发宅基地的财产功能，同时规定流转年限及流转用途，并逐步扩大宅基地流转范围。流转中期阶段乡村振兴背景下宅基地财产功能不断凸显，推动宅基地使用权流转是未来趋势，在此背景下要制定宅基地流转标准，规范流转程序，规定宅基地使用权流转抵押人主体资格、门槛条件、交易用途，实现宅基地保障功能与财产功能的平衡。

此阶段流转市场仍然需要分地区进行建设。首先，在经济发展水平低的地区，人口外流，主要以宅基地复耕复绿及建设为主，将稳定宅基地保障住房基础上的剩余作为建设用地，用所得资金反哺宅基地退出补偿资金，再进一步通过社会资本投入当地产业发展，吸引人才，留住产业。在自然资源丰富、市场优势明显的地区，通过自主经营、联合经营等方式发展民宿、乡村旅游等带动产业兴旺。例如，浙江义乌利用全国小商品市场的独特地理优势，发展"集地券"制度。

其次，发达地区城郊地带住房需求高，导致宅基地隐形交易众多，在宅基地流转中期，可以适度放活扩大宅基地流转范围，可以从村集体内部流转放宽至跨乡镇范围的流转，建立乡镇范围内的流转交易平台，纳入乡镇统一管理，严格限制隐性交易，既能缓解一定范围内的用地冲突，也能盘活宅基地要素市场，增强财产功能。乡村振兴过程中推进城乡融合，科学规划宅基地空间布局，做好宅基地退出流转监督管理，禁止多占、多建，严格申请审核、规范交易，为远期流转市场建设奠定基础。

## 四、远期宅基地流转市场建设路径

远期宅基地流转主要是基于市场化特点，创造收益，在试点改革基础上，建立完善的城乡统一的宅基地流转交易市场。城乡融合、统筹发展是未来大趋势，在宅基地入市交易的基础上，逐步放宽宅基地交易限制，实现自由流转、城乡统一的交易市场，扩大宅基地流转范围，交易价格、交易方式、参与主体向市场化看齐，完善城乡统一市场交易机制，保护参与各方合法权益，在公平交易基础上提高运作效率。

制度环境决定未来宅基地流转的市场建设路径。发挥市场在资源配置中的决定性作用，制度需要跟进市场化发展方向与路径，否则将严重阻碍宅基地流转进程，挫伤广大农民的积极性。在市场需求不断激增的前提下，农村地区宅基地财产功能相较于保障功能不断凸显，如果继续维持过去严格限制市场化交易、交易范围等的做法，农民的财产性收入将严重受损。改革开放40多年经济发展水平不断提高，农村经济也发生了质的飞跃，逐步放宽宅基地流转市场是盘活土地要素不可逆转的趋势，未来应该在维持宅基地使用权的基础上，允许宅基地作为土地要素投入市场，发挥财产功能，参与市场要素配置。闲置宅基地流转交易程序图如图5-2所示。

建立城乡统一的宅基地交易流转市场，由于宅基地主体特殊性，可以参照建设用地交易市场规则程序。农户经集体组织同意，向土地管理部门提出流转申请；管理部门根据交易主体资格、资质等审查是否符合流转条件，符合交易的流转农户向交易平台提出交易委托；交易平台根据宅基地出让方的流转要求，公布交易信息，向市场募集宅基地流转使用方，组织交易活动，通知农户、交易承受

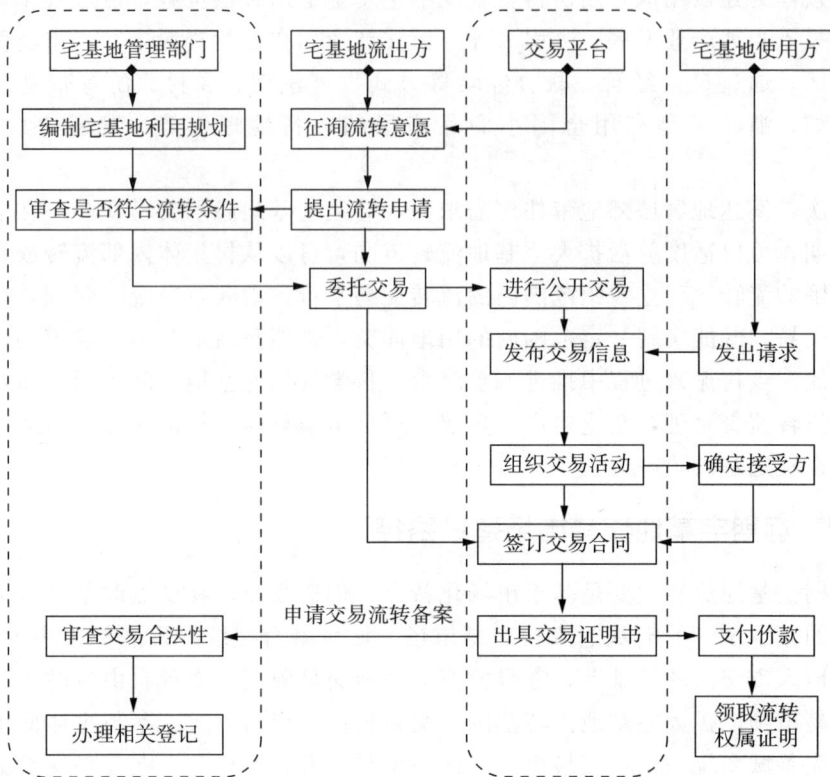

图 5 - 2 闲置宅基地流转交易程序图

方签订交易合同，由交易平台出具交易证明书，同时向管理部门提出交易流转备案，审查其合法性并办理相关登记，流转承受方支付价款、相关费用，领取流转权属证明。建立城乡统一的宅基地流转市场，可以将建设用地、农地等集中交易，提高土地资源利用效率。引入社会资本用于乡村建设，按照产业兴旺、生态宜居、乡风文明、治理有效、生活富裕的总要求全面助力乡村振兴。在维持宅基地所有权不变的前提下，对宅基地使用权进行出让、抵押等参与市场交易，运用市场手段促进宅基地要素参与市场化配置。

# 第六章　农村建设用地与产权市场建设

建立城乡统一的建设用地市场是新时代推进新型城镇化建设和促进乡村振兴的重要抓手。农村集体建设用地合法进入市场是这一抓手的重要前提，需要结合农村经营性建设用地入市现状及政策演变，设计有助于农村建设用地市场化的流转机制。

## 第一节　农村建设用地利用方式的背景及演变

农村建设用地利用方式，目前主要有公益性、经营性、增减挂钩三个方面的实践以及相关的政策配套。

### 一、农村建设用地概述

按照《中华人民共和国土地管理法》相关规定，本书中所表达的"农村建设用地"，指的是位于农村的、农村居民集体所有的并根据法律法规批准的村民居住用地、乡（镇）村建设公共设施及乡镇公司企业建设用地，包括以下几种。

（1）农村居民居住建设用地，即农村居民住宅。其一般指的是农村居民（包括回乡的军人、职工及海外归侨同胞）取得合法使用权用于居住的土地，主要包含的建筑物为自行居住的房子和附属建筑（如谷仓、畜舍）以及居住房附件的可利用土地。

（2）乡镇企业用地。其一般是指农村集体经济出资成立的企业，农民个体出资联办的企业，农村个人企业出资和村集体出土地经营使用权与他人双方联合建立的企业所使用的集体土地。乡镇合办企业包括很多行业，大致包括畜牧业、旅游业、交通运输业、建筑业、商业。

（3）公益事业和公共设施用地。其一般是指政府办公地、村委会办公用地以及学校、医院、生产服务、派出所、敬老院、文化娱乐等用地。

### 二、农村建设用地利用方式

#### （一）公益性建设用地

公益性建设用地是指以服务公益为目的，建设公共和公益设施的用地。其最本质的特性就是服务于社会，以服务公共利益为目的，属于公共产品，具有非竞争性，是公共利益的载体，所以这类建设用地获取的方式和经营性建设用地不同，一般通过国家强制征收来获取用地，服务于人民和社会。公益性建设用地承担着促进社会平等、提高公民幸福感、维护经济高效运行等任务。公益性建设用地包括五个方面，分别为水利设施用地、公共设施用地、交通用地、公共建筑用地和特殊用地。

1. 计划经济时期：为了实现国家凝聚统合功能

新中国成立后，从上而下的计划经济让全国的农村集体公益性建设用地得到了迅速的发展。按计划分配把公共物品分到各个村集体，公社组织各个生产队开始公共设施的建设，如食堂和场部用房等。在当时的政策经济背景下，集体公益用地还有一项主要的功能就是国家对农村社会的凝聚。三大改造后，农村居民生活得到好转，生产建设从战乱时期慢慢恢复，但由于当时农村社会所处的经济环境，国家必须对农村社会实行全方面管控调节，所以国家公权要不断介入农村社会生活中，政权下沉，并实施行政化供给。三大改造时期，我国农村背景不断变化，组织开展农村公益设施建设。人民公社建立之后，公益设施按计划不断地建设占用了绝大多数农村集体公益性用地，最典型的就是兴修水库、集中建房。

2. 改革开放初期：公益功能的边缘化

在改革开放初期，人民公社解体后，没有了计划和组织并且逐渐要以经济建设为中心，农村集体公益性建设用地陷入了停滞和边缘化。在这个时期，政社分离使得农民集体无法承担公益设施建设的重任。以家庭联产承包责任制为基础的土地改革在全国大地上展开，农民逐步偏向私有性质土地的分配，从而使得农村集体建设用地规模不断缩小。1986 年 6 月，国家颁布了《中华人民共和国土地管理法》，此法提到了公共设施建设的分类。改革开放前期正是计划经济向市场经济转变的时期，这使得将农村集体公益设施建设的财政收入投入到发展生产力上（如水电工程、通信建设、铁路建设），从而使得农村集体公益设施建设放缓，农民生活幸福指数未得到提升。

3. 社会转型期：农村集体公益用地功能的分化与探索

21 世纪以来，社会发展迅速、城乡一体化进程加速，公益性建设用地承载的公益设施建设越发受到社会普遍关注，国家和农民集体对公益性建设用地制度开始新的探索。国家为了进一步加强农村公益设施建设，在公益性建设用地上建设了大量乡村学校、健身广场、公园、卫生所等公益设施，布局了全国层面的改革。国家陆续颁布系列文件进行政策层面上的探索，不断形成完善的制度，2006年推出《关于加强农村基础设施建设，扎实推进社会主义新农村建设的意见》。在具体实施方面，国家在新农村和城镇之间大力建设公益设施加速城乡一体化进程。在农村层面，部分农村自发进行修复宗族祠堂、寺庙等传统公益用地建设，是一种对农村传统精神文化的延续。在这转型期，城乡一体化水平较低，保障制度也不完善，农村集体与集体成员之间关系也未理顺，导致农村集体公益用地建设各方面尚未形成成熟的模式和制度。

（二）经营性建设用地

经营性建设用地是指以营利为目的建设的土地。此类用地一般包括旅游业、娱乐业、餐饮业等营利性行业。农村集体经营性建设用地主要形成于以下四个阶段。

1."大跃进"和人民公社化运动阶段（1958—1960 年）

全国范围内掀起了大办农村工业的热潮，几千万劳动力投入以挖煤、炼钢为主的农村小型工业。据原农林部计划局统计，1958～1960 年因城镇工矿用地扩张就占用耕地 2500 万亩，形成新中国成立后第一个占用耕地的高峰。

2.社队企业发展阶段（1961—1979 年）

整体形势趋于稳定，经济有所回升，各地人民公社开始大办农机修理等社队企业，以补充城市生产能力的不足。到改革开放初期，社队企业的规模已经达到了 150 多万个，就业人数已超过 2800 万人，固定资产达到了 200 亿元。

3.乡镇企业萌发阶段（1980—1990 年）

随着农村联产承包责任制的推行，农业生产力大大提高，显著促进了农村集体经济的增长，促进了乡镇企业的快速崛起。在其后的 30 多年中，乡镇企业经过不断的发展慢慢稳固下来。

4.探索开放阶段（1991 年至今）

随着我国城镇化进程的不断加快，国家相关部门开始将目光聚焦在农村土地制度的改革上来。农村集体经营性建设用地流转的相关限制开始被适当放宽，国家开始将更多的精力投入到建立新的建设用地市场上。为了适应经济社会发展的新趋势，我国开始为农村经营性建设用地入市探索新道路，着力建设一个更加完善、更加开放的农村土地市场。

（三）增减挂钩

所谓增减挂钩，通常说的是将农村耕地与城市建设用地相联系，通过总体结构布局和土地，将一部分本该用于耕地或建设的农村用地和城市用地汇聚在一起，在不破坏各类项目用地平衡的前提下，实现增加城镇建设用地面积的同时保证总体耕地面积不减少，使得城乡整体规划布局更加合理。

纵观我国增减挂钩的历史，国务院在 2000 年 6 月颁布的《中共中央　国务院关于促进小城镇健康发展的若干意见》中，详细介绍了如何更加合理地安排城镇发展相关制度，也是第一次提及统筹利用城乡建设用地的制度，同时指出，为解决城镇发展用地问题，要大力监督增减挂钩政策的落实，将节约的土地用于城镇建设。

1. 城乡建设用地增减挂钩政策正式出台阶段（2004—2006 年）

《国务院关于深化改革严格土地管理的决定》是由国务院在 2006 年制定并出台的，出台该文件的目的是进一步完善我国的土地利用管理制度。该决定中第一次出现了"挂钩"一词，该文件指出，城镇和农村的建设用地应当是一增一减对应起来的。国土资源部出台了《关于规范城镇建设用地增加与农村建设用地减少相挂钩试点工作的意见》，该文件对有关城乡建设用地增减挂钩的相关概念进行了界定，同时也对其配套的运作方式和管理模式进行了说明。随后，2006 年出台了《关于天津等五省（市）城镇建设用地增加与农村建设用地减少相挂钩第一批试点的批复》，在该文件中，我国第一批试点地区被确定为山东、湖北、天津、江苏、四川，同时周转指标为 4934 公顷，项目区数量为 183 个。

2. 城乡建设用地增减挂钩政策逐步完善阶段（2007—2015 年）

地方政府以推进实施增减挂钩政策为由，擅自扩大建设用地规模的不规范行为在 2007 年发布的《国务院办公厅关于严格执行有关农村集体建设用地法律和政策的通知》中被明令禁止，有关增减挂钩政策的相关实施细则也被确定下来。2008 年以后，我国相关部门相继出台了《城乡建设用地增减挂钩试点管理办法》《国务院关于严格规范城乡建设用地增减挂钩试点切实做好农村土地整治工作的通知》《城乡建设用地增减挂钩试点和农村土地整治有关问题的处理意见》等文件，这些文件的出台就如何积极推进我国增减挂钩政策的实施进行了规范和说明。

3. 城乡建设用地增减挂钩政策完善阶段（2016 年至今）

2016 年发布的《中共中央办公厅、国务院办公厅关于支持深度贫困地区脱贫攻坚的实施意见》中提到不能限制增减挂钩政策在深度贫困地区开展，其结余下来的指标可以在省之间流动。2017 年发布的《国土资源部关于进一步运用增减挂钩政策支持脱贫攻坚的通知》中也表明此实施意见。

# 第二节　农村建设用地入市机制分析

## 一、农村建设用地入市的政策演变

改革开放前，虽然国家政策禁止集体土地的出让和交易，但农村集体建设用地投入市场的事实始终存在于土地无形市场中。改革开放后，在建立市场经济、发展工商业、建设城市过程中，面对市场用地需求和农民的土地利益诉求，政府在政策上逐步为农村集体建设用地进入市场放松管制。

（一）地方自发试点阶段（1995—1998 年）

1995 年国家开始出台相关政策并开始建设用地流转试点，第一批率先试点的是江苏省苏州市，其规定一部分集体建设用地以出让、租赁等方式入市。在接下来的试点期间，《中华人民共和国土地管理法》被修改并进一步限定了集体土地使用权的流转，不能转让用于非农建设。在此之前取得建设用地的企业可以出让土地使用权，所以，法律的修改限制了农村建设土地的再流转，但之前已经流转的建设用地依旧有流转的余地。

（二）国家部署试点阶段（1999—2006 年）

1999—2006 年，国家先后在安徽芜湖、广东顺德部署开展集体建设用地流转试点。2000 年，芜湖选择在五个镇开展试点测试。2001 年广东省顺德被批准开展改革试点。经过几年的探索，在总结试点经验的基础上，2005 年广东省将试点范围扩大到全省，并出台了相关政策文件，指导改革试点工作。特别是，规定进入市场的土地必须通过招标、拍卖、悬挂等方式用于商业、旅游、娱乐等事业项目，不得用于商品房开发建设。

（三）试点政策深化阶段（2007—2012 年）

经过几年在全国各地的试点实践，国家逐步认同农村集体建设用地使用权流转探索，不断地深化改革和完善相关流转制度。2007 年，有一项重要的农村集体建设用地制度改革试点——重庆和成都作为全国统筹城乡建设用地改革试验区。2008 年，成都开始探索建设用地使用权的流转，并成立了土地产权交易所进行建设用地的有效流转；重庆市则创新性出台了建设用地增减挂钩指标交易的新模式。接下来，国家又在北京和上海开展新的试点。

（四）法律授权试点阶段（2013—2018 年）

"建立城乡统一的建设用地市场"的概念被完整地提及是在 2013 年十八届三中全会上，在此全会上也提到了农村集体经营性建设用地与国有土地同等入市，享受相同的政策。为促进政策的落实，国家通过了农村土地制度三项改革试点的意见，在福建晋江和浙江义乌等地开展了三项试点，探索农村集体经营性建设用地入市制度。这次试点可以暂时调整实施法律的方式与以往的试点方式不同。2017 年，国家进一步扩大了试点范围，试点城市增加到 13 个，而且可以通过多种方式建设运营集体租赁住房。

（五）获得立法批准阶段（2019 年至今）

2019 年国家对《中华人民共和国土地管理法》进行了修改，确定了农村集体经营性建设用地可以直接进入市场交易，替代了之前的农村集体土地不能直接入市的规定，在法律层面为农村建设用地在市场上流转清除了制度障碍，是农村集体建设用地入市流转的一个里程碑式的法律条文，为本书土地资本化打下了坚实的基础。

## 二、农村建设用地入市方式

### （一）出让

农村建设用地使用权的出让，是指农村集体组织把建设用地的经营权在一段时间内转给土地使用者，再由土地使用者向土地所有权人支付出让金的行为。参照城市建设用地使用权出让标准执行，与国有建设土地一样同地同权，同权同价的原则，根据土地用途，其出让年限不同，商服、旅游建设用地出让最高 40 年，工矿、仓储最高 50 年。

### （二）出租

农村建设用地使用权的出租，是指农村集体组织把土地的经营权在一定的时间内以所有权人的身份出租给土地的使用者，双方签订一定年限的土地租赁合同，并按照合同协议支付租金的行为。出租的建设用地最高年限为 20 年。

### （三）出资入股

农村建设用地出资入股，是指农村集体组织把土地使用权作价，作为出资方与他人建立企业或者作为股东入股到已有的企业的行为。在此期间，该土地的使用权由入股的公司持有，农村集体得到经营权作价出资入股形成的股价。根据土地用途，其出资入股年限不同，商服、旅游建设用地出让最高 40 年，工矿、仓储最高 50 年。

## 第三节　农村建设用地流转交易市场建设路径

## 一、农村建设用地市场建设

乡村振兴离不开建设用地的有效流转，而实现建设用地的有效流转就必须建立有效的市场。本书设想在省级层面建立土地产权交易所，由县市级政府或有关主管部门进行监督，确保交易市场公平。农村建设用地渐进式流转总体框架如图 6-1 所示。

```
┌────────┐
│  前期  │──→┌─────────────────────────────────────────────────┐
└────────┘   │ 完成土地经营权的确定，试点进行建设用地产权交易市场建设 │
   建         └─────────────────────────────────────────────────┘
   立                            │
   基                            ↓
   础       ┌─────────────────────────────────────────────────┐
            │ 总结试点经验，推行前期试点改革成果，结合转包、出租、互换、│
            │ 转让等方式，促进建设用地有效流转                      │
┌────────┐  └─────────────────────────────────────────────────┘
│  近期  │
└────────┘                      │
   完                            ↓
   善       ┌─────────────────────────────────────────────────┐
   制       │ 制定相关法律法规、政府主导、市场推动                   │
   度       └─────────────────────────────────────────────────┘

          ┌──────────┐  ┌──────────┐  ┌──────────┐
          │土地流转由村│  │土地流转由县│  │土地流转由市│
          │集体内部扩大│→│镇扩大到市级│→│级区域扩大到│
┌────────┐│到县镇一级 │  │区域      │  │省级乃至地方│
│  中期  │└──────────┘  └──────────┘  │范围内    │
└────────┘                            └──────────┘
   深
   化       ┌─────────────────────────────────────────────────┐
   改       │ 建立全国统一的土地产权交易所                         │
   革       └─────────────────────────────────────────────────┘

          ┌────────┐┌────────┐┌────────┐┌────────┐
          │建设用地经││建设用地流││加速城乡资││释放土地红│
┌────────┐│营权流转范││转促进建设││本流动，助││利，助力共│
│  后期  ││围扩大   ││用地高效 ││力乡村振兴││同富裕   │
└────────┘│        ││合理利用 ││        ││        │
          └────────┘└────────┘└────────┘└────────┘
```

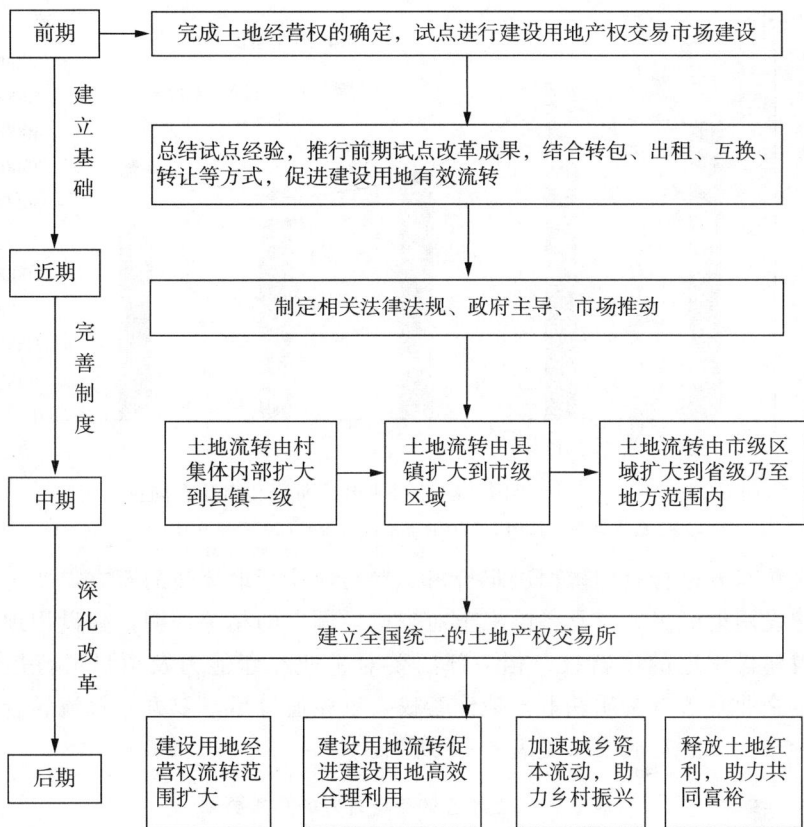

图 6-1　农村建设用地渐进式流转总体框架

## 二、农村建设用地流转机制建设

农地资本化的背景下，建设用地经营权的转让、出租、互换，具体表现为土地信托、土地抵押、土地入股、土地证券化等更高阶的流转。在土地产权交易所落实建立后，土地流转就有了一个专门的交易流转市场，其中具体流转的土地也应有其具体的规定，包括参与流转的各方、流转期限、流转价格、流转面积等，并且由政府部门进行监管，具体到建设用地也应当有其相应的交易准则。全年出让国有建设用地 20.82 万公顷，出让合同价款 3.56 万亿元，同比分别下降 5.9% 和增长 19.3%（见图 6-2）。

高标准的农村建设用地的标准应是"九通一平"。其中，"一平"为土地自然地貌平整，"九通"为通市政道路、雨水、污水、自来水、天然气、电力、电信、热力及有线电视管线。建设用地流转价格以当地土地产权交易所最新成交价格为

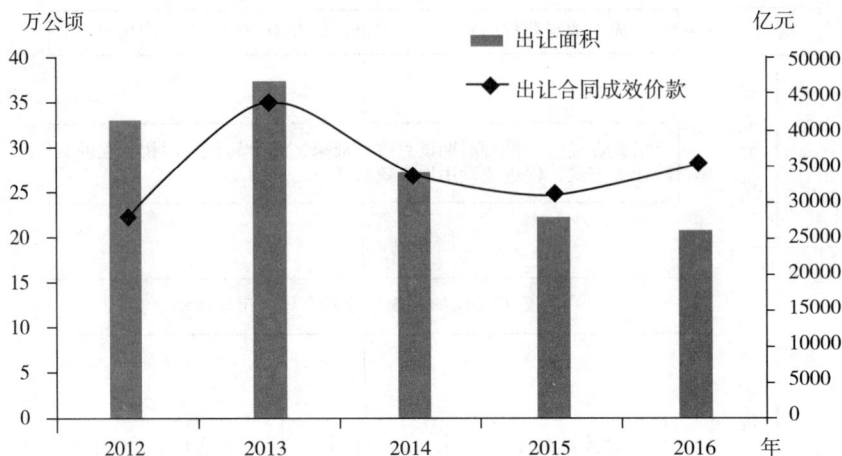

图 6-2　2012—2016 年国有建设用地出让面积和出让合同价款情况

数据来源：《2016 中国国土资源公报》（2017 年 5 月）

参考，流转双方进行具体磋商决定价格。参与建设用地流转的双方需要进行资格审查，建设用地流出方应具备国家土地确权后颁发的相关证明，建设用地流入方想要获得建设用地的经营权，相关部门要对企业经营能力及项目可行性进行审查，确定企业是否有资质获取土地经营权，审核通过后，双方签订流转合同。土地流转参与各方的资质要求见表 6-1 所列。

表 6-1　土地流转参与各方的资质要求

| 参与方 | 资质要求 |
| --- | --- |
| 企业 | 具有良好的资信状况，此前无不良记录；具备从事生产经营的能力；近两年营业收入应达到总资产规模的三分之一，净利润占营业收入的三分之一；符合国家法律法规的相关要求 |
| 金融机构 | 具备抵押、信托等业务的相关牌照；近三年内贷款不良率低于 2%；具有三年以上（含）从事经营性行业的贷款业务经验；符合国家法律法规的相关要求 |
| 农户 | 个人诚信记录良好，无不良记录；具有土地承包权，拥有国家土地确权颁发的证书 |

随着国家对土地流转政策的不断规范以及参与土地流转的各方越来越多，流转形式也多种多样，因此制定统一的流转机制是必不可少的。以县级区域为例，农村建设用地流转交易程序图如图 6-3 所示。

农村建设用地流转合同到期后，双方可以通过协商达成续约，并将协商后的合同上报土地产权交易所，对新合同的流转价格、流转期限、土地用途等进行说

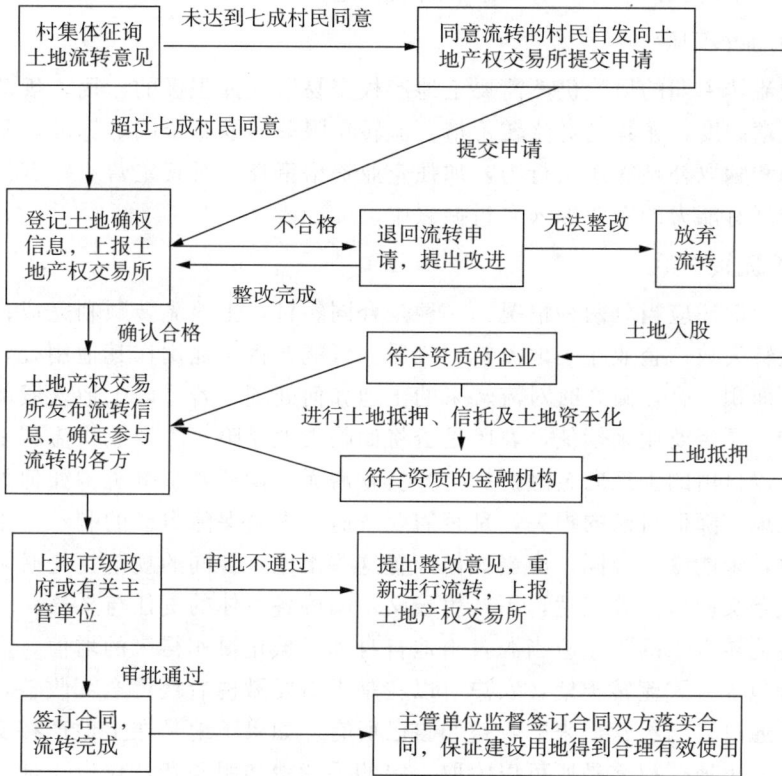

图 6-3　农村建设用地流转交易程序图

明，经市级政府或有关部门审批后，新合同生效。双方在合同到期后也可以选择结束合同，流转双方重新进入市场，根据自身需要和市场变化情况在土地产权交易所进行交易。

## 三、风险处置与收益分配

### （一）流转前期

流转前期主要参与者是村集体和个人。村集体会向村民征询建设用地流转意见，达到一定比例后由村集体决定通过征询意见，村集体开始筹备关于流转的相关工作，为了能够顺利达成流转的目的，村集体或者个人在其中可能会存在上报虚假信息或者隐瞒等不利因素，如建设用地产权不明晰。处理这一阶段存在的风险需要土地产权交易所发挥积极的作用，健全规章制度，严格审查每一块将进行流转的土地，做好登记备案，做到有迹可查，减少纠纷。同时土地产权交易所还应当加强对农民群体的教育引导，积极宣传土地流转政策，开展土地流转下乡交流座谈会，帮助农民群体解答疑惑和解决问题。

（二）流转中期

处理流转中期的风险仍然需要土地产权交易所发挥积极的作用，规范流转过程中的规章制度，尤其是对流转价格、流转年限等问题有个明确标准，坚决打击恶意竞争和骗取补贴等违法行为，加强企业资格审查，对其主营业务有深入的了解，让合规有能力的企业加入乡村振兴中。

（三）流转后期

流转后期还应当分两种情况：一种是合同签订，土地流转顺利完成；另一种是土地流转失败。企业在土地流转完成后，可能会将土地用作其他用处，要保障建设用地面积。企业破产时对流转来的土地如何处理，若是以土地入股的方式进行的流转，是否要用来偿债，农民是否将面临失地风险；若企业将流转来的土地或者农户以自由的土地向金融机构抵押贷款后无力偿还，金融机构如何处理用作抵押的土地，降低自己的损失，是否需要政府背书来保障自己的利益。如果土地流转失败，未能签订合同，应当如何处置这些土地。合同的规范性是必须要保证的，相关条文应该准确表达，不产生歧义，明确各主体的责任与义务。

土地流转得来的收益应当源自土地自身和机械化耕作得来的增值，农民通过出租、转包等方式流转土地，农户可以在是否需要缴税后获得全部收益，建设用地流入方通过自己经营得来的收益归自己所有。如果土地是在土地产权交易所中进行流转，土地产权交易所可以收取一定的手续费和服务费，建设用地流入方和流出方按照合同分配收益。若是通过土地入股等形式进行流转，企业按照合同获得相关收益后，农民则按照入股的土地面积所占百分比获得剩余收益的部分。

# 农地流转模式篇

目前农地流转的主要模式有农户自发型、集体主导型和市场主导型三种类型，每种类型都有具体的实践方式，通过总结分析每一种农地资本化流转的内涵、使用条件及推广价值有助于理清农地资本化实现的内在机制。

# 第七章　农户自发的农地资本化流转模式

农户自发的农地资本化流转模式主要包含土地互换、出租和转包，每一种模式都有其特定的主体关系和运行的优缺点。

## 第一节　农户自发的农地资本化流转模式概况

农户自发的农地资本化流转模式在我国很早就已经出现。土地互换、土地出租和土地转包是三种具体的农户自发的农地资本化流转模式。

### 一、农户自发的农地资本化流转模式的含义和意义

农户自发的农地资本化流转模式是指农户为了追求自身的利益，自愿参加以家庭为单位的土地流转模式。该模式中土地转入方依法获得转出方土地的同时，需要按照协议规定给予转出方一定的经济补偿或者农作物补偿。随着农村土地制度不断改革，农村劳动力外出务工以及耕地技术和器械的改进，农村出现了"以劳动力换土地，以土地换资本"的现象，劳动力短缺的家庭选择转出自身土地承包权获得相应的补偿，劳动力有剩余的家庭选择以付租的形式接受转出土地用来自身耕种，这就出现了农户自发的农地资本化流转。

2010 年后中央一号文件连续针对三农问题、农地流转问题提出解决处理方法，倡导"三权分置"，农户自发的农地资本化土地流转进入整体流转阶段。农户自发的农地资本化土地流转主要是在乡邻之间，所流转的范围小，流转速度十分快，农户之间能够主导土地流转的全过程，流转方式简单且涉及主体少，只发生在农户与小农户、农户与种植大户、农户与村集体或者专业合作社之间，这些优点使得农户更加愿意参与自发流转。

### 二、农地资本化流转的不同模式

#### （一）土地互换

农村集体经济内部的农户之间为了方便耕种和各自的需要，对各自土地的承包经营权进行简单的交换就是土地互换。互换多发生在亲属或者相互熟悉的人之

间，农户之间可以将不同地理位置、不同用途的土地拿来互相交换使用，互换后双方获得了自己想要的地块，方便自身小规模化种植，不同用途的土地互换后，多样化的种植种类可以帮助农户抵御自然风险。土地互换的本质是互换双方的权利与义务，互换发生后，原土地承包者退出该块土地的承包，承包关系存在于原发包方与现土地承包方之间，二者的权利和义务发生了改变。我国拥有广袤的耕种土地，土地互换模式能够很好地利用农村闲置土地，增加农民收入，合规的土地互换可以保障广大互换双方的利益；农户进行互换后，将细碎的土地整合成大田，这样耕地资源得到了合理流动，整合后的田地破除了之前的田埂，填充了沟渠，提高可耕种的面积，小规模的耕种和机械化更是方便了农户耕种，提高了耕种的效率；不同用途的耕地互换之后，能够改善种植结构，帮助农户更好地抵御风险，有利于农村地区实现农业结构的改造升级。

（二）土地出租

在承包权不发生变化的情况下，签订出租合同后，农户将自己所承包的土地出租给有能力的种粮大户并从中获取土地租金或者粮食补贴，种粮大户获得土地的使用权并支付相应的租金。承租土地后，承租方可以实现规模经营，减少成本增加收入。以农户主导的土地出租，租期一般较短，普遍是一年一租，提高了土地利用效率。农地出租与农地互换不同，农地出租双方的土地经营权不发生变化，承租方只拥有承租地的使用权和收益权，但是承包权还掌握在出租方手中，没有发生土地承包权的转移；农户无须经过原来发包方的同意，可以将自身承包的土地向外出租，因为承包权不发生转移。土地出租盘活了农村用地，实现了不同集体经济组织内的土地流转。农地出租使得原本荒废的田地得到有效利用，出租方既可以获得外出务工的工资，又可以获得相应的农地出租收入，而农地承租者可以获得规模化收益，实现了双赢；农地出租可以实现农地资本化，用土地换租金后的农户可以用该资金在城市里安家置业；土地流转带动农村就业，使得农村剩余劳动力得到了较好的安置，有利于农村长治久安。

（三）土地转包

农户从发包方所承包的土地经营权（使用权）按照转包协议的规定，在一定条件下转包给集体经济组织或者农业种植大户。土地转包并不改变原发包方和承包方之间的土地承包关系，相比土地互换的方式，转包稍显规范，扯皮、纠纷的情况较少，转包年限普遍在一年及以上。土地转包是同一集体内的农户内部之间的土地流转方式，不能将土地转包给外部集体或者外部集体内某个农户，这就意味着农地转包中的土地流转发生在同一集体经济组织之内；农户只是将其从发包方所承包的土地经营权（使用权）租给别人，其所有的土地承包权并不发生变化。农地转包的对象多为种植大户、专业化合作社，有利于外来资本进入农村农地市场，他们将转包后的土地集中整改，建设成集中大块耕地用于规模化生产，便于机械下地，节省劳动力，减少种植费用，这就推动了农村农业专业化生产，改善了农业生产结构，提高了生产效率。

# 第二节　农地资本化流转土地互换模式

## 一、农地资本化流转土地互换模式主体间关系分析

土地互换的主体是在同一个集体经济组织内的农户，为了满足自身需要，自愿协商互换自身所承包的土地，互换后双方经营权也发生了交换。互换多发生于同村内农户或者有血缘关系的亲属之间，他们能够对彼此的信息有较多的了解，产生矛盾之后，也能理性地解决纠纷，增加了互换关系的稳定性。

互换双方获得了自身想要的耕地，他们自身的收益得到了提升。在互换中，一方可以根据对方的要求，每年给予一定的经济补偿或者互换耕地上耕种的作物，直至合同期满。土地互换主体关系图如图7-1所示。

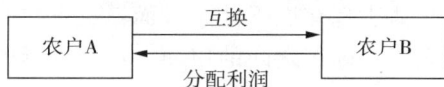

图7-1　土地互换主体关系图

## 二、农地资本化流转土地互换模式案例分析

新疆沙湾县土地互换始于2004年。由于当地的兵团大地块多、质量好且兵团的种植技术好，参观后村民纷纷效仿地方兵团，学习滴灌种植技术，节省灌溉用水。但当时的沙湾县内大多数村庄将土地依据其质量划分成不同等级，分配到户后的土地多、碎小且相隔较远，为了引进种植技术，村内农户自发形成合作组，将细碎的田地集中整合，填沟渠、平田埂形成大条田，按照"人口与土地分配面积相符"的原则进行土地互换，沙湾县的土地互换由此拉开了序幕。

沙湾县土地互换的起因是实施滴灌技术，而节水灌溉工程要求以村为单位，全村需要对土地进行平整、规划、复垦等处理，因此互换的主体限于本村农户，互换后农户可根据自身情况进行出租、承包等。沙湾县的土地互换实施需要五个阶段：村两委和部分村民进行多次讨论，制订土地互换方案；召开村民大会，全体村民举手表决，确定最后方案；为防止矛盾，全体村民在土地互换协议书上签字按手印；破除原先的田埂、小路和荒地，对土地进行丈量；合理补偿互换后有

损失的农户；村委会对互换后出现的矛盾问题进行处理善后，争取解决问题。

沙湾县 2004—2008 年共有 28 个村庄进行土地互换，面积共有 12.5 万亩，占互换村庄耕地总面积的 80%，占全县耕地总面积的 10%。在 2008—2009 年全县互换面积有一次质的飞跃，涉及 4 个乡镇 57 个村庄 5 379 家农户 158 940 亩，占全县耕地面积的 13%。表 7-1 为沙湾县各乡、镇历年土地互换统计表。

表 7-1　沙湾县各乡、镇历年土地互换统计表　　（单位：亩）

| 乡镇 | 合计 | 2006 年 | 2007 年 | 2008 年 | 2009 年 | 完成村个数（个） | 户数（户） |
|---|---|---|---|---|---|---|---|
| 四道河子镇 | 74 511 | 7 208 | 11 305 | 24 558 | 31 440 | 25 | 2 556 |
| 老沙湾镇 | 58 351 | 0 | 0 | 17 284 | 41 067 | 21 | 1 753 |
| 柳毛湾镇 | 17 678 | 0 | 0 | 3 732 | 13 946 | 8 | 696 |
| 商户乡 | 8 400 | 0 | 0 | 0 | 8 400 | 3 | 374 |
| 总计 | 158 940 | 7 208 | 11 305 | 45 574 | 94 853 | 57 | 5 379 |

资料来源：沙湾县农经局，2009 年。

进行土地互换后，沙湾县田地大变样，耕种技术的提升和大块田地的出现给县内农户增加了收益，具体表现在以下几个方面：

（1）实施土地互换之后，碎田之间的田埂、小路被拆毁，灌溉渠被填平，增加了大条田面积。

（2）滴灌装备和技术得以运用之后，使得当地的棉花在生长期间内所需灌溉水量减少，据统计最多需水 320 米³/亩，比常规的灌溉每亩节省 160 立方米，节水 30% 以上，而水资源的价格上升使得节水效应带来的增效效果更加明显。

（3）与传统的耕作方式相比，土地互换后滴灌技术的应用使得肥料利用率提高了三成，每亩平均节约 21 元，而互换后田地化碎为整，方便了机器耕种的同时，也节约了农地的用人费用。

（4）土地划碎为整连片种植后，大型机械下田作业，提高了犁地、播种等农忙的效率，较之前每亩节约机械作业费 10 元，膜下滴灌种植节省了 50% 的劳动力，平均劳动力 160 元左右。

### 三、农地资本化流转土地互换模式的评述

土地互换模式对实行当地的社会、经济、生产都产生较大的影响，以下分四个方面展开优点分析：

（1）社会效果。农村土地互换在加快当地农村剩余劳动力的转移速度的同时，也增加了农民的经济收益；之前细碎的土地整合成大块地之需要大片种植和

规模化耕作，这加快了当地的基础设施建设，减少了由于地块多而产生的农户间的矛盾，促进了社会的和谐发展；作为土地流转模式之一的土地互换，完善优化了农村土地承包经营权制度，弥补了这方面的缺陷。

（2）生产效果。互换使得土地化碎为整，改变了农民所存在的"小农意识"，优化了农地的资源配置，方便农户进行翻地、播种和收成，收成少和荒废地块得到有效利用，农户收成增加；土地互换促进了农户间耕作合作，改变了传统的种植经营模式，变得更加民主互助，有效化解以前村内农户争水争地的矛盾，促进集体和谐的同时也促进了农户之间的农业生产合作。

（3）经济效果。土地互换破除碎小土地间的田埂，填埋沟壑，增加了耕地的面积，整块地的耕作避免了农业水资源的浪费和流失，相比细碎地块耕作阶段，灌溉更加均匀，节水的同时增加农户收成；化碎为整有利于大型机械下田作业，便于规模种植，提高了效率的同时节省了由于细碎田所增加的分工、用工成本；规模种植有利于机械下地撒肥，减少人工费用的同时也减少了肥料的使用，使得用肥均匀，增强了经济效应。

（4）土地互换给农户带来了社会效益、生产效益和经济效益的同时，也产生了一定负面效果。在较不发达的中西部省份，由于传统思想，他们对土地的依赖是一种心理上的而非经济上的，偏远地区的农户认为把土地牢牢控制在自己手上是一种最安全的生存保障。对于偏远地区的村中弱势群体来说，一方面由于传统思想，另一方面由于对当地政府的认知偏差，不认为可以带来多大的利益，土地互换会加深互换主体和当地政府之间的矛盾。土地互换过程中会出现不公平的现象，农户之间互换土地存在信息不对称现象，部分农户隐瞒自己所参与互换土地的土质、每亩田营收状况，这些信息往往等到签订互换协议后才知道，导致互换双方拿好地换坏地的情况。

土地互换并不一定可以增加自身收益，有些农户为了获得方便，参加互换，将细碎土地整合成大块用地，但是其所拥有的基础设施（耕种机械、洒水管道、排水渠等）却没有相应提升，这就会导致耕地产量的下降。

## 第三节　农地资本化流转土地出租模式

### 一、农地资本化流转土地出租模式主体间关系分析

土地出租是劳动者将自己的农地出租给其他农户，一般的出租对象为种植大户，他们租入成片土地方便规模化种植，出租者获得相应的种植大户的租金补偿

或者是所种植庄稼的补偿，这些补偿一般为一年一结，出租的合同期限较短；由于出租后的土地的产值全部归于土地的租入者，带来了较大的生产收益弹性的同时，带动了种植户的积极性。农地资本化流转土地出租模式主体不仅限于相同集体经济组织内部的农户，不同集体经济组织之间的农户也可以通过土地出租这种模式获得自己想要的土地，这样就方便了外部资金进入本村，带动了村内经济的发展。土地出租主体关系图如图7-2所示。

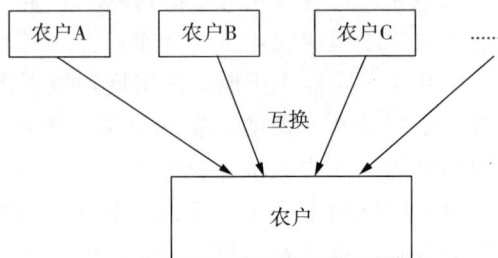

图7-2 土地出租主体关系图

土地出租模式经过长时间的改革，呈现出更加多元化特征。通过"复垦"获得额外的发展非农业的建设用地，再通过土地所有人私人出资或者农户集体征收建设用地兴建厂房和门面等向外出租，获得收益。

## 二、农地资本化流转土地出租模式案例分析

土地从农户出租给农户到农户自发形成集体将"复垦"所获得的非农业用地二次建设后出租给外部企业，其典型代表就是昆山"集资办法"模式。昆山模式始于台商入驻，当时村中农业用地占较大比例，法律规定"农民集体所有的土地的使用权不得出让、转让或者出租用于非农业建设"，若直接拿农业用地建设厂房则违背了国家法律，村委号召村中农户自发组织形成集体，通过"复垦"的形式获得额外的建设用地。2000年，第一个"民间投资协会"在昆山成立，乡村中集体租用"复垦"获得的建设用地或者村内原有的建设用地，用来建造生产厂房、外来务工人员居住的楼房、外来商户经商所需的店面等，将它们出租获得租金。这种方式获得了较好的效果，被全市效仿，逐渐形成"集资办社"的昆山模式。

昆山模式土地出租需要经历以下几个阶段：由于农业用地不能用作其他用途，本村村委、农户自发组成村内集体通过"复垦"的方式获得额外的建设用地；组织农户、农村合作社进行招标；中标的集体或者个人，自己筹集资金建造生产厂房、外来务工人员居住的楼房、外来商户经商所需的店面等，将它们向外

出租，台商和上海向外转移的企业是较大的受众群体，从店家、厂家和外来务工人员获得租金，集体或者个人自行分配所获收益。昆山模式互换流程图如图 7-3 所示。

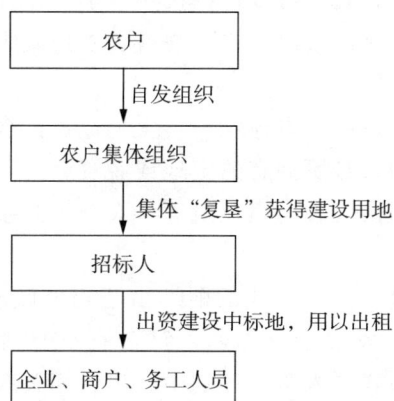

```
┌──────────────┐
│     农户     │
└──────┬───────┘
       │ 自发组织
┌──────┴───────┐
│  农户集体组织  │
└──────┬───────┘
       │ 集体"复垦"获得建设用地
┌──────┴───────┐
│    招标人     │
└──────┬───────┘
       │ 出资建设中标地，用以出租
┌──────┴───────────┐
│ 企业、商户、务工人员 │
└──────────────────┘
```

图 7-3　昆山模式互换流程图

模式实行后，昆山地区生产总值和城乡居民可支配收入出现了质的飞跃，表 7-2 为 2009—2017 年昆山市城乡居民人均可支配收入统计表。

表 7-2　2009—2017 年昆山市城乡居民人均可支配收入统计表

| 年份 | 城镇居民人均可支配收入/元 | 农村居民人均可支配收入/元 | 收入比 |
|------|------------------------|------------------------|--------|
| 2009 | 19 340 | 8 264 | 2.34∶1 |
| 2010 | 30 932 | 19 137 | 1.62∶1 |
| 2011 | 35 190 | 26 826 | 1.31∶1 |
| 2012 | 39 740 | 30 125 | 1.32∶1 |
| 2013 | 43 436 | 33 412 | 1.30∶1 |
| 2014 | 46 920 | 23 921 | 1.96∶1 |
| 2015 | 50 749 | 25 978 | 1.95∶1 |
| 2016 | 54 728 | 28 178 | 1.94∶1 |
| 2017 | 59 191 | 30 489 | 1.94∶1 |

资料来源：昆山市统计局《昆山市国民经济和社会发展统计公报》(2009—2017 年)。

2017 年，昆山城镇居民可支配收入比 2009 年翻了一番，昆山农村居民可支配收入较 2009 年增长了 2.6 倍。2016 年末，全市共有 188 个农业生产经营合作社和服务单位，33876 个农业个体经营主体，4.99 万农业生产从业人员。

昆山模式的成功离不开以下三项昆山农村的土地运行机制：

一是土地流转以市场为导向。不同于地方政府、村委或者村集体集中掌控土地经营权，昆山当地则将土地经营权通过签订协议的方式分配给当地的村民或者村民自发组成的集体组织，农户可以选择按照参加合作社时所占股份来分红，或者是自己出租建设用地，昆山政府允许农户或者农户组织在集体土地上修建非农业用途建筑出租收取租金。

二是富民合作社运行机制。本地农户自发形成富民合作社，富民合作社是民间投资组织，农户可以用自身所拥有的土地或者资金入股合作社，合作社负责管理农户的出租用地、出租协议和出租建筑等，农户按照参股比例分红和承担所遭受的风险。

三是良好的政策环境。昆山模式的前期由于当地政府持有"指导却不指挥，引导但不主导"的态度，发展十分迅速，符合农户的利益；昆山模式发展的中期，昆山当地政府将此模式列入富民计划中，出台相关政策大力支持该模式的运行，完善了农户"复垦"获得建设用地出租的各种规划以及相关的审批手续，大力支持其发展，拥有较好的政策环境。

## 三、农地资本化流转土地出租模式的评述

土地出租模式自身拥有产权功能和资源配置功能，与土地互换相比，土地出租者仍然享有对该农地的所有权；与农地入股经营相比，农地出租的手续相对简单，在村镇中的操作性和可接受性较高。现行的农村土地按照人口数平均分配，没有考虑农户的耕种能力和外出务工人员的实际情况，在农地出租的模式下，通过农地"三权分置"，农地的使用权可以自由地转让，以最小的成本解决了农地、劳动力和资金配置问题；农地出租双方需要签订协议，农地的租赁期限、双方权利和义务都在协商后的协议中有明确规定，很好地约束了协议双方，解决了农村承包地时常变动的乱象，使得承租方有足够长的时间获得自己想要的收益。

家庭联产承包责任制所遗留下的承包地分散严重且细小的现象不能够适应现在农村人口外流的局势，这就导致了大量农田荒废或者被粗放经营，而农地租赁使得更多更大的资本进入农村，发展了农业种植，减少了农村的荒废用地。机械化和大面积种植也满足了现代农业的规模经营和产业化经营的要求，土地出租方也能够获得比以前更多的收益。农地出租实现了生产专业化，通过农地市场来调节农地流转，达到更高生产效率的同时增加农业产出；农地租赁打破了僵化的行政手段配置，减少了政府获取信息的成本和分配过程中的监督成本，盘活了农地流转市场，使得资源朝着更好的方向流动，加快了农地资本化的进程。

# 第四节　农地资本化流转土地转包模式

## 一、农地资本化流转土地转包模式主体间关系分析

家庭联产承包责任制下的承包人承包发包方的土地后，承包人根据自身的情况将自己所承包的土地按照自己的意愿发包给第三方，第三方每年给予一定经济或者农作物补偿第一份合同的承包人的同时，第一份合同的承包人向原来的发包人执行所签署的协议。转包合同期限一般在一年以上，使得这种转包关系更加稳定，给了第三方较长的投资产出时间。与土地互换相同，农地转包仅限于同一集体经济组织内部的农户之间；农地转包过程中土地的承包权不会从第一份合同的承包人转移至第三方，即承包权不发生转移。土地转包主体关系图如图7-4所示。

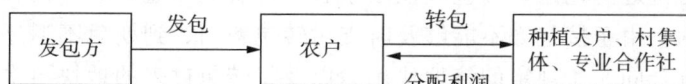

图7-4　土地转包主体关系图

## 二、农地资本化流转土地转包模式案例分析

浙江温州模式是我国土地转包模式的典型代表。走在改革开放前列的温州市着力发展的是工业和服务业，改革开放后的温州农民群众在国家和地方政策的鼓励下，纷纷从事手工业生产，有一定资金或者想法的农户更是自己创业，这就使得农村的大片承包地荒废，为了使荒废农地流转，当地出现了土地转包。

在探索过程中，温州市土地转包模式分为村集体主导模式、种植大户转包模式。其中，村集体主导指的是村委和村内集体经济组织统一协调处理分配耕地，村集体直接转包经营或者农户代耕代种。种粮大户转包是温州土地转包中最主要的形式，就是将农地承包田有偿转包给种粮大户，种粮大户可以通过集体投中标模式来获取地块，或者是村集体先行与村内农户签订转包合同，再将该地块转包给专业大户、农民专业合作社，这样土地就可以在非本村流转。种粮大户转包模式流程图如图7-5所示。

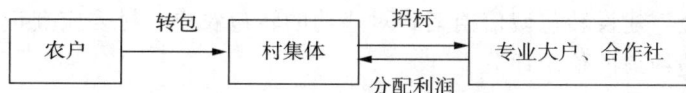

图7-5　种粮大户转包模式流程图

以温州乐清为例，截至 2013 年底，乐清市完成土地规模流转面积 5.38 万亩，完成温州市下达任务的 181.65%；土地流转面积 23.12 万亩，流转率为 77.85%，其中整村流转 27 个，共落实土地流转补助资金 817.31 万元，平均每年补助 200 多万元。

### 三、农地资本化流转土地转包模式综合评述

多样化的转包模式的着力点在于增加第三方利益，其中投招标模式的价高者得、村集体先支付转包费用再面向种植大户或者合作社、转包过程中有中介的协助都使得转包过程更加公平合理，保护第三方在农地投资中的利益。转包过程中部分土地流转向村集体、专业合作社，他们能够对翻地、播种、浇水、除虫除害、割草和收割等提供社会化服务，这种专业化操作减少了农村荒地的数量，增加了粮食产量；在转包过程中各块土地集中到一起，方便了规模化种植，减少了管理费用和耕作费用。

而在较为偏远的地区，转包还仅限于农户对农户，通常这样的转包其违约成本是十分低的，由于接包方不能够及时支付转包费用、到期后不返还所转包的地块、改变签订合同时所规定的该地块用途以及将转包过来的地块再次转包出去等行为，给转包方带来了利益伤害。

在转包过程中操作不规范是土地转包的一大难题。较多转包方忘记或者没有打算向原发包方备案，导致在转包过程中接包方违规种地产生矛盾，如砍伐转包合同没有规定的树木等，原发包方不能及时调解纠纷；抑或是为了方便，同村村民之间的转包多为口头转包，口头转包双方就转包具体事项规定十分简单，当发生矛盾时，接包方大部分不会承认违反约定的事实，由于没有根据，处理起来十分困难。这些不规范的转包过程都带来了较大的危害。

为了让土地转包更好地为农民服务，应该做到：

（1）加强对农户的土地流转教育，增加农户关于农地转包相关方面的法律知识。

（2）严格把关转包合同。村委应严禁村民内部口头转包协议，提倡农户寻找专业机构拟写转包协议，让转包协议书面化；若村中出现土地转包，村委应该把关转包通道，明确转包到期期限等各项要则；明确转包后备案流程，村集体做好自我监督工作。

（3）增加违约成本。违约现象时常发生主要是因为违约成本低，除了在合同中增加违约金，建设转包诚信档案，对违约的转包农户，村委应登记在册上传系统，减少该违约户的信用评分。

# 第八章　集体主导的农地资本化流转模式

在实现乡村振兴的大背景下，为提高土地资源的利用效率，将创新集体组织主导下的不同土地流转模式。本章将介绍集体组织主导的农地资本化流转模式，通过重点案例分析、比较分析等方式综合评述集体组织主导的农地资本化流转模式的优劣之处，并总结概括将这种模式推广至全国的适用条件。

## 第一节　集体主导的农地资本化流转模式概况

### 一、集体主导的农地资本化流转模式含义

集体主导的农地资本化流转模式主要是指农户把土地委托给集体组织，再由集体组织与其签订合同，并进行统一的管理，然后由集体组织将土地集中起来，由一些经济组织进行承租或者是承包，最后由其进行统一开发、经营和规划。该模式下，政府或者农村集体经济组织在农地流转中的作用很关键。农户可以不直接面对第三方承包机构，而是由地方政府或者是农村集体组织介入，实现农村土地流转。地方政府或农村集体组织从农民手中承租农地，也就是农民将手中的农地租给政府或农村集体经济组织。如果农民将手中的农地租给农村集体经济组织，则形成农地承包经营权和所有权在农村集体手中，租出农地的农户还可以向政府或农村集体再租地从事农业。该流转模式最大的特点就是政府或农村集体经济组织在其中的作用。这种农地流转的过程中政府或农村集体经济组织作为转包方和农地出租者双重角色对农地流转起到重要的作用。

### 二、返租倒包模式

返租倒包是指农户将自身的意见反馈给村集体，村集体再依据农户集体意愿，由政府出面，将所有同意流转土地的农户的土地集中起来，获得部分耕地经营权，交由村集体进行统一规划建设，最后再倒包给当地的种植大户或者种植能手以及当地农业企业进行规模化经营，由村集体统一收取流转收入，并返还给农户，除了需要给农户以租金形式的经济补偿外，村集体在此过程中可以获得一定差额。其中，

公司与农户之间要签订合同，并在合同上明确具体事项。合同主要包括公司要求的种植品种，承包费具体多少，公司向农民提供种子和相关技术培训等，并约定在收获后全部农作物销售给公司，并确保产品在收获后以一定价格购买。

返租倒包的主体主要有三个，分别是农户、村集体、种植大户或者农业企业。首先，农户作为土地的供给者，将自己的土地流转给村集体，从而获得租金收入，避免外出务工造成的农地资源浪费。其次，统一由村集体与种植大户或者农业企业签订农地流转合同，并将土地流转给种植大户或农业企业。这个环节即"返租"环节。村集体作为第三方参与土地流转，增强安全性，提高效率。最后，种植大户或者农业企业会将流入土地倒包给农户耕种，即"倒包"，与此同时，种植大户会统一对土地进行规划，会限定在那个区域的种植品种，并提供各项生产中所需要素并支付农户一定劳动报酬，但是也会对生产的产品质量有所规定，要求达到一定标准，农户只需要按照要求进行劳动，并在收获后将所有产出出售给种植大户即可。

《中共中央关于做好农户承包地使用权流转工作的通知》中就曾经指出，应该制止地方政府或农村集体经济组织租赁、转租或分包农民土地，这种行为是不符合家庭承包经营制的。同时还指出，未来农业经营应主要以公司推动，而不是说用公司来取代农户的地位。由此说明，国家不提倡企业长期、大面积出租经营承包土地。并且2008年中央一号文件也明确指出，要坚决防范村庄集体组织强迫农民流转土地，来变更土地用途等一些问题，防止出现乡、村集体经济组织以声称"返租""出租"等方式来恶意侵犯农民土地承包经营权。返租倒包模式是众多土地流转模式的一种，它是土地资本化流转过程中的萌芽，如安徽凤阳县小岗村以及安徽省阜阳市农地流转一开始都是从返租倒包开始。

### 三、土地托管模式

土地托管是指一些不愿或无力耕种土地的农民，按照"自愿参与、无偿退出、自愿服务"的原则，将土地委托给农业企业、种植大户和专业合作社等组织的做法，实际上就是"农业生产托管"，为委托方（农户）提供专业的农业生产服务。通过土地托管，在不转让农民土地承包权和用益物权的条件下，实现了农业的机械化、集约化、规模化和生产化，并解决了委托人"谁来种地、怎么种田"的问题，是服务农民和实现主体共赢的良好合作方式，是我国近年来土地制度改革新进程的收获。

当前，参与我国土地托管的主体分为土地托管受托方、土地托管委托方和土地托管中介方。土地托管受托方主要有四类，分别是土地托管服务公司、供销合作社、种植大户、专业合作社。而较为常见的是种植大户、专业合作社和供销合作社。种植大户因为长期与种植业务接触，经验丰富、有资本实现技术支持，且有能力购买农耕机械，因此可以为有一般土地托管需求的农户完成托管服务；专业合作社沟通政府与农民，会根据政策变化和需求情况，完成托管服务；供销合作社连接市场与农民这两方，结合实际种植情况和市场情况进行协调，实现信任收益最大化。土地托管委托方主要是指农户。其中土地托管服务公司是一种新出现的受托人，目前国家正在大力推广这类主体，下面也将以此叙述这种托管主体的服务方式。土地托管中的最后一个主体是以"村两委"为主的中介协调组织，主要负责土地托管的具体落实工作，如宣传鼓动农户积极参与土地流转、多渠道宣传托管政策、与上级政府协商政策支持力度等。在当前中国，"村两委"的主要任务是农户动员和宣传工作。在"村两委"参与后，土地托管工作也更加顺利。一方面，村委会日常与农户关系密切，担任村委会工作的人往往是村里的居民，大多有良好的口碑和威望，能够有效促进土地托管工作的正常有序开展，减少人们对土地托管的排斥以及与土地托管公司的冲突和纠纷。

# 第二节　集体主导的农地资本化流转返租倒包模式

## 一、农地资本化流转返租倒包模式委托代理关系

首先，村集体组织会统一与农户签订农地承包经营权转让合同，农户再将土地流转集体交由村庄集体经济组织，此时形成第一层委托代理关系。

其次，农村集体经济组织充当中介，与种植大户或者农业企业签订合同，并将流转农地统一流出给当地种植大户或者是农业企业。此时村集体与种植大户或者农业企业形成第二层委托代理关系。

最后，种植大户或者农业企业再将流入的土地交给农户进行耕种。在这个环节中，种植大户或者农业企业统一规划土地，规定种植品种，提供各种生产要素，支付农民工资，还规定生产的产品质量。农民只需要按要求操作劳动，然后把所有的产出卖给种植大户或者农业企业即可。因此，在倒包环节中形成第三层委托代理关系。返租倒包模式委托代理关系图如图8-1所示。

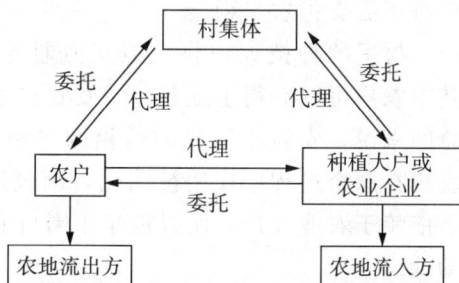

图8-1　返租倒包模式委托代理关系图

## 二、农地资本化流转返租倒包模式案例分析

### (一)安徽小岗村首次尝试"返租倒包"

安徽小岗村土地流转模式中,在保留农户承包权的同时,鼓励将土地经营权转向种植大户或者种植能手,由他们来统一经营土地,农户在这个过程中拥有租金和务工费两份收入,每年定期可以收到租金,或是在当地的大棚和种植园里务工,抑或是进城务工,此时农地也不会出现被撂荒现象,实现经营权和承包权分离。

在小岗村的葡萄示范园、双孢菇生产园区中不乏返租倒包模式,其中主要主体有三个,分别是委托人(农户)、集体中介组织(小岗村村委会)、受托人(种植大户和外来大学生)。小岗村"返租倒包"模式流程图如图8-2所示。

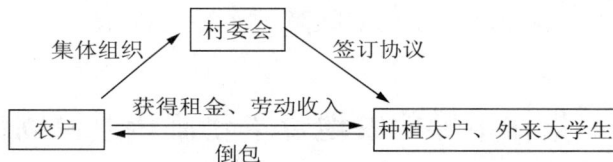

图8-2 小岗村"返租倒包"模式流程图

(1)小岗村的"返租倒包"是从葡萄种植开始的,按照计划,首先在村里建一个葡萄种植示范园,其中园区规划用地约80亩,大约需17户农地。小岗村将这17家农户召集起来,共同商量是否愿意出租土地。我们算一笔账:如果你在地里种庄稼,每亩年收入500元左右(在正常气候条件下);但是如果你把地租出去,不管是好天气还是坏天气,不管是干旱还是洪水,你每年都能保证500元。

(2)在经过商量后,17家农户委托请求小岗村村委会将自身农地向村里的种植大户进行土地流转,约定按照合同,将土地出租给种植园区的种植大户,种植大户每年需支付农户租金。

(3)村里的种植大户将土地变为葡萄种植园,一年后,葡萄园获得不菲收入,其中农户可以获得土地租金以及农户平日在葡萄种植园内的务工费。

总的来说,安徽小岗村的返租倒包模式中,更注重种植大户和村委会的作用,农户在这个过程中作用被弱化,倒包过程也弱化了农户这个主体的灵活性,反而更依赖于农业大户,所以近年小岗村的返租倒包也在逐渐改变,更重视农户的主动性。

### (二)四川省武胜县蚕桑产业"公司流转土地+返租倒包"

武胜县位于四川省广安市,占地面积大约966千米²。近年来,武胜县抓住

机遇，力求建设现代农业产业体系和农业园区，通过返租倒包模式实现闲置农地流转，当地企业和地方政府利用流转土地建设蚕桑养殖园，带动武胜县建设和经济发展。四川省武胜县"公司流转土地＋返租倒包"模式流程图如图8-3所示。

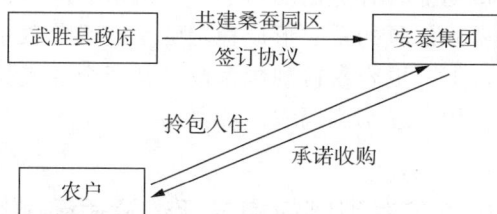

图8-3　四川省武胜县"公司流转土地＋返租倒包"模式流程图

（1）推行"企业＋业主＋农户"模式，大力发展"订单农业"。由安泰集团和武胜县地方政府共同出资，建设桑蚕产业园区。在园区建设完成后，安泰集团负责规划园区经营，按照规划区域建设蚕棚，并安装园区所需基础设施设备等。在经营规划后，将土地"倒包"给农户，农户可以直接"拎包入住"。同时安泰集团为入住业主提供融资担保，解决现存资金困境；对小蚕共育户提供补助和技术帮扶，帮助提高小蚕质量；对已经获得企业成功认证的职业农户提供奖金鼓励，并深化农户专业技能提升。"底薪＋奖金"模式可以使农户在其中获得双重收入，安泰集团聘请专业技术人员，组建技术团队，对业主进行技术指导和支持。安泰集团对业主实现全面指导，解决农户养殖上的困难。并且会根据业主干茧质量与工作落实情况进行考核，对农户实现"奖励"机制，以此激发农户养殖上的热情。

（2）安泰集团通过建设桑蚕产业园区，降低成本，提高利润率。安泰集团主营业务是丝绸制品，但在此之前85%的原材料是外地采购，不仅造成采购成本高昂（包括途中运输费用等），运途还可能会对蚕丝本身质量造成影响，风险和成本均较高。在武胜县蚕桑产业园建成之后，一年平均可以生产成丝六七百吨，可以实现原材料自供自给，并大幅提高公司利润率。

（3）引导贫困户参与产业发展，实现脱贫攻坚。农户通过流转闲置土地，可以获得土地租金，而且农户在"倒包"经营后蚕丝生产也有销售收入。

总的来说，四川省武胜县使用"公司流转土地＋返租倒包"模式，在传统蚕桑公司土地流转雇工开展集中经营的基础上，在单纯的土地流转集中经营的基础上，引入能人或职业农民共同经营，通过土地租金返还、超量奖励政策、优质优价执行、二次分配返利等方式打造公司与蚕农形成的利益共同体，利润分配更加透明和公平，实现风险共担、利益共享。

武胜县桑蚕产业园的"公司流转土地＋返租倒包"模式相较于安徽小岗村传统的"返租倒包"模式，优点主要有四个：一是分工明确、渠道畅通、效益有保障，蚕桑公司整合资金、技术优势，承担基础设施投入，能人、强人借助自身优势，负责片区内的桑蚕生产，带领或辐射周边人员参与规模化的高质量经营；二是抗风险能力更强，蚕桑公司与蚕农形成了捆绑式利益共同体，生产的蚕茧体量稳定、质量上乘，在市场上具有稳定的需求，抗击市场同质化低端产品的风险更强；三是蚕桑公司与返租倒包的蚕农形成稳定的生产经营关系，在大型的基础设施投入或产业升级改进上，更容易得到国家政策及资金的支持；四是更强化农户在返租倒包过程中的作用，强调调用农户的灵活性，给予农户资金、技术、销售渠道等各个方面的支持。

### 三、农地资本化流转返租倒包模式评述及适用条件

#### （一）主要优点

相对于农户单独出租流转土地来说，由于村集体的介入，农民不用承受市场风险，可以获得相对更稳定的土地租金收入；与农民个体相比，作为基层行政单位的村集体，有能力和条件来评估作为二次承租主体的农民或企业是否具有农业生产经营能力，因此更容易提高农业生产效率。

#### （二）主要缺点

可能违背土地流转农户的真实意愿，强行推行土地流转，利用政治权力强制农户实现流转；可能出现"寻租"现象。在"返租倒包"过程中，村集体与基层政府作为中介参与二次流转，除了可以获得中介费用，也能获取流转中价差；另外，随着农地价值的发现，很多企业或开发商利用农地逐利，而村民因个体分散、认知能力低等劣势，可能会出现委托代理问题。

#### （三）适用条件

（1）非农产业已经发展成一定规模，且土地的社会保障功能被弱化。许多农民在非农产业中有相对稳定的生计，因此有足够数量的农民不认为土地使用权的转让会威胁到他们的长期生存。

（2）本地企业要有一定经济实力和影响力作为土地流转的代理方。当地需要有实力的企业（包括资源、渠道、销售等各方面）来消化租赁土地进行经营，并有能力支付足够的租金。

# 第三节　集体主导的农地资本化流转土地托管模式

### 一、农地资本化流转土地托管模式委托代理关系

在土地托管模式中，主体可分为委托方、受托方和中介。受托方主要负责购

买和租赁农种、农机等生产要素,提供农业生产服务,让科技资源为农业所利用,提升生产经营效率。而委托方可以支付托管服务费,获得受托方的全程服务。中介,即第三方集体组织负责共同成立合作社,给予土地托管服务机构政策和资金上的支持,大力发展土地流转。农户在这其中与合作社真正建立委托代理关系,将自身土地委托给农业生产经营性服务机构进行经营。土地托管模式委托代理关系如图 8-4 所示。

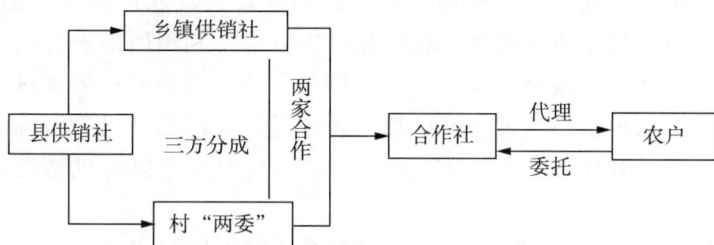

图 8-4 土地托管模式委托代理关系

## 二、农地资本化流转土地托管模式案例分析

### (一)安徽巢湖"三瓜公社"

"三瓜公社"特色电子商务小镇,地处安徽省巢湖经济开发区一个小镇(半汤镇)。村庄按照"一村一品""一户一人"的构思进行产业规划和设计。目前建设有南瓜电商村、冬瓜民俗村和西瓜美食村,目的是带动周边多个村落建设和发展。"三瓜公社"自 2015 年 9 月成立以来,通过"互联网+三农"的理念,致力于探索出一条一、二、三产业融合的道路。

土地流转模式主要是由"三瓜公社"与汤山村("三瓜公社"所在村)村委会负责共同协商农地流转,并由汤山村村委会统一收集村民的闲置土地,将分散在农户手中的土地通过流转的方式,集中到行政村,然后再由行政村按照先前商定好的方式,一并流转给"三瓜公社"运营,由"三瓜公社"统一对土地进行规划和设计,实现村民、汤山村集体和"三瓜公社"的三方共赢。安徽巢湖"三瓜公社"模式流程图如图 8-5 所示。

图 8-5 安徽巢湖"三瓜公社"模式流程图

"三瓜公社"的土地托管经营过程主要依靠三方面:

（1）互联网＋三农。其分别是"互联网＋农村""互联网＋农民"和"互联网＋农业"。给农民灌输互联网思维，利用互联网改变传统劳动力密集型生产经营模式，向现代化农业转型。

（2）三旅融合。"三瓜公社"特色小镇整合巢湖市汤山村传统历史文化资源、特有的自然资源以及互联网等现代化元素，明确走以"文旅"为灵魂，"三旅融合"的发展道路。

（3）三产融合。通过"互联网＋三产"的方式实现农产品深加工，衔接一、二产业，如牛肉深加工成牛肉酱；在产品销售方面，利用网络进行线上销售，通过南瓜电商村平台，实现线下渠道；地方特色农产品也在西瓜美食村农场备受人们喜爱；由于冬瓜民俗村当地工匠的加工，常见的农产品已成为游客的旅游纪念品。通过上述一系列实践，"三瓜"的一、二、三产业得以有机结合，从而提升整个产业的质量和效益。

总的来说，"三瓜公社"的成功是多方面共同作用的成果。首先是政府的支持。在政策上，在农地流转以及基础设施配套建设等方面给予大力扶持；在资金方面，开发区政府帮助企业进行融资解决资金缺口；在生产经营方面，开发区政府对"三瓜公社"项目的厂房积极支持，包括解决物流仓库、保税仓库等厂房用地问题。其次，在这个过程中，"三瓜公社"也使得一些外出务工的农户返回家乡，参与到农业生产经营过程中，更是吸引了大量创业者。最后，对于政府来说，"三瓜公社"是一种实现乡村振兴的借鉴，它探求将网络与"三农"进行结合，实现乡村振兴，既能推动解决贫困现状，更是推动农村产业融合高度化的一个契机。

（二）山东临沂"金丰公社"

"金丰公社"是中国第一个现代农业服务平台。"金丰公社"以"三农"为抓手，从上游集聚资源，在中游建网络，向下游提供服务，提出了符合中国农业国情、以完全信任为核心的"金丰公社"模式。这种模式打破了目前小农分散经营的格局，专业化、规模化的产前、产中、产后服务，统一收割、统一防治以及统销统结，使小农经济正式走向现代农业发展道路。

在山东临沂的土地托管模式中，主要涉及三个主体，分别是村集体组织（中介机构）、土地服务机构（受托方）和农户（委托方）。

由村集体组织牵头，引入"金丰公社"服务机构，并将所有土地集中起来交给"金丰公社"运营，"金丰公社"为农户提供农地的全程服务，农户种植所需的化肥、种子、农药均由"金丰公社"集体来提供，农户只需要将土地交由其进行托管即可，农户在享受土地收益的同时，又避免了一些闲杂农事，收益不仅没有减少，反而比之前要高，闲余时间还可以出去务工增收。山东临沂"金丰公社"模式流程图如图 8-6 所示。

图 8-6　山东临沂"金丰公社"模式流程图

"金丰公社"提供全程式土地托管服务，具体带来"五心服务"：

（1）核心技术支持，将产品销向海外，减少了伪劣农资问题。在技术上提供支持，如如何定期给予营养、如何减少虫害等自然灾害等，以期提高产量。

（2）更省心的种地方式，提供从种到收全程土地托管服务，享受高效、专业、全方位的现代化农业服务。

（3）更放心的销售渠道，让农产品种得好，卖得更好。目前，"金丰公社"在各地发展订单农业，"金丰公社"已与美团、阿里巴巴、大润发等多个销售渠道达成合作，构建高效产销衔接渠道，解决农产品低价销售难问题。

（4）稳定的种植收益，高销量，增收有保障。

（5）金融支持解决农业生产资金问题，并用"期货＋保险"解决风险问题。

总的来说，"金丰公社"这种土地托管模式三方主体共同实现了利益共享，农户获得了服务，金丰公司获得了所需要的产品和高质量，并且成为连接供销分销商的重要节点，村集体组织也解决了大量农地闲置、浪费等低效现象，将土地流转出去，实现乡村振兴，带动整个集体共同富裕。

相比较而言，安徽巢湖"三瓜公社"和山东临沂"金丰公社"都是较成功的案例，区别主要是三个方面：首先，"三瓜公社"的农户是参与其中的，可以根据要求进行种植，实现规模化和规范化种植，而"金丰公社"更像是一种农业服务机构；其次，"三瓜公社"更依赖于村集体，与村集体达成共识共建园区，"金丰公社"的主体中虽然也有村集体组织的参与，但是更多的是金丰企业有限公司在主导；最后，"三瓜公社"的范围较小，目前只限于巢湖汤山村，而没有扩展到其他区域，而"金丰公社"以公司为背景发展，范围、区域都更大，目前山东省和陕西省部分区域已经采用这种模式，更多的区域也在拓展。

## 三、农地资本化流转土地托管模式评述及适用条件

### （一）优点

首先，土地托管不仅可以满足农民保留土地的需要，还可以解决土地种植不足的问题，增加土地收入，增加农村就业，解决农民就近就业的问题。其次，对于受托人而言，土地托管服务的风险较低。托管服务主体尚未取得土地所有权，

土地经营权和控制权仍掌握在农民手中。再次，土地托管对土地管理起到指导和整合作用，服务主体具有技术和设备优势，能够充分发挥土地生产能力和土地效益，实现土地收益最大化。同时，服务主体没有完整的土地经营权，风险也较低，资金投入较小，更有利于发挥托管主体的积极性。最后，由于服务主体的专业化服务，农民不仅可以减少劳动力的投入，还可以通过大规模、集约化的种植经营增加土地收入。在农村土地经营权不变的前提下，以农业服务组织和专业合作社为主体，提供多样化、灵活的托管服务，迅速降低了各种土地种植需求，解决了农村劳动力不足、种植技术落后等问题。

（二）缺点

首先，目前这种模式尚处于发展阶段，使用这种模式的区域较少，这种土地托管模式尚未得到普及，而且作为土地托管模式的受托方的农业生产经营服务组织目前全国范围存续较少。

其次，目前的土地托管作为一种民间行为，多以村民口头约定为主来建立委托关系，没有正确规范的政策或者文书等约束，若是出现问题，很难界定清楚双方责任，所以也就容易引发纠纷，亟须规范指导。

（三）适用条件

（1）农业劳动力转移程度高且稳定。在城市化快速发展和务农低收入的大背景下，农村劳动力在逐渐向城市非农产业转移，工资性收入在农户家庭总收入中的比重不断增加。在这种结构转型下，原有的土地保障功能被弱化，所以持续稳定的收入是土地托管合同能持续存在的意义。

（2）当地农业生产服务体系比较完善。提供土地全程托管服务依赖于社会服务主体。在一些农业服务发展水平较高的地区，植保、农机等各类服务组织往往更加专业化，正是因为拥有更专业化的农业服务组织，土地托管服务才能稳健运行。

（3）土地可以集中实现连片和规模经营。土地托管的最大优势莫过于实现土地规模经营。因此，农村土地能够大面积集中连片经营也是适用土地托管流转模式的重要前提条件，土地资源集中程度较高的地区会更适合土地托管模式。

# 第九章　市场主导的农地资本化流转模式

创新土地流转方式，提高土地资源配置效率，是实现乡村振兴战略的重要举措，也是实现乡村振兴的保障。本章将介绍市场主导的农地资本化流转模式，通过重点案例分析、对比分析等方式综合评述市场主导的农地资本化流转模式的优劣，并总结概括将这种模式推广至全国的适用条件。

## 第一节　市场主导的农地资本化流转模式概况

### 一、市场主导的农地资本化流转模式含义及背景

市场主导的农地资本化流转模式是指在保证农村土地所有权与承包权不变的情况下，工商资本介入土地经营权的流转过程，通过资本的力量优化土地的资源配置，提高土地经营权的流转效率，发展具有中国特色社会主义的现代农业。土地问题与农民利益密切相关，工商企业主导土地经营权的流转，与传统的转包、出租、互换、转让等流转方式相比，为农村吸引到了更多的社会资本，一定程度上缓解了农村融资难、融资贵的融资困局，有利于农民增效与增收，有利于深化农村改革。

2021 年 2 月，农业农村部发布的《农村土地经营权流转管理办法》对工商资本的准入门槛、项目用途、风险防范等做了进一步具体规范。在准入门槛方面，该政策强调租赁土地经营权的工商企业应该具备农业经营能力；在项目用途方面，要保证土地的农业用途、农业效益，不得闲置、荒废农业耕地，不得占用耕地建造房屋、挖掘砂石等，不得利用永久耕地种植果树、从事林业或者渔业；在风险防范方面，与保险机构合作，引进各种形式的保险产品，为参与主体提供保险服务。对于涉及农户较多、土地流转范围较大的项目，可以采取设置风险保障金的措施。此外，政策强调当地政府应加强对社会资本的引导与审查作用，引导工商企业有序开展规模化现代农业生产，县级以上人民政府对工商资本严格分级资格审查，建立健全审核制度，审查审核未通过的，不得参与土地经营权流转过程。

## 二、土地信托模式

土地信托是一种把土地经营权作为财产标的，通过信托的方式对其进行转移的土地流转模式。在土地信托模式中，农户是被代理人，政府作为代理人，代理农户与信托公司签订信托协议，信托公司作为受托人，通常情况下与开展农业生产经营的工商企业签订协议，最终将经营使用权流转至经营主体。

土地信托作为一种新型的市场主导的农村土地资本化形式，是金融信托在农村土地经营权方面做的创新。这种信托模式下，信托标的不再是传统意义上的金融财产，而是农户手中的土地使用权。在确保土地所有权与承包权不发生改变的前提下，农民把土地经营权通过信托的方式流转出去，交由专业的信托公司打理。信托公司由于自身不具备经营农业的能力，与有土地需求的经营主体签订协议，将土地经营权转移至经营主体。

土地信托模式最大的特点在于权属清晰、责任明确。在我国，农村土地的流转就是指土地经营权在不同主体之间的流转，其中，土地确权是基础，依法流转、自愿流转、有偿流转是原则。土地信托模式中，土地的经营使用权作为一种信托财产，有专门的信托公司进行管理运营，产生收益，土地所有权、承包权、经营权"三权分置"、互不干涉，利益主体清晰，受益关系明了，每一主体都对应相关职责，责任关系相对明确。此外，信托力量的介入，帮助整合土地资源，在提高土地利用率的同时降低了农业生产成本，促进了农业的规模化生产，保护了农户的基本权益。

总之，在进城务工农民日益增多、农村土地闲置现象越发严重的状况下，应继续提高土地流转的效率，发展土地流转的创新。土地信托方式是一种解决此问题的有效途径，通过引入专业的信托机构，搭建起连接社会资本与闲置土地的桥梁，整合闲置的土地资源，吸引闲置的社会资金，为资本下乡提供了便利，保障了各方当事人的基本权益，有利于推动农业农村现代化发展。

## 三、土地银行模式

土地银行模式是一种农户把土地的经营使用权存入银行，收取利息，土地银行再把土地整合后贷给企业等经营主体，借以收取贷款利息的土地流转方式。

传统的商业银行充当资金融通的中介作用，吸收社会上闲余的流动资金作为存款，再把其贷给有资金需求的企业或个人。相比于商业银行，土地银行充当土地经营权融通的中介作用，吸收农民的土地经营使用权存入银行，再把土地贷给有需要的农地经营主体。农民一方面可从土地银行收取地租，另一方面可进城务工，获取打工收入。承包土地经营使用权的经营主体需要每年支付给土地银行贷款利息，土地银行也可以从借贷利差中获取收益。

农村土地银行本质上与商业银行不同。土地银行针对涉农问题，在涉及存贷款利率时应首先考虑农民和农业经营主体的利益，必要时提供优惠性贷款，最大限度地降低违约风险。作为新型土地流转平台，土地银行专注于提高土地融资水准，专注于土地经营权的整合，专注于土地流转平台的建设，专注于土地开发项目的审核。提高土地流转的效益与效率成为重中之重。土地银行可以成为土地流转的专业平台，扩大土地流转的范围，规范处理土地流转的问题，为愿意开展农业生产但又苦于融资难、融资贵的承包大户提供资金支持，保护农民的基本利益，帮助亿万农民增收、走向共同致富，响应国家惠农政策，引入市场资本，面向广大农民落实普惠制金融服务，促进农业的现代化发展。

## 第二节　市场主导的农地资本化流转土地信托模式

### 一、农地资本化流转土地信托模式委托代理关系

一般的土地信托模式，信托财产是农户的土地经营使用权，在确保土地所有权与承包权不发生改变的前提下，农户作为被代理人，政府作为代理人，由政府出面代理行使农户的土地经营权，将土地经营使用权委托给信托机构，信托机构作为法律关系中的受托人，负责运行打理信托财产，信托公司由于自身不具备经营农业的能力，在信托模式中引入工商资本，与有土地需求的经营主体签订协议，将土地经营权转移至经营主体，经营主体利用规模化经营方式、现代化农业技术提高土地效益，提升土地的变现价值。农地资本化流转一般土地信托模式流程图如图9-1所示。

農户 ──代理关系──▶ 政府 ──信托关系──▶ 土地信托机构 ──租赁关系──▶ 经营主体

图9-1　农地资本化流转一般土地信托模式流程图

### 二、农地资本化流转土地信托模式案例分析

我国土地信托第一例是2001年"浙江绍兴"模式。之后，湖南益阳、福建沙县、安徽宿州、江苏无锡、黑龙江肇东等地分别开展土地信托业务。其中，"浙江绍兴"模式完全由政府力量主导，行政力量强势，市场资本处于弱势地位。"安徽宿州"模式、"江苏无锡"模式以及"黑龙江肇东"模式为"地方政府＋商业信托公司"模式，在目前我国的农地信托演化过程中，行政的力量越发减弱，

市场资本的力量逐渐增强。

"安徽宿州"模式是全国第一例引入商业信托机构的土地流转模式,"江苏无锡"模式则是江苏第一单土地信托产品,两者都属于农地信托模式创新的先驱,既有相同之处,也有不同之处。本书将着重分析"安徽宿州"模式和"江苏无锡"模式的委托代理关系以及市场资源配置效率等,探索农地流转方式的可行性以及未来的发展方向。

"安徽宿州"模式各方关系分析:一般信托关系主要由委托人、受托人以及受益方三方组成。"安徽宿州"土地信托模式流程图如图9-2所示。

(1) 在"安徽宿州"模式中,农户基于对政府的信任将土地委托给政府,政府成为这段信托关系中的直接代理人。"安徽宿州"模式采取"层层委托"的方式,农户先在村里签订协议,委托村委会负责土地的流转问题。之后,村委会将整理好的土地经营权上报至乡政府,乡政府再上报给区政府。最后,委托人变成了埇桥区政府,5400亩土地经营权由区政府出面被流转出去。

(2) 埇桥区政府与中信信托签订为期12年的信托协议。中信信托作为本段信托关系中的受托人,并没有直接经营农地,而是与安徽帝元现代农业投资有限公司(以下简称"帝元公司")签订协

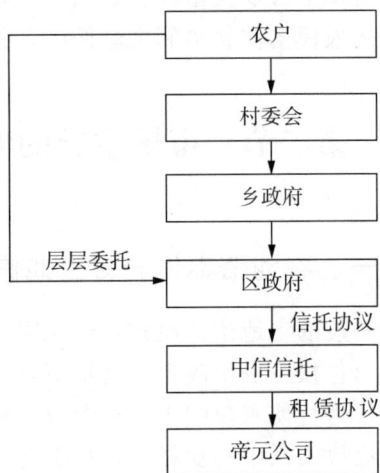

图9-2 "安徽宿州"土地信托模式流程图

议,将5400亩农地的经营权承包给其进行专业化的土地运营。中信信托通过发行信托产品进行融资,募集到的资金支持帝元公司运行现代农业项目。

(3) 在这段信托关系中,农户可获得两方面的收益:一方面是基础收益,农户每年至少可以获得1000元的地租收入。另一方面是项目收益,帝元公司开展项目的利润农户可分到70%。同时,农民还可以从中获得隐形收入,农民从从事农业转变为从事其他行业,可以获得相应的工资收入。

总体来说,"安徽宿州"模式带有一定的行政色彩,并非所有农户都出于自身意愿与村委会签订协议,不愿意参与土地流转的农民将由村委会代签,这损害了农民的权益,而且大部分参与流转的耕地属于基本农田保护区,在参与流转之前不存在搁置的情况,非闲置的农地要素参与市场运转,从市场配置资源的角度看,并不是十分高效,农户的收益也没有得到很好的保障,截至2015年,农民

仅收到两年的流转费。安徽宿州与中信信托的合作项目，作为我国第一单土地信托产品，由于经验不足，缺少对风险的防范意识等，效果不如预期，这也为后来土地信托的尝试者提供了反思与学习的空间。

"江苏无锡"信托模式采取成立双合作社的方式，农民入股成立土地股份合作社，经营大户建立水蜜桃专业合作社。"江苏无锡"模式流程图如图 9 - 3所示。

图 9 - 3　"江苏无锡"模式流程图

（1）桃园村进行 233 家农户的确权登记，有土地流转意愿的农户以土地作价出资，成为土地股份合作社的股东。信托关系中的委托人由农户变成了土地股份合作社，土地股份合作社负责土地流转相关事宜，并与北京信托签订信托协议。

（2）当地有水蜜桃种植经验和能力的经营大户成立水蜜桃种植专业合作社，从北京信托处租得土地的经营使用权，北京信托为水蜜桃专业合作社在资本市场上募集资金，提供相应融资服务，满足项目前期的资金需要。

（3）收益分配方面，参与入股的农户可得到土地经营权股权证书，凭土地经营权股权证书可获得北京信托发放的"土地受益凭证"，最终凭"土地受益凭证"获取收益。农户每年可获得的收益由"固定收益＋浮动收益"两部分组成，固定收益按亩计算，每年每亩最低得到 1700 元；浮动收益在若干年头项目取得收益后才能享有，农户分得的比例是总收益的五分之一。

综上所述，"江苏无锡"模式采取了农户参与入股成立股份合作社、专业种植大户成立水蜜桃专业合作社的方式，在设计上更为市场化和专业化。据了解，这片土地在参与信托之前，一直被外地人承包，当地农户基本收入来源并不是农业种植，而是去镇里打工。信托计划开始前，土地被收回，真正落到农民自己手中，但相当于在农户手里闲置，信托关系建立后土地的效用在农户手中得以发挥，农地作为市场要素参与水蜜桃合作社的运转，为农户、信托公司、水蜜桃专业合作社的受益提供了有利条件。在风险控制方面，农户不以这片土地为主要收入来源，为农户的总体收益提供了一层保护屏障。此外，这款信托产品针对的是农民之前有而没能发挥效益的土地，闲置的农地资源被调动起来，全社会的资源配置更加合理均衡。

"安徽宿州"模式与"江苏无锡"模式虽然都属于土地信托的开拓之举，但是带来的影响却不尽相同。农户利益方面，"安徽宿州"模式从农户开始，将土地使用权流转至村集体，村集体再将土地使用权委托给上级政府，层层委托，效率较低，多级政府参与其中，行政力量的过多参与，导致农户流转土地并不是完全出于自愿，从实际运转结果看，农民福利实质上是被削弱了；"江苏无锡"模式中，行政参与的力量色彩弱化，农户先确权，之后愿意流转土地的就折价入股合作社，这种流程使得农户的选择权得以保护，并且，试点地区农户本来就不种地，闲置的土地被利用起来，实质上提高了农民的净福利。

从农地利用效率来看，"安徽宿州"模式中，农地被"非农化"利用，间接导致项目的审批困难，开展不顺利；"江苏无锡"模式中，农地被用来种植适宜当地环境的水蜜桃，展现了农地原本的耕种属性，提高了农地的耕种价值。资本下乡并不是要破坏农地的耕种属性，而是要在保证绿水青山的前提下，增加生态环境的整体经济效益，提高整个社会的福利，这才是有力践行乡村振兴战略的表现。

## 三、农地资本化流转土地信托模式评述及适用条件

### （一）农地资本化流转土地信托模式的优点

（1）增加农民福祉。信托模式的建立对无力自己种植农作物的农民提供了新的收入来源。根据信托制度，农户不仅可以获得每年的地租收益，在项目获利时还可获得浮动收益，农民的福祉得以增加，促进了城乡资源的均衡分配，为推动乡村振兴提供了新的手段。除了获取信托收益，不用种植农作物的农民获得了更多自由，可选择去镇上或城市里打工，丰富了农户家庭的收入来源，同时也为第二产业或第三产业增加了更多的劳动力。

（2）解决资金融通问题。土地信托作为农村土地流转的创新手段，引入专业的信托机构，在信托项目的设计、实施方面体现了严谨性与专业性，有利于找到真正有土地需要的经营主体。农村经营主体常常面临融不到资金而无法开展大型农业活动的问题。信托机构的加入，为其从资本市场上引入资金，通过拓宽融资渠道帮助其开展项目，促进农村的经济发展。

（3）盘活土地资源。对于闲置土地，信托模式的成立连接了土地的供需双方，使这部分土地进入市场流通领域，通过市场资本的运作管理，土地的规模化效应得以体现，土地的市场化效应得以体现，土地的增值效应得以体现。如果信托项目获利，受益的不仅有农户、经营主体，还有政府以及信托公司，整个社会的资源配置效率得以提高，实现了帕累托改进。

### （二）农地资本化流转土地信托模式的缺点

（1）农民相关权利受损。信托作为一种较高级的金融手段，农民基本上不太

了解，农民的知情权与选择权受损。在"安徽宿州"模式中，农民只是土地经营权的被代理人，不能最大化地行使信托权利，而且农民缺少相关的金融知识与法律意识，不了解项目流程，不了解自己的维权途径，可能不利于项目的后续运作；信托模式较为复杂，涉及多方利益主体，包括农民、当地政府、信托公司、工商经营主体等，存在权责不明晰的现象。

（2）易滋生政府腐败问题。现在的土地信托模式基本上是由政府主导，政府积极宣传项目，鼓励农户上交土地的经营权，虽为"自愿"，可实际上农民对信托流程、自己的土地经营权流转给谁并不太清楚，农民往往是基于对政府的信任才把土地经营权委托出去。在土地信托的过程中，如果没有相应的法律监管措施，完全靠政府来监管，那么很容易滋生腐败问题。同时，政府为了提高自己的业绩和利益，可能对工商企业的不合规做法"睁一只眼闭一只眼"，这将导致农地的原有生态被破坏。

（3）相关法律制度不完善。土地信托模式作为一种新的信托产品，具有新的交易对象、新的交易特点，只依赖《中华人民共和国信托法》来制定农村土地信托的制度，并不能起到很好的约束规范效果。委托人和受益人的界定需要重新思考，各方法律关系的明确应该围绕农民的利益，使农户成为信托产品真正的受益者。目前土地信托流转不够规范，风险防范措施不健全，存在监管漏洞，也需要相应的法律法规对其起到约束引导作用。

（三）土地信托模式的适用条件

（1）农户。土地信托模式引入社会资本，可能获得较高收益的同时也伴随着较高的经营风险与违约风险，风险与收益相随，这是金融的本质。农民本身对于金融信托知识较缺乏，参与土地信托的农户群体往往是进城务工、无力或无时耕种农地的农户，建议农户接受一定的金融知识教育后再参加土地信托。

（2）农田。考虑到经营主体可能会从事"非农化生产"，农地原有的生态体系、地质面貌可能因此发生较大改变，为了把这种对土地的破坏风险降到最低、提高土地的相对价值，参与土地信托的土地应该是那些因无人管理而闲置荒废的土地。

（3）工商企业。工商资本的介入是为了促进农地资本化运转，本质上是为了促进农业现代化、实现乡村振兴。土地信托对工商企业的准入门槛应该是具备较强的农业生产能力、信誉良好以及风险可控，工商企业在项目运作中不得从事非农化生产，每年度获取的收益应该首先用来偿付农户。

（4）信托机构。考虑到目前土地信托模式在我国存在诸多问题，并不完善，在这种情况下，应该优先考虑资金雄厚、融资能力与抗风险能力较强的信托公司作为委托人。此外，项目开展过程中，信托公司应定期公告项目的运作情况，及时给予农户反馈,保证信托项目的公开透明,维护各方的知情权。

(5)政府。政府应明确自身定位,政府是农户利益的保护者,而不是剥削者。在工商资本参与的土地流转模式中,政府要积极发挥引导作用,掌握好政府主体的参与程度,不要过度参与,太多行政力量的参与易滋生腐败问题;政府要起到严格监管作用,在土地流转的全程都要有专门政府人员对信托公司、承租方进行监督,完善风险防范机制与农户补偿机制;政府还要设立专门的机构,告知农户行之有效的维权途径,在项目破产时,帮助农户维护自己的合法权益。

(6)相应的法律法规。我国目前并没有专门针对土地信托的法律法规,土地信托关系中各方的权利义务关系不够明确。为了鼓励土地信托模式在全国各地的流转,提高运转效率,有必要出台相关法律,规范土地信托模式健康持续发展,建设具有中国特色社会主义的土地信托模式。

(7)专门的监管机构。在信托项目签订后,经营商能否按预先的设计开展项目是信托运行成败的关键,为了确保项目顺利进行,要设立专门机构持续监管经营商,定期核查项目的开展状况、资金流的运转情况,防范金融风险,确保土地以及钱款不被移作他用。对于经营企业在项目开展中实际遇到的困难,也要向上级如实反馈。农户要想得知土地的现有用途以及项目实际进展情况,也要如实告知。

## 第三节 市场主导的农地资本化流转土地银行模式

### 一、农地资本化流转土地银行模式委托代理关系

农地资本化流转土地银行模式中,土地银行充当土地经营权融通的中介作用,农户把土地的经营使用权存入银行,收取存地利息,土地银行把整合后的土地贷给工商企业等经营主体,收取贷地利息。同时在相关政策的支持下,为从事农业的工商企业提供资金帮助与技术服务,以降低它们的经营风险与违约风险。

作为新型土地流转平台,土地银行的宗旨是帮助农地规范流转,提高土地资源的配置效率,促成农村土地的现代化经营,促成乡村振兴战略的实现。农地资本化流转一般土地银行模式流程图如图9-4所示。

图9-4 农地资本化流转一般土地银行模式流程图

## 二、农地资本化流转土地银行模式案例分析

### （一）陕西杨凌

陕西杨凌是西北地区农业现代化建设的先驱，为有效解决农村土地流转过程中不规范、效率低下等问题，于 2008 年成立杨凌土地银行，杨凌土地银行实行区、镇、村三级管理模式，十几年来，共成立总行及村级银行几十家，为促进农业发展、提高农地流转效率、完成农地的资本化运作做出了巨大贡献。

陕西杨凌土地银行模式运行的关键因素在于政府的主导作用。成立的以村为单位的村级土地银行积极宣传动员农民参与土地流转、将土地存入土地银行收取租金，在示范区设立负责监督管理土地流转过程、防范风险的土地银行总行。土地银行根据市场需求，将土地租给农地经营者并收取租金。为了规范土地银行的运作，杨凌区政府成立了土地流转服务中心和土地流转仲裁委员会，土地流转服务中心负责对土地流转程序进行规范，土地流转仲裁委员会负责仲裁不能由土地银行调解的土地转让纠纷。在改善农户生活方面，农户既可以每年获取租金，又可以进城务农，增加了收入来源，提高了生活保障标准。陕西杨凌土地银行模式流程图如图 9-5 所示。

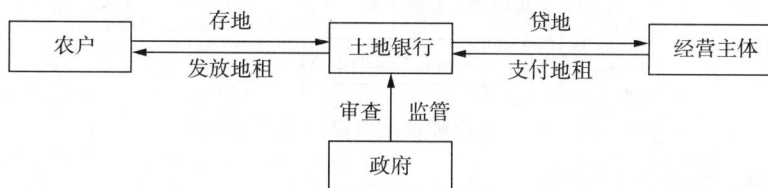

图 9-5　陕西杨凌土地银行模式流程图

具体运作过程：

（1）对土地进行产业规划和园区设计，根据需要寻找合适的土地流转项目。

（2）土地银行发挥中介功能，将园区相关信息发布在土地流转平台上，吸引有土地需要的商家入驻园区。

（3）通过积极宣传园区内项目、相关政策以及保障措施，加深农民对土地银行的认识，引导农户有序将土地存入土地银行。

（4）各方达成协议后，土地银行与农户签订协议，农户将土地存入土地银行；土地银行与实际的土地经营者签订协议，并将土地出租给经营者，租金按年收取。每年，土地银行向经营者收取租金，然后直接将钱转到农民的专用账户。

（5）相关政府人员对土地银行进行定期监督，土地银行对存放土地的实际运作情况进行跟踪和监督。

总之，陕西杨凌土地银行模式把农地市场上的需求方与供给方联系起来，并配套相应的风险管理以及监督措施，盘活了土地资产，强化了土地的市场要素功能。

### (二) 河南临颍

2015年3月，河南省第一家土地银行——河南汇农土地流转发展有限公司，在河南省漯河市临颍县成立，临颍县政府持股87%，县龙头企业以及专业合作社入股13%。河南省的这家土地银行不仅是土地流转市场平台，还为新型农业经营者提供多方面的经营服务，包括耕、种、管、收、贮、销等。在成立土地银行的过程中，中国农业发展银行河南省分行起到了至关重要的作用，其凭借自己雄厚的资金实力为土地银行和土地经营权使用主体提供资金融通服务。河南临颍土地银行模式流程图如图9-6所示。

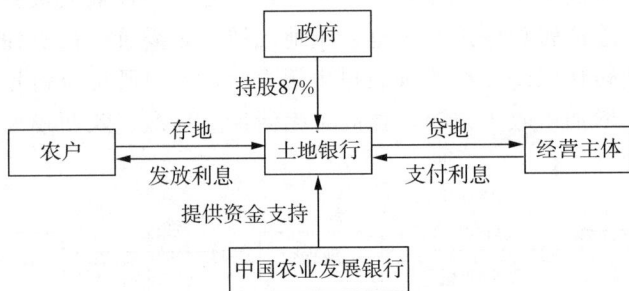

图9-6 河南临颍土地银行模式流程图

土地银行模式：

(1) 存地方面。鼓励以村为单位集中连片存储，提高土地的规模效应，便于流转。愿意参与土地流转的农户向村委会提出申请，村委会根据可存农地的时间、规模等对农地价格进行评估，原则上，存地时间越长，定价越高。为便利农户的资金周转，便利农户的日常生活，农户可选择不同的利息收取方式，凭土地存折既可直接领取现金，也可换取面粉等生活必需品。若急需用钱，农户也可以把多年的利息按照银行贷款利率折现一次性提取。

(2) 贷地方面。信息发布后，有农地需求的经营主体提出申请，在资格审查通过后，与土地银行签订合同，贷地流程的设计要保证土地流转至专业的经营主体手中。新型经营主体想扩大生产，常常面对融资难、融资贵的棘手问题，土地银行为此找到了行之有效的解决方法。临颍县"土地银行"的办法是降低经营主体的违约风险，经营主体只需缴纳30%的保证金，剩余部分由土地银行在中国农业发展银行的资金支持下先垫付，极大地减轻了经营主体的负担。

综上，河南临颍土地银行模式充分发挥了银行的市场化作用，积极引导土地的借贷融资，极大地盘活了土地资源，促进当地农业市场的创新有序发展。在风险控制方面，土地流转费用的70％由土地银行出资先行支付，减轻了经营主体的偿付压力。另外，保险公司也提供了多种保险产品（如种植业保险、贷款保证保险等），以保证项目的平稳运行。

纵观两种土地银行模式：陕西杨凌模式成立时间较早，成立土地银行数量众多，既有总行，又有分行，银行体系较为完善；河南临颖模式成立时间较晚，但是相比较陕西杨凌模式更具创新性。政策性银行参与到土地银行模式中，对土地银行模式意义重大，一方面给予土地银行信贷支持，解决了土地银行资金薄弱的问题；另一方面政策性银行在银行制度、风险管控方面更为严格完善，弥补了土地银行的运作漏洞。

农户利益方面。陕西杨凌土地银行模式中，土地银行属于非营利金融组织，村干部负责土地经营权租金的收缴，属于义务劳动，没有工资偿付，严重挫伤了工作人员收缴地租的积极性，并且工商资本只注重追求利益，不利于农户利益的保障；河南临颖模式中，土地银行与中国农业发展银行合作，对经营大户提供资金上的便利，经营主体只需要先交30％的利息，剩下的70％由中国农业发展银行对土地银行提供信贷支持，这样大大降低了经营风险，间接保护了农户利益。

农地利用效率方面。陕西杨凌模式中，监管的缺失导致耕地不能得到很好的保护，原先的农地形态遭到了破坏，土地流转合同中也没有明确谁负责农地形态的恢复，工商资本只追求利益最大化，可能导致耕地的荒废。从短期看，陕西杨凌模式中农地的利用效率被提高，但从长远角度看，农地并不能得到很好的利用，并不能发挥出其真正价值，这违背了建立土地银行的初衷；河南临颖模式在土地流转过程中着重强调"怎么种地"的问题，引导经营大户规范农地用途。成立土地银行就是为了保护耕地和粮食安全，使农地可以在流转后显著发挥农用价值，借助现代化农业技术不断提升农地利用效率。

## 三、农地资本化流转土地银行模式评述及适用条件

### （一）农地资本化流转土地银行模式的优点

（1）破解农村地区融资问题。相比于城市贷款，农村地区的贷款由于规模小、可抵押物少，商业银行考虑到利益最大化以及偿还风险等因素，常常不愿意借款给农村用户。农村资金需求者受制于单一的融资渠道，即使有好的经营项目，也难以筹集钱款使项目顺利运营。土地银行是提供土地流转融资服务的金融组织，不仅允许土地抵押，向经营主体发放贷款，还可以吸收社会资金，发放金融债券。土地银行的成立丰富了经营大户的融资渠道，降低了融资成本；将土地资源转为流动资金，提高了土地流转速度，降低了土地流转风险，缓解了土地与

资金的不平衡问题。

（2）发挥土地的市场化要素作用。农村市场要素比城市匮乏，土地作为一种市场要素，在农村也没有发挥出应有的作用，农村的经济情况固然雪上加霜。近年来，农村土地流转方式层出不穷，农户可通过出租、转让等方式流转自己的土地经营权，土地银行模式属于创新型流转方式，带有强金融属性，在资金融通方面更为专业，土地变成了传统银行模式中的"钱"，通过土地抵押以及土地存贷，将闲余土地转化为资金，同时帮助从事农业生产的大农户和企业找到了资金来源，增加了土地经营使用权的价值，增强了农村土地流转市场的资本化。

（3）促进农业发展。以家庭为生产单位的农业种植效率较低，成本较高，难以进行现代农业的规模化生产。在政府的有序引导下，农户把土地存入土地银行，土地银行按照市场供求关系把土地贷给满足条件的经营户，促进农业的规模化生产。土地银行模式中，政府以及土地银行提供多项服务降低农村土地经营户的融资成本，降低其生产成本，推动农业朝着专业化、集约化方向发展，有利于实现乡村振兴的目标。

（二）农地资本化流转土地银行模式的缺点

（1）农户对土地银行的认知度不高。土地银行的运作在发挥金融的资金融通功能，大部分农民文化水平并不高，对金融知识的掌握程度不高，难以明白土地银行的运作机理，思想上难以接受，再加上我国法律目前在土地银行范畴尚一片空白，农民可能会对土地银行产生抵触情绪，宁愿把土地经营权攥在自己手中。

（2）土地银行的经营机制不完善。土地银行模式带有行政干预性，不是完全意义上的市场化运转，资源并不能得到合理分配。政府的强干预性将侵害农户的知情权与选择权，不利于农户生活状况的改善。土地银行的组织人员多是政府人员，"政企合一"催生官僚主义，往往滋生腐败。土地银行与商业银行相比，不具备规范化的决策程序，也不具备专业的风险管理体系，如果经营主体的项目失败，面临违约风险，将会影响农户对土地银行的印象，不利于后续土地流转方式的创新发展。

（3）缺少监管，风险防范措施不健全。农村土地银行本质上是农村土地流转平台，属于非营利组织，不是真正意义上的银行，没有相应的法律法规规范，也不受金融监管机构的监管。土地银行模式不仅涉及农户、经营者，村委会等各级政府人员也参与较多，全面地监督各方需要花费大量人力和财力。此外，土地银行模式并没有设置较好的风险防范措施，农地保险只能规避部分风险，农户的合法权益不能得到很好的保障。相关法律的空白、第三方监管机构的缺失，会降低农户对土地信托模式的信赖程度，会降低农户把土地存进银行的热情，不利于土地银行模式在全国各地的进一步推广。

（三）土地银行模式的适用条件

（1）农户。土地资本化流转总是存在一定风险，农户首先应该评估自己的风险承受能力，若能接受项目失败的风险，则可以将土地经营权存入土地银行；若不能，可以采取进城务工的谋生方式，对冲项目经营失败的风险。此外，要全面落实农户的土地确权。农村土地确权的完成，是开展土地存储业务的基础，是设立土地银行的前提，只有完成土地确权，土地银行的后续运作才会更加顺利。

（2）农地。可以流转至工商企业的土地应该达到一定空间范围和一定时间范围标准，若低于一定空间范围，规模化种植经济效益不能被很好体现，而农业本身的性质一般要求较长的种植周期，所以农地的流转期限以 3～5 年为宜。

（3）工商企业。以开展农业生产为前提，不得改变原有的农地形态，不得把耕地转换为林地，若原有的农地形态遭到破坏，工商企业要负责农地形态的恢复。

（4）土地银行。明确土地银行的法律地位，要配置至少 50% 的银行业专业人员；规范土地银行的运转，尤其要提高银行内部的风险控制水平，杜绝腐败现象的发生。土地银行可以按如下方式提升自己的综合实力：首先，对自身有一个明确的认知，清晰自己的性质与功能，尊重农民的权益，了解农民的诉求，向农户提供真正对其生活有帮助的金融服务；其次，提高自己的经营水平，优化员工团队，不断从社会上招揽专业性人才，设计优质多样的金融产品，拓宽融资渠道，丰富资金来源，真正发挥出银行的金融中介功能；最后，完善风险评估体系，从经营主体入手，对想要承包土地经营权的经营主体认真筛查，考察项目的合规性与收益性，确保在土地经营权流转之后，土地的价值不会白白浪费，最大限度地降低违约风险。

（5）政府。要成立专门的部门负责完善土地银行模式的配套机制。土地定价机制、监管机制、相应法律法规的建立有助于土地银行的顺利发展。土地使用权的定价机制要秉着"公平、公正、公开"的原则制定，信息要公开透明化。受地理位置、土地肥沃度等因素影响，土地价格的测定将存在不小难度，政府要积极引导与配合，尽可能使土地价格符合供求双方的预期。相应配套机制的建立，有助于加深农户对土地银行的认识，提高农户对土地银行的接受度，为土地银行模式在全国开展提供成熟有利的条件。此外，还要丰富农户的专业知识储备，这要求相关人员定期对农户进行培训，告知他们可能发生的风险以及土地银行运作的机理，不断提高他们的风险意识。

# 农地资本化机制篇

　　农地资本化是有效盘活乡村土地资源的改革方向。农地资本化的实现涉及定价博弈机制、利益分配及风险防控机制等，梳理解决好农地资本化实现机制的底层逻辑有助于做好有效盘活乡村土地资源的顶层设计。

# 第十章 农地资本化的定价机制

农地资本化流转价格的确定是农地市场建设的核心要素，对合理维护农民的切身利益、提高农户交易的积极性有着至关重要的作用，探究合理的农地定价机制，以利于乡村振兴目标的早日实现。

## 第一节 现有农地资本化流转定价方法分析

农地流转价格主要是指农地流入方为了获得土地经营权所必须付出的以货币衡量的经济代价，为了评估农村土地流转时农地交易参与方的价格心理预期，需要对农地流转价格定价形成机制以及定价方法进行介绍并分析农地价格可能的影响因素。

### 一、农地流转价格的内涵与特点

（一）农地流转价格的内涵

农地流转价格是指农地经营权从一个主体转移到另一个主体，农地流入方为了获得农地未来的预期收益向农地流出方支付一定的货币补偿。农地流转价格便是以货币补偿的多少来衡量。

（二）农地流转价格的特点

（1）权益性。在农地的流转过程中，发生转移的主要是农地的经营权，权益是附着在农地上的，因此农地流转价格主要体现了农地的权益价格。

（2）异质性。农地属于不动产，每个国家和地区的农地因为地势、气候等因素的不同具有不同的供需关系，各个板块之间的农地个别特征不同，从而流转价格也就具有差异化。

（3）虚拟性。农地的价格一定程度上体现了农户对农地的价值预期，具有一定的虚拟性。农地自身的虚拟性使得农地价格具有较大的波动性及风险。

（4）上涨趋势。农地价格具有一定的周期性。随着经济的不断向好，国家人口不断增加以及技术人才带来的科技进步，从长期看来，农地的价格呈现不断上涨的趋势。

## 二、农地流转价格形成机制

### (一)市场供需决定的价格形成机制

市场是各交易主体之间相互作用,最终形成稳定且合理的交易价格及其数量的一种组织形式。农地经营权作为农地流转中的交易对象,必定存在供求关系,进而促进农地流转中供给市场和需求市场的产生。由市场供需决定的农地流转价格形成机制,主要是通过供给市场和需求市场的相互竞争,在竞争中形成均衡价格。供需关系决定的市场价格形成机制如图 10-1 所示。

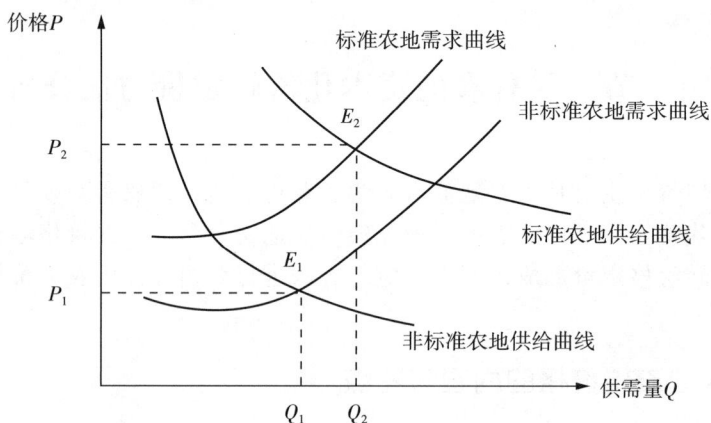

图 10-1　供需关系决定的市场价格形成机制

注:$P$ 表示农地流转价格;$E$ 表示供需均衡点;$Q$ 表示农地流转的供需量。

从图 10-1 中可以看出,农地流转价格水平主要体现为农地供给曲线和农地需求曲线的相交点,即由市场供求形成的价格表现为市场供需均衡点。同时,图中也说明农地流转价格与农地的质量有较大关系。一般来说,高标准农地的生产能力、灌排能力、田间道路通行运输能力、农田防护与生态环境保护能力、机械化水平、科技应用水平均较高,土地平整、土壤较为肥沃,具有较高的期望收益,因此使得农地流转的需求量增加。同样对于非标准农地,流转双方的流转意愿降低,流转需求减少,因此供需均衡点 $E_2$ 会高于 $E_1$。在市场决定的农地价格形成过程中,也会有其他相关因素干扰农地的流转价格,如农户的家庭状况、区域气候及地势等都会不同程度地影响农地的定价。

### (二)成本主导型的价格形成机制

成本主导型的价格形成机制主要是指农户在确定农地流转价格时以历史成本费用作为参考。对于农地估价来说,历史成本是一种过去发生的支出,不同于农地的未来收益。农地流转价格评估过程涉及的参考成本主要包括:农地的初始取得成本、经营期间改良成本、上缴的税费以及农地流转过程涉及的其他交易支出等。其中，农地的初始取得成本与农地的质量和所属区域有关；经营期间改良成本主要涉及对农地肥力、农业基础设施以及农用劳动力质量和数量的改良；上缴的税费中农地经营所需上缴的各项农业税费从 2006 年已取消；农地流转过程涉及的其他交易支出主要指信息获取成本、主体谈判的耗费成本以及可能存在的违约成本等。所以在以成本为主导型的价格形成机制中，农地流转价格的确定按照式（10-1）计算。

$$P = C_1 + C_2 + C_3 + C_4 \qquad (10-1)$$

式中，$P$ 表示农地流转价格；$C_1$ 表示农地的初始取得成本；$C_2$ 表示经营期间改良成本；$C_3$ 表示需缴纳的税费；$C_4$ 表示农地流转过程涉及的其他交易支出。

（三）收益主导型的价格形成机制

收益主导型的价格形成机制主要是指农地流转价格的形成以人们对农地未来预期收益为基础。农民在做出是否流转土地的决定以及确定流转土地的价格时会考虑到流转土地质量的优劣以及土地未来带给自身的增值收益。

对于一个理性的农地流出者来说，在确定土地价格时会考虑农地的租金收入以及释放农地之后的非农收入。只有当二者收入之和大于农地农产品带来的资金收入时，流转行为才会发生。也就是说存在下列不等式：

$$E_1 + R_1 \geqslant S_1 \qquad (10-2)$$

式中，$E_1$ 表示农地流出者从事非农产业能够获得的收益；$R_1$ 表示农地的租金；$S_1$ 表示未来农地中农产品带来的收益。式（10-2）表明农地的流转价格即流转资金可以通过非农收入和农产品收益来表示。当 $S_1$ 确定时，$E_1$ 越高，流转价格越低；当 $E_1$ 确定时，$S_1$ 越高，流转价格越高。

同样，对于一个理性的农地流入者来说，在确定土地价格时会考虑农地的租金收入以及接受农地之后放弃的非农收入。只有当放弃的非农收入与流转租金之和小于农地农产品带来的资金收入时，流转行为才会发生。也就是说，存在下列不等式：

$$E_2 + R_2 \leqslant S_2 \qquad (10-3)$$

式中，$E_2$ 表示农地流入者从事非农产业获得的收益；$R_2$ 表示农地的租金；$S_2$ 表示未来农地中农产品带来的收益。当 $S_2$ 确定时，$E_2$ 越高，流转价格越低；当 $E_2$ 确定时，$S_2$ 越高，流转价格越高。

根据上述分析，假设二者的非农收入数值相等，即 $E_1 = E_2$ 的情况下，可得出 $S_2 - R_2 \geqslant S_1 - R_1$，说明农地流转之后的收益有所增加，基于此过程，形成了收益主导型的价格形成机制。

（四）权力主导型的价格形成机制

权力主导型的价格形成机制主要是指政府机构和集体组织在农地流转价格的制定过程中为了保证农地交易的顺利进行、为了维护农民的切身利益，以监督管理者的身份参与其中。政府机构运用其特殊的身份，自主规定农地流转价格的上峰值和下峰值，推动了农地流转市场的发展。政府凭借自身所具有的号召力，在确定流转价格的过程中具有更高的话语权，因此在决定农地价格时能够发挥主导作用，在农地流转之后的收益分配中也占据十分重要的角色。从权力的影响因素来看，农地权能的稳定性、政府政策以及其他一些政府行为也都会影响农地的流转价格。

## 三、现有农地资本化流转价格评估方法介绍

（一）收益还原法

1. 收益还原法的基本原理

收益还原法是将未来预测的正常年纯收入（地租）以适当的土地还原率进行收益还原，求出当前农地价格的方法。土地具有永久性，因此农户可以期待未来持久永续的土地收益。收益还原法是以地租理论为基础的价格评估方法，适用于给未来土地纯收益确定的农地进行估价。

2. 收益还原法的基本公式

无限期出租农地收益的价格公式为

$$V = \frac{a}{r} \tag{10-4}$$

式中，$V$ 表示农地价格；$a$ 表示地租；$r$ 表示土地还原率。

（二）市场比较法

1. 市场比较法的基本原理

市场比较法主要是指将待评估的农地与市场上具有替代性的，并且近期交易较为活跃的类似农地进行比较，在此基础上进行一定程度的价格修正，进而估算农地流转价格的方法。市场比较法适用于农地交易市场较为发达且替代性农地较为充足的农地的价格评估。

2. 市场比较法的基本公式

市场比较法常用公式为

$$V = V' \times A \times B \times C \times D \times E \tag{10-5}$$

式中，$V$ 表示待评估的农地价格；$V'$ 表示用于比较的农地价格；$A$ 表示待评估的农地交易情况指数/用于比较的农地交易情况指数；$B$ 表示待评估的农地估价日期低价指数/用于比较的农地估价日期低价指数；$C$ 表示待评估的农地区域因素条件指数/用于比较的农地区域因素条件指数；$D$ 表示待评估的农地个别因素条件指数/用于比较的农地个别因素条件指数；$E$ 表示待评估的农地使用年期修正指数/用于比较的农地使用年期修正指数。

（三）成本逼近法

1. 成本逼近法的基本原理

成本逼近法是指从农地投资成本的角度评估农地的流转价格的一种方法。投资成本主要包括开发农地的一系列费用之和再加上一定的利息、应交税金、利润等。但是由于评估农地价格主要看未来收益，从过去的投资成本去衡量流转价格与真实价值会产生一定的偏离。成本逼近法主要适用于新开发农地或者农地交易流转不活跃地区的农地价格评估。

2. 成本逼近法的基本公式

成本逼近法的常用公式为

$$V = E^a + E^d + T + R_1 + R_2 + R_3 = V_e + R_3 \qquad (10-6)$$

式中，$V$ 表示农地价格；$E^a$ 表示土地取得费；$E^d$ 表示土地开发费；$T$ 表示税费；$R_1$ 表示利息；$R_2$ 表示利润；$R_3$ 表示土地增值收益；$V_e$ 表示土地成本价格。

（四）基准地价系数修正法

1. 基准地价系数修正法的基本原理

基准地价系数修正法主要是指以同区域同类型的平均地价作为基准地价，借助待评估农地价格的影响因素对区域均价进行修正，从而得出待评估农地的流转价格的一种方法。

2. 基准地价系数修正法的基本公式

基准地价系数修正法的常用公式为

$$V = V_{1B} \times \left(1 \pm \sum K_i\right) \times K_j + D \qquad (10-7)$$

式中，$V$ 表示农地价格；$V_{1B}$ 表示基准地价；$\sum K_i$ 表示农地价格修正系数；$K_j$ 表示容积率、农地使用期数等其他修正系数；$D$ 表示农地开发程度修正系数。

## 四、农地流转定价影响因素

（一）自然因素

（1）气候因素。不同地区每年的气候都是不同的，温度、湿度、降水、光照都有一定的区别，这使得土地的生产能力存在差异，从而导致土地流转价格受到不同程度的影响。尤其是对于耕地来说，不同的气候会大大影响农地未来的农作物收益，进而影响农地流转的价格。

（2）土地规模。中国人口分布不均匀，土地细碎化程度的不同会影响农业种植机械化的开展，从而影响农地的流转价格。

（3）自然灾害。无法预料的自然灾害会给土地资源带来不同程度利益的损失，如果自然灾害发生的频率比较低且破坏性比较小，则该地区的农地流转价格通常较高；反之，若自然灾害发生的频率比较高且破坏性比较大，那么该地区的农地流转价格就会很低。

（4）土壤肥力。土壤肥力对耕地的产出有着非常直接的影响，对建设用地和宅基地的影响较小。

（5）农地地形。农地所处的地形也会对农地价格产生影响。农地的坡度、海拔、地貌不同，农地产出物的质量也会有所差异，从而影响流转价格。

（二）区位因素

农地所处的区域方位会对农地价格产生影响。本研究把流转的农地按照地理位置分为两个地带，即近郊地带的农地以及远郊地带的农地。近郊地带的农地地理位置比较优越，交通比远郊地带便利，很多身居城市的企业家等愿意到近郊地带流转土地。他们流转土地的原因也很明显：对于耕地来说，一是作为自家新鲜瓜果的供应地；二是用来种植蔬菜，再售卖给其他有需求的人，又或者是作为休闲观光区，发展休闲农业，卖给旅游度假的人，如种植草莓、无花果等。对于宅基地和建设用地，近郊地区交通便利，在城镇化进程中，大量劳动力人口向城市转移，近郊地区人流量会越来越高，这就会对近郊地区的农地产生较高的需求。因此可以看出近郊地带的土地有利于企业家发展农业生意，同时交通的便利也方便游客等往返于近郊农业区和城市，这些因素就使得近郊地带的土地具有较大的流转需求，所以流转价格也会比较高。而对于一般的远郊土地来说，地处偏僻、交通也不方便，极少人愿意去流转这类土地，流转需求低就会使得流转价格相对较低。

（三）经济因素

经济方面对农地价格的影响因素可从宏观和微观两个方面进行分析。其中，微观因素主要是指家庭农收占比；宏观因素涵盖十分广泛，主要包括当地的物价水平、利率水平、地区经济发展水平、税收状况等。

（1）家庭农收占比。如果一个家庭收入中，农地收入占比较高，则意味着该家庭对农地的依赖性较高，对农地的流转价格要求较高，且价格变化弹性一般较低；反之，若家庭非农收入比重较高，则对农地依赖性低，容易以较低的价格流转土地。

（2）物价水平。物价水平的提高一方面会提高农业生产的成本，另一方面会带来农产品价格的提高，双重因素都会使得农地流转价格的提高。

（3）利率水平。利率会通过影响土地的供需来影响农地的流转价格。当利率上升时，对土地的需求减少，流转价格降低；反之，利率下降时，需求增加，流转价格增加。

（4）地区经济发展水平。如果一个地区的经济发展水平较高，则会带动该地区的消费及投资，从而带动该地区的农产品价格上涨，进而使得农地流转价格上升；反之，地区经济不发展，停滞不前则会使物价降低，从而使得农地流转价格降低。

（5）税收状况。一个地区的税率越高，农地流转所带来的利润便会越低，农民耕地的意愿就会降低，进而使得农地流转价格降低；相反，税收越低，农地流转所带来的利润就会越高，农民流转意愿就会加强，流转价格就会随之提高。

（四）社会因素

（1）农户个人情况。农户个人情况包括农户特征、农户的认知以及农户的家庭情况。

① 农户特征主要包括年龄、文化程度以及身体状况。一般来说，年龄较小，文化程度较高的农户风险偏好较强，对农地价格预期较合理，而年龄较大，文化水平较低的农户以高价转出土地的意愿则较为强烈。

② 农户认知包括对当地环境、土地质量的满意程度，是否想要迁出农村、流入城市。农户对当地状况满意程度越高，从事农作的可能性越大，对土地流转的意愿便会越低，流转价格就会越高；农户想迁出农村的意愿越强烈，流转土地的可能性就越大，流转价格就会越低。

③ 农户家庭情况。如果家庭成员中外出务工人数较多，则家庭对于农地流转的整体意愿是较强的，农地流转价格会较低；家庭医疗支出越高，对金钱的需求较高，则对农地流转价格要求越高；若家庭更易获得银行贷款，也会促进农户自身进行农地生产规模的扩大，提高经济效益，提高盈利水平，从而使得农户流转意愿降低，流转价格升高，同时，农户也有可能将筹资得来的款项投放到其他盈利更高的领域，进而使得农地流转价格发生一定程度的反向波动。

（2）社会保障制度。农村的社会保障制度与农地流转息息相关，二者联系十分密切。社会保障制度愈完善，农民参保情况愈好，农民的基本生活水平就越能得到较好的保障，对土地的依赖性也不会太高，这样一来，农户也会愿意将手中的农地流转出去，流转价格随之降低；反之，社会保障不完善，农户基本生活得不到保障，就会提高对土地的依赖性，土地流转意愿就会降低，流转价格就会提高。

（五）政策因素

（1）国家经济政策。国家经济政策对农村发展至关重要，主要内容有区域发展战略、产业结构政策、生产力布局、财政金融等政策。

（2）农业发展政策。农业发展政策是为了扶持农业发展专门制定的政策，它会直接或间接地影响农村土地的开发和利用，影响土地的收成效益，进而影响农村土地流转价格水平。

（3）农村土地政策。农村土地政策与每一个农民的利益息息相关，是农村土地价格的核心影响因素。正确制定农地流转价格也是农村土地政策的重要一环。

农地流转定价影响因素分析图如图 10-2 所示。

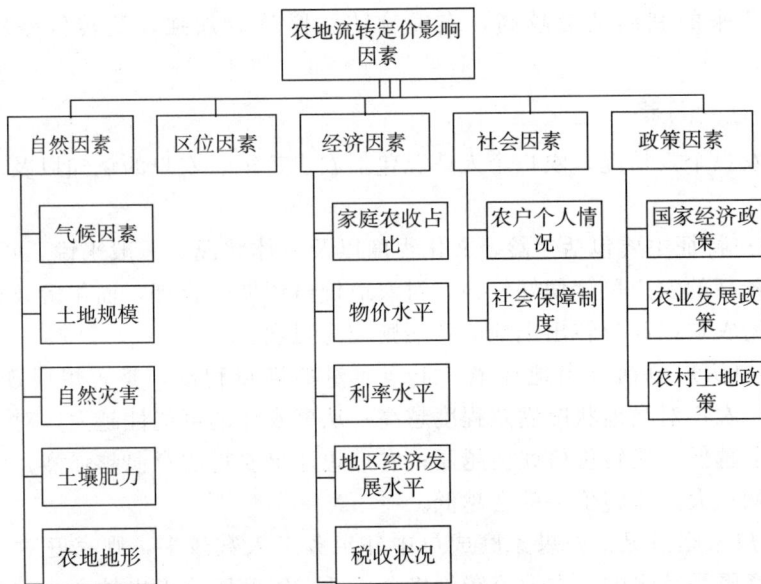

图 10-2　农地流转定价影响因素分析图

# 第二节　非对称信息下农地流转价格谈判博弈分析

在信息不对称的情况下，农地流转参与方会根据自己掌握到的信息对农地价格进行评估，参与方不同，利益主体之间的博弈过程也会有所差异。价格谈判博弈主要分为农户自发进行的双方价格谈判博弈、政府直接参与下的双方价格谈判博弈和政府监管下进行的三方价格谈判博弈三种情况。分情况讨论，能够更清楚地理解土地价格的形成。

## 一、农户自发进行的双方价格谈判博弈

农户自发进行的土地流转只在农民之间进行，政府机构基本不参与其中。土地流转后的用途基本是用于发展种植业，不会对周边地区及农户产生太大的影响。

（一）博弈假设

（1）博弈的参与方只有农地承租方及农地出让方，不存在其他利益第三方，且双方均为理性经济人。

（2）整个农地流转过程存在信息不对称的情况，承租方了解到的信息多于出让方，且农地流转结束之后，出让方不知道农地的具体用途。

（3）双方均满足自身利益最大化。

（4）二者叫价符合 [0，1] 均匀分布。

（二）博弈模型的建立

对于农地出让方即农地流出方来说，策略只有转让与不转让。农地流入方的策略是转入和不转入，在信息不对称情况下，双方了解到的信息是不对等的，且在流转进行之前双方都不知对方的决策结果，只有当二者最后的博弈结果满足纳什均衡时，交易才能完成。

对于农地流出方来说，流转农地能获得的总收益 $E$ 包括农地的流转金 $E_1$（$E_1 > 0$）以及农地释放之后从事其他非农产业所获得的工资报酬 $E_2$（$E_2 > 0$），所需要付出的总成本 $C$ 是农地的未来预期收益 $R_1$ 以及整个转让过程直至结束需要付出的其他成本费用 $C_1$，假设流出方放弃土地经营权带来的收益对自身的重要系数为 $a$，则总成本 $C = aR_1 + C_1$，只有当总收益大于总成本，即 $E > C$ 时，农地流出方才能从农地流转中获得超额收益，才会选择出让农地。

农地流入方则是从农地转让之后生产经营获得的预期收益中获得总报酬 $E'$，假设流入方从农地的经营中获得的收益对自身的重要系数为 $b$，则总收益就是 $bE'$。总成本 $C'$ 则包括农地流转金 $E_1$ 以及农地流入方因为流入土地而放弃投资其他项目可能产生的收益 $C_2$（$C_2 > 0$），此时，只有当农地流入方所获得的超额收益 $ER = bE' - C' > 0$ 时，流入方才会选择承租农地。

在以上模型的假设和建立下，下面可通过表 10-1 来清晰地了解农地流入方及流出方的价格谈判博弈机制。

表 10 - 1　农地流入方与农地流出方的价格谈判博弈机制

| 农地流入方 | 农地流出方 | |
| :---: | :---: | :---: |
| | 流出 | 不流出 |
| 流入 | $ER$, $E-C$ | $bE'$, $C$ |
| 不流入 | $C_2$, $C$ | $C_2$, $R_1$ |

（三）博弈分析

由表 10 - 1 可以看出，整个流转过程想要满足纳什均衡需要满足以下几个条件：

（1）对于农地流出方，为了达到利益最大化，至少应该满足农地流出前的收益小于流出后的收益，即 $E-C>C$，因此从本书也可看出博弈过程对农地流转金即租金的要求是 $E_1+E_2-aR_1-C_1>aR_1+C_1$。同时，也可看出前面假设的 $a$ 值与土地流转金 $E_1$ 存在正相关，即当 $a$ 值越大，农地流转租金的数值也会越大，可以理解为 $a$ 值越大，意味着农地的经营性收益对流出方的重要性越强，农户对土地依赖性越强，流转需求越弱，进而使得农地流转价格随之升高。

（2）对于农地流入方，为了达到利益最大化，应该满足农地流入前的收益小于流入后的收益，即 $ER>C_2$，因此本文也可看出博弈过程对农地流转金即租金的要求是 $bE'-C'>C_2$。同时，也可看出前面假设的 $b$ 值与农地流转金 $E_1$ 也存在正相关，即当 $b$ 值越大，农地流转租金的数值也会越大，因为 $b$ 值越大，意味着农地流入之后给流入方带来的收益越高，因此农地流入方便会乐意以更高的价格去流入农地，从而使得农地流转价格随之升高。

（四）博弈过程总结

只有博弈双方同时实现自身利益最大化，利益达到一个均衡点，才能实现纳什均衡，农地的正常流转才能实现。

从农地流出方的角度考虑，$a$ 值越大，农户对农地经营所得越重视，对农地的依赖性越高，进而在进行农地流转时就会要求更高的农地流转价格，这样一来，农地流入方的流入成本便会大大增加，就会降低农村土地的流动性。因此相关部门可以采取措施降低农民对土地的依赖性，比如从非农产业的收入水平及待遇入手，可以发展壮大村集体，增加农民的非农收入，提高农民的流转需求，从而降低农地流转价格，促进农地的流通。

从农地流入方角度考虑，$b$ 值越大，流入农地的期望收益便会越高，同时也会抬高市场上农地的价格，使得农地流入成本增加。同时高成本的农地也面临着高风险和高挑战，这使得很多风险厌恶者望而却步，产生消极的心态，不利于农村土地的流转。因此政府部门应该完善相应的农地流转政策与相关配套措施，对农地流转过程中可能的风险事件进行防范，保障农民的基本权益。

## 二、政府直接参与下的双方价格谈判博弈

### （一）博弈假设

（1）博弈的参与方涉及政府部门以及农地流出方，政府部门作为农地流入方与农地流出方进行利益博弈，且双方均为理性经济人。

（2）双方均为了自身利益最大化。

（3）整个过程不涉及其他利益第三方。

### （二）博弈模型的建立

在政府直接参与的农地流转过程中，基层政府为了经济和社会效益与农地流出方进行价格上的博弈。作为基层政府可以有两种策略，即强制流转和非强制流转。农地流出方也有两种策略，即接受强制流转和拒绝流转。做出何种策略取决于农地流转前后的利益变化，只有当农地流转带来的经济社会价值大于流转前的价值时，基层政府才会选择强制农户进行农地的流转。同样，对于农地流出方来说，农地的流转金必须达到期望的水平，他们才不会拒绝流转。现实生活中，政府强制农民进行农地流转时，往往会给予一定的金钱或物质上的补贴，而这种补贴的价值通常达不到农户的期望值，这时农户就可以拒绝接受流转，选择进行上诉。

假设农地流出方所期待的农地流转金为$R_e$，$G$表示基层政府通过农地的流转所能够获得的利益，$Q$表示农户最终获得的金额，$R_0$表示最初谈判时基层政府愿意支付给农户的补偿金额，$R_{max}$表示整个博弈过程基层政府愿意给出的最高价，$A$表示农地流转的规模，$B$表示流转价格，$C$表示农地流转前农户的收益，$D$表示农地流转后农户的损失。基于上述讨论得到的关于基层政府与农地流出方的价格谈判博弈机制见表10-2所列。

表 10 - 2　基层政府与农地流出方的价格谈判博弈机制

| 农地流出方 | 政府部门 | |
| --- | --- | --- |
| | 强制 | 非强制 |
| 接受 | $R_0$，$C+D$ | $G$，$Q$ |
| 拒绝 | $R_{max}$，$Q$ | $G$，$R_{max}$ |

（三）博弈模型的分析

（1）当 $R_0 \geqslant C+D$ 时，或者 $G \geqslant Q$ 时，农户上诉所获得的最终受益 $Q$ 低于农户接受流转所获得的政府补偿 $R_0$，此时农户不会选择上诉，而会心甘情愿接受基层政府最初的报价。如果基层政府提前预料到农户不会进行上诉，则会一直坚持最初的报价，不会进行高价补偿。

（2）当 $R_{max} < Q$ 时，坚持上诉会获得比政府给予的最高补偿更多的赔偿金，这时农户会选择上诉，同样如果基层政府提前预料到农户会发起上诉请求，则会接受最开始对方要求的赔偿金。

（3）当 $G < R_{max}$ 时，基层政府给予农户的最高补偿已经超过了自身能够从土地流转过程中获得的收益，此时基层政府会放弃流转土地。

（四）博弈过程总结

基层政府如果直接参与到农村土地的流转过程，则会在一定程度上干预农地流转交易的执行，降低农地流转的效率，继而损害农户的切身利益。因此，基层政府应该找准自己的定位，采取合适的措施促进农村土地的健康发展，保障广大农民的合法权益。

## 三、政府监管下进行的三方价格谈判博弈

（一）博弈假设

（1）农地流转交易双方为农地流出方和农地流入方，基层政府只是作为监管者参与其中，负责监督和指导，不干涉双方决策。

（2）三方均为了自身利益最大化。

（3）三方都是理性经济人。

（二）博弈模型的建立

在政府监管下的农地流转过程中，对于农户流转双方来说，二者在交易中有时为了达到利益最大化或者为了实现更高的利益，有可能做出一些违反法律法规的事，这时政府为了维护社会治安、自身荣誉与经济利益会发挥其监督管理的功能，对违法违规操作行为进行查处。农户双方的策略是违规与不违规，而基层政府的策略是查处与不查处。

假设在政府监督过程中，把农户双方流转土地的成本记为 $C$，不违规操作情况下所能获得的收益为 $E_1$，违规操作获得的收益为 $E_2$，流转成本为 0，若被举报后政府查处则被处罚 $H$，政府在接受举报后进行查处的查处成本为 $A$，查出违规操作获取收益为 $B$，接受举报未进行查处可获得收益为 $F$。基于上述讨论得到的关于基层政府和农地流出双方的价格谈判博弈机制见表 10-3 所列。

表 10-3 基层政府与农地流出双方的价格谈判博弈机制

| 农地流出双方 | 政府部门 | |
|---|---|---|
| | 查处 | 不查处 |
| 违规 | $E_2-H$, $B-A-C$ | $E_2$, $F$ |
| 合规 | $E_1-C$, $A$ | $E_1-C$, $0$ |

（三）博弈模型的分析

（1）当 $E_1-C>0$ 时，农户选择不进行违规操作的利润大于 0，此时不管基层政府是否进行查处，农户双方都会选择流转土地。

（2）当 $E_1-C>0$，$E_2-H>E_1-C$ 时，这意味着即使农户选择违规操作被举报上缴罚金，采取违规操作能够获取的利益仍然会高于合规操作的收益，此时农户就会选择投机行为，获取违规收益。如果 $B-A-C>F$，基层政府会选择对相关违规行为进行查处；若 $B-A-C<F$，基层政府则会放任不管。

（3）当 $E_1-C>0$，$E_2-H<E_1-C$ 时，这意味着如果农户选择违规操作被举报上缴罚金，那么从违规操作中获取的收益就会低于正常交易所能得到的收益，此时农户就会放弃违规操作。

（4）当 $E_1-C<0$ 时，这意味着农户正常流转农地所获得的收益无法抵扣农地的交易成本，此时他们便会进行违规操作获取超额收益。如果 $B-A-C>F$，基层政府会选择对相关违规行为进行查处，积极遏制农地流转中的不良现象；若 $B-A-C<F$，政府则会放任不管，监管不力，就会导致整个农地交易市场乱象丛生。

（四）博弈过程总结

从上述分析过程来看，农户双方以及基层政府的策略选择会受到 $E_1$、$E_2$、$A$、$B$、$C$ 等因素的影响。如果政府部门对违规操作的惩罚力度不够农户就会冒着被查处的风险进行违规操作，这就会使农地流转市场的秩序混乱不堪。因此，基层政府需要对农地流转过程严格监管，加大惩罚力度，完善相应的惩罚机制，并在一定程度上降低查处成本，提高监管积极性。这样才能提高政府监管效率，促进农地交易市场合法有效地健康发展。

# 第三节 全国重点区域土地价格分析

根据全国城市地价动态监测系统最新发布的报告可以看出，2021 年第三季度全国重点区域和主要城市地价状况良好，主要分析如下。

## 一、总体情况

2021 年第三季度，从环比增长来看，全国重点监测城市地价增长率为 0.52%，比第二季度上升了 0.18 个百分点。从用途来看，商服、住宅、工业地价的环比增长率依次为 0.26%、0.63%、0.50%，比第二季度变化了 −0.08 个百分点、−0.38 个百分点、0.07 个百分点。总体来看，全国总体地价比第二季度略微下降，商服地价的环比增速最近四个季度都有所回落，住宅地价环比增速已经由之前的上升转为下降的趋势，工业地价环比增速由之前的下降变成上升。就从单个城市来看，第三季度，23 个城市的住宅地价环比增长率超过了 1%，比上一季度减少了 12 个；不仅如此，深圳市、厦门市、张家口市、烟台市、珠海市、东莞市、泸州市等 15 个城市住宅地价环比下降。2021 年第三季度全国地价环比增长率如图 10 − 3 所示。

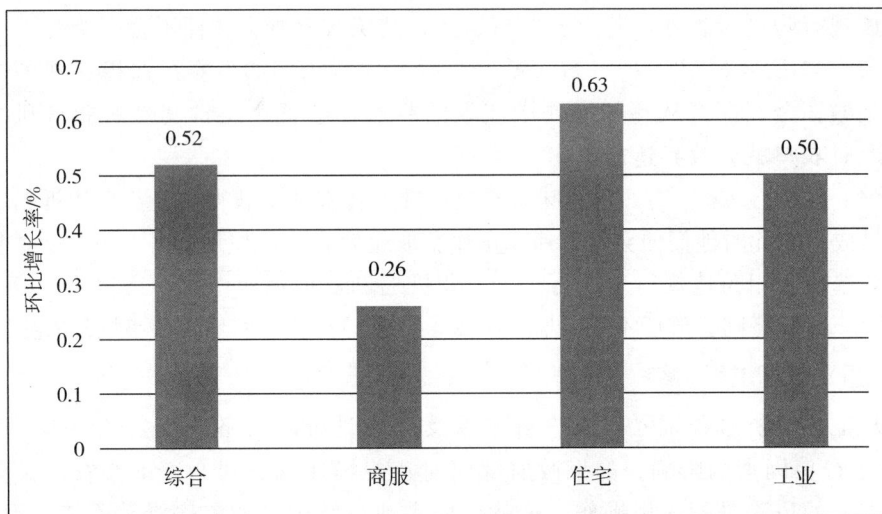

图 10 − 3　2021 年第三季度全国地价环比增长率
（资料来源：中国地价检测网，数据截取时间为 2022 年 5 月 24 日）

## 二、全国分区情况

2021 年第三季度东、中、西部地区平均地价环比增长率如图 10 − 4 所示。从图 10 − 4 可以看出，2021 年第三季度全国重点城市中，东部地区综合、商服、住宅、工业地价环比增长率依次为 0.60%、0.41%、0.48%、0.86%，较上一季度分别变化 −0.22 个百分点、−0.03 个百分点、−0.48 个百分点、0.06 个百分点；中部地区综合、商服、住宅、工业地价环比增长率依次为 0.66%、0.57%、

0.94%、0.18%，较上一季度分别变化 0.14 个百分点、0.07 个百分点、0.24 个百分点、−0.01 个百分点；西部地区综合、商服、住宅、工业地价环比增长率依次为 0.50%、0.19%、0.77%、0.06%，较上一季度分别变化 −0.56 个百分点、−0.29 个百分点、−0.98 个百分点、0.25 个百分点。

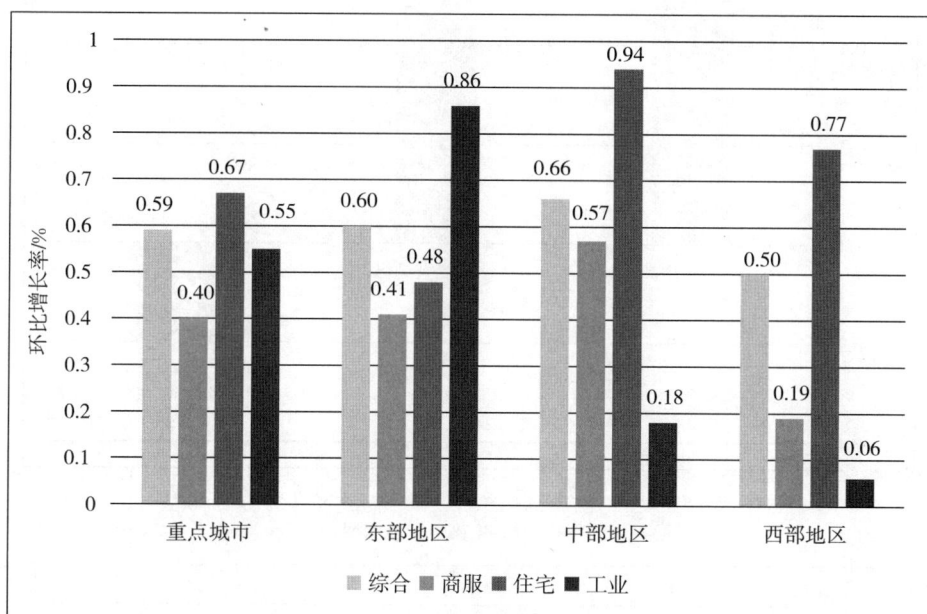

图 10-4 2021 年第三季度东、中、西部地区平均地价环比增长率
（资料来源：中国地价检测网）

### 三、重点区域情况

2021 年第三季度重点区域平均地价环比增长率如图 10-5 所示。从图 10-5 可以看出，2021 年第三季度长江三角洲、粤港澳大湾区以及环渤海京津冀地区的平均地价环比增长率分别为 0.50%、0.68%、−0.32%。

### 四、一、二、三线城市情况

2021 年第三季度一、二、三线城市平均地价环比增长率和同比增长率分别如图 10-6 和图 10-7 所示。从图中可以看出，2021 年第三季度，一、二、三线城市，综合、商服、住宅地价环比增长率下降，工业地价环比增长率上升。一线、三线城市住宅地价同比增长率放缓，综合、商服、工业地价同比增长率上升；二线城市各用途地价同比增长率回落。

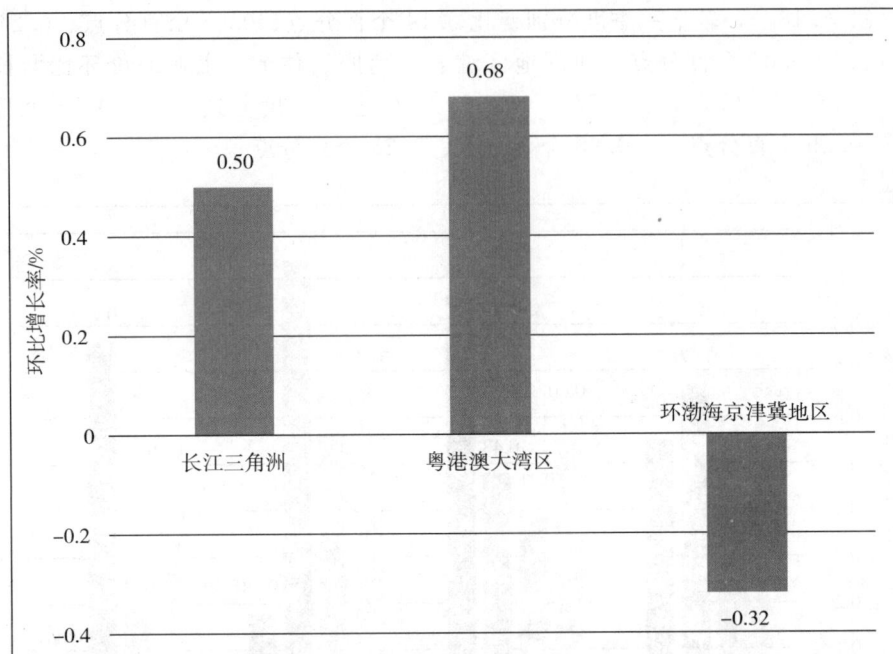

图 10 - 5　2021 年第三季度重点区域平均地价环比增长率

（资料来源：中国地价检测网）

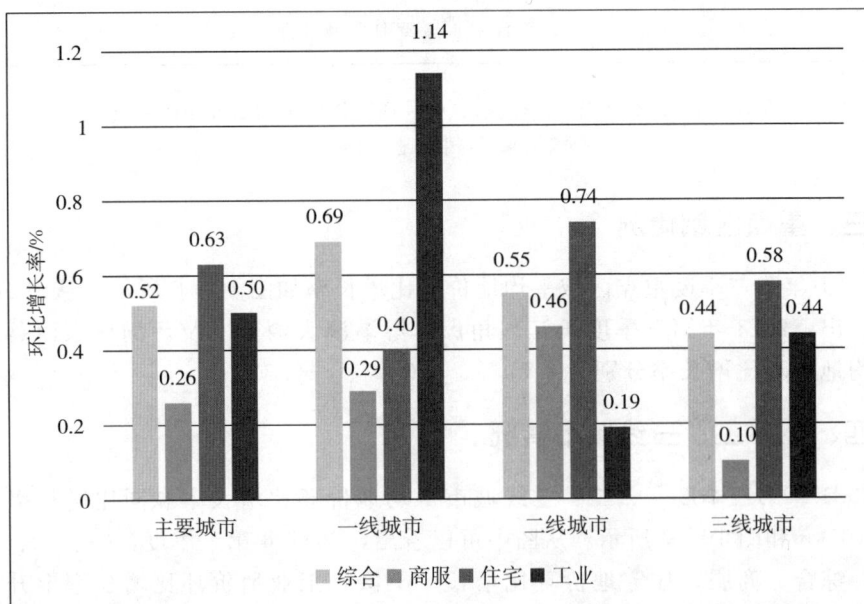

图 10 - 6　2021 年第三季度一、二、三线城市平均地价环比增长率

（资料来源：中国地价检测网）

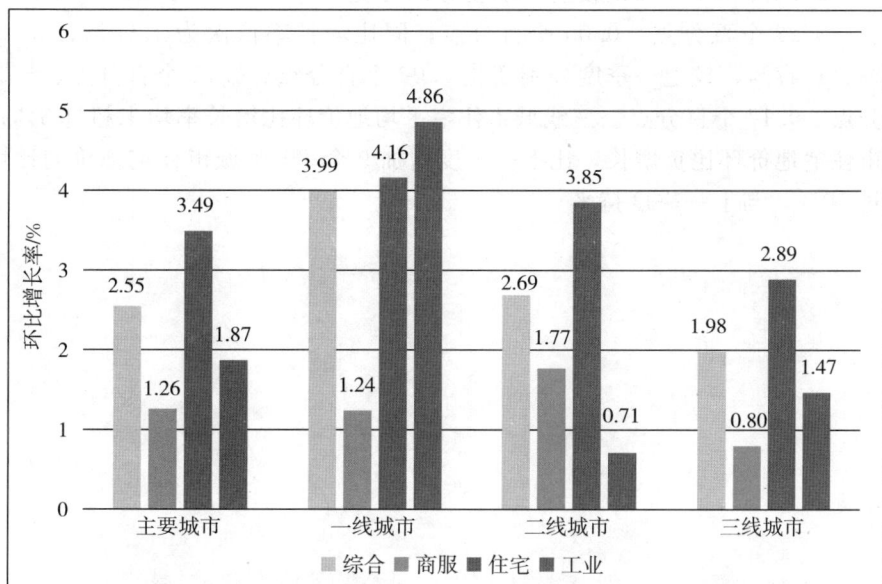

图 10-7　2021年第三季度一、二、三线城市平均地价同比增长率

（资料来源：中国地价检测网）

一线城市，从环比看，综合、商服、住宅、工业平均地价环比增长率依次为 0.69％、0.29％、0.40％、1.14％，较上一季度分别变化－0.15 个百分点、－0.21个百分点、－0.32 个百分点、0.03 个百分点。北京市、广州市、深圳市住宅平均地价环比增长率下降，上海市住宅平均地价环比增长率略有上升，其中，深圳市住宅地价连续三个季度负增长。从同比看，综合、商服、住宅、工业平均地价同比增长率依次为 3.99％、1.24％、4.16％、4.86％，较上一季度分别变化 0.07 个百分点、0.19 个百分点、－0.30 个百分点、0.35 个百分点，北京市、上海市、深圳市住宅平均地价同比增长率下降，广州市住宅平均地价同比增长率上升。

二线城市，综合、商服、住宅、工业地价环比增长率依次为 0.55％、0.46％、0.74％、0.19％，较上一季度分别变化－0.25 个百分点、－0.01 个百分点、－0.48 个百分点、0.12 个百分点；同比增长率依次为 2.69％、1.77％、3.85％、0.71％，较上一季度分别下降 0.34 个百分点、0.06 个百分点、0.40 个百分点、0.39 个百分点。本季度，银川市住宅平均地价环比增长率为 3.48％，同比增长率为 20.81％，同、环比增长率较上一季度有所放缓，但仍位列各城市之首。

三线城市，综合、商服、住宅、工业平均地价环比增长率依次为 0.44％、

0.10％、0.58％、0.44％，较上一季度分别变化－0.12 个百分点、－0.10 个百分点、－0.28 个百分点、0.05 个百分点；同比增长率依次为 1.98％、0.80％、2.89％、1.47％，较上一季度分别变化 0.02 个百分点、0.11 个百分点、－0.14 个百分点、0.17 个百分点。三线城市住宅平均地价环比增长率均未超过 3％；13 个城市住宅地价环比负增长，比上一季度增加 9 个；1 个城市住宅地价同比增长率超过 10％，与上一季度持平。

# 第十一章　乡村振兴背景下
# 农地资本化红利的分配机制

乡村振兴背景下农地资本化使得普遍分散、零碎的农村土地资源得以按照市场经济规律重新进行配置，实现规模效益与价值增长。如何平衡土地流转中各利益主体之间的关系，完善土地流转增值的分配机制，对促进土地价值增值、推动土地资本化运转起着关键作用。

## 第一节　不同类型农地资本化红利的形成机理分析

农地资本化红利是指农村土地在流转过程中产生的增值收益，即在农村土地承包经营权和使用权分离或者承包权变更等情况下产生的土地增值收益。而农村不同类型的用地，其在资本化过程中的增值机理是有区别的，因此本节按照农用耕地、宅基地、集体建设用地三种类型进行探讨。

### 一、农用耕地

农用耕地的资本化过程是在严格控制用途以保障粮食安全的前提下进行的，本节立足乡村振兴的时代背景，梳理农用耕地资本化红利的生成、变化及流动特点，农用耕地资本化红利的形成机理图如图 11-1 所示。

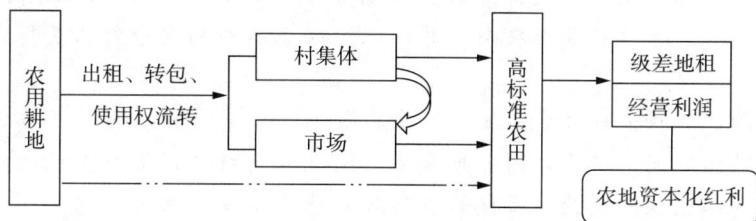

图 11-1　农用耕地资本化红利的形成机理图

由图 11 - 1 可知，农用耕地的流转本质上是土地使用权的流转，目前我国农用耕地使用权的流转方式主要有出租、转包、转让、入股、互换等，农户一般作为土地的转出方，村集体、农业专业合作社和企业通常作为土地的转入方，村集体与农业合作社有时还会承担类似中介机构的角色。转入方在获得了土地使用权后，便可集中零散农田、因地制宜、科学规划，对农田土壤进行改良，对农田生态环境进行改善，实现农田规模化、标准化生产。规模化的高标准农田对碎片化的零散耕地的替代，显然会大幅度地提高农产品的产量和产能，提高农业综合效益，增收增利，进而产生超额利润和实现经营利润，农地资本化的红利因此得以产生。

## 专栏 11 - 1：分流转方式的利益形成机理

出租、转包：这两种流转方式的利益形成过程基本一致，区别主要在于流转的对象略有不同，故放在一起进行分析。第一个阶段是农户将土地出租或转包给其他农户、企业或农业专业合作社等中介类型的机构，双方就流转价格即租金或转包金进行商讨议价，从而产生级差地租1；第二阶段是农用耕地流入方就取得的土地进入农产品的集约化生产、规模化生产等高标准农田建设，此过程就产生了级差地租2，然后再将农产品进行销售产生经营利润。出租和转包都有一定的期限，通常以中长期居多，到期后农户可以再次进行流转，产生又一轮的利益形成。

转让：由于转让后，原来的土地承包关系将会终止，故转让的利益形成机理的第一阶段为农户在合乎条件的前提下将土地转让出去，获得一次性付清的转让金，而后该农户不再享有这片土地的任何权益；第二阶段是土地流入方即新的土地承包户可以对土地进行高标准农田建设、农产品销售，获得农地资本化红利，且新土地承包户还可对取得的土地进行再次流转获得收益。

入股：此种流转方式就是农户以自家承包地的"经营权"作为股份，入股农业专业合作社或者农企，并以此为依据参与利润分红，获得土地流转收益。

互换：此种流转方式的发生微乎其微，通常是农户之间为了方便自己耕种，节约时间、精力，同邻里乡亲之间进行友好协商进行承包地块以及相应经营承包权的交换，互换的流转方式基本不会产生直接的、明显的收益。

## 二、宅基地

宅基地"三权分置"的政策背景、"空心化"的村居现状，以及城乡一体化的发展战略等，无不都在推动着宅基地的资本化进程，基于此梳理宅基地资本化红利的形成机理（见图 11-2）。

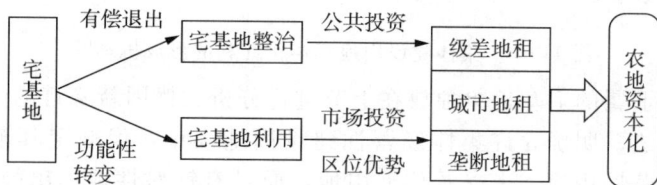

图 11-2　宅基地资本化红利的形成机理图

"三权分置"政策下，一定程度上允许社会主体参与流转，扩大了宅基地使用权流转范围和用途，形成流转市场，体现了宅基地的交换价值。基于适当放活宅基地使用权的政策出发点，本书所研究的宅基地收益是指原始取得宅基地的农户经营性利用和流转宅基地使用权时形成的土地收益。

由图 11-2 可知，本研究将宅基地的流转路径分为两类：一类是政府主导的宅基地整治，具体有宅基地换房、宅基地换市民、设立"两权"抵押贷款等一系列模式，实现农户宅基地的有偿退出和其使用权的有效盘活。另一类是市场主导的宅基地利用，具体有"旅游＋"模式、特色产业模式、艺术创意村模式等，流转方式包括出租、转让、入股（联建）等。宅基地功能转变性是指农民在市场引导下自己将土地流转给他人用于商业经营，获取经营收益。这种转变不会改变宅基地所有权，所以可以盘活"沉睡"的宅基地资产。

通过对闲置宅基地的整治和利用，土地资源得到了更有效的盘活和配置，土地的空间布局也更为合理，再加上指标的交易使得土地经过流转产生更大的效益。在土地优化布局中划定进行复垦的部分，可以使耕地数量得到充分保障，而宅基地利用促使其功能从"村民居住"变为实质上的"商业服务"。此流转过程中的增值收益涵盖了资本投入形成的增值、外部辐射（区位优势）产生的增值和政策制度催生的增值三种类型。故流转出的宅基地在经过政府规划布局、要素投入，或者是其他主体的资本性投入改造后，会产生级差地租、城市地租和垄断地租，即农地资本化红利。

## 三、集体建设用地

随着制度明确了集体经营性建设用地入市的法律程序，集体建设用地的流转也越发普遍，图 11-3 为集体建设用地资本化红利的形成机理图。

由图 11-3 可知，集体建设用地界定为公益性建设用地和经营性建设用地的

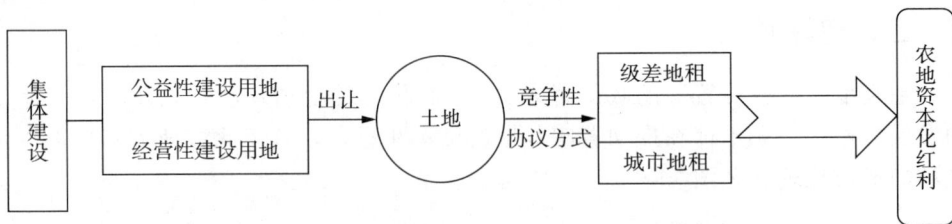

图 11-3 集体建设用地资本化红利的形成机理图

集合，而把其下属的宅基地单独放在上节进行分析，概因新修订的《中华人民共和国土地管理法》明确允许集体经营性建设用地入市，但规定其范围仅限于工业、商业等经营性用途，未提及住宅用地，而是有针对性地提出鼓励农民主动、有偿退出宅基地。除此之外，宅基地与集体建设用地的资本化运转过程和收益分配机理也存在较大差异。

"入市"促使集体建设用地能够在土地市场更好地流转，即农地资本化的过程。在农村与城市建设用地享受同样权益、同样价格的政策支持下，土地通常以出让和出租两种形式先流转到土地市场上，土地市场上的其他经济主体可以自由以"招、拍、挂"的竞争性方式或协议方式进行此类土地合法地、整体地交易，然后获得土地使用权的经济主体便可以在此土地上进行经营活动，从而获取收益。而原先闲置的土地在经过企业的开发和一系列要素投入后，会提升土地的区位价值，形成城市级差地租，甚至在供不应求的情境下还会形成垄断地租，实现集体建设用地的资本化，从而形成农地资本化红利。

## 专栏 11-2：集体建设用地入市交易方式

协议：其是指在土地市场上公开或定向征集土地受让人，而后意向双方就集体建设用地使用权交易方式等进行协商以协议形式达成交易。

招标投标：其是指转让方在特定机构和平台发布招标公告或用其他形式公布转让信息，有资格的投标人按照特定流程、提交自己的报价和其他投标条件来参加投标竞争。转让方按照规定的程序对多个投标人进行综合评估，确定受让方的交易方式。

拍卖：其是指在交易机构的组织下，按照中华人民共和国法律和秩序39号的规定拍卖的土地和资源，它是一种交易方法（集体建设用地的使用权转让给出价最高者的公开招标的形式）。

挂牌：其是指转让方委托交易机构在上市期末根据招标结果发布上市公告，受理投标人的报价申请，更新上市价格，确定受让方的方式。

# 第二节　农地资本化红利的利益相关主体博弈分析

农地资本化作为我国乡村振兴战略实施的重要推手，也是一个多方利益主体相互博弈的复杂过程，故在分析其利益分配机制之前，先要对农地资本化红利的利益相关主体及之间的关系进行分析。这也是理顺农村土地产权关系，减少利益分配过程中的不合理、不平等现象，保障农地资本化高效运转的关键。

## 一、农地资本化利益相关者界定及其偏好分析

根据利益相关者理论，在开展利益相关者分析之前，必须先进行利益相关者的认定，在此基础上再对利益相关者的特征进行分析。本节的研究内容主要包括利益相关者的界定和利益相关者偏好分析两个方面。

### （一）利益相关者的界定

在图 11 - 4 的利益相关者界定的基础上，通过以下三个属性对农村土地资本化中的利益相关者进行分析：一是影响力，主要是指对农地资本化运作的影响程度，该指标用来反映利益相关者可能的社会地位；二是利益水平，主要是指农村土地资本化是否影响和牵涉主体自身的部分利益，该指标直观反映农地资本化对利益相关者的影响程度；三是行为可预测性，主要是指在农地资本化过程中相关利益主体的行为态度可预见的程度，该指标可以映射出利益相关主体对农地资本化所持的态度和看法。由此，初步可将农村土地使用权资本化利益相关者分为中央政府、地方政府、投资开发商、农村集体组织和农民五类。

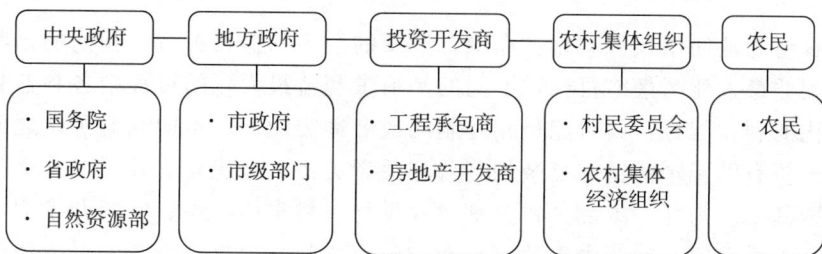

图 11 - 4　农地资本化利益相关主体分析图

根据对影响力、利益水平、行为可预测性这三个属性的分析，中央政府表现为高影响力、低利益相关水平、低行为可预测性；地方政府表现为高影响力、高利益水平、高行为可预测性；投资开发商表现为低影响力、高利益水平、高行为

可预测性；农村集体组织表现为高影响力、高利益水平、高行为可预测性；农民表现为低影响力、高利益水平、低行为可预测性。

（二）利益相关者偏好分析

不同的利益主体因利益出发点的不同而利益偏好迥异，而不同的利益偏好最终决定各利益主体在农村土地使用权资本化过程中实施不同的行为策略。以中央政府为例，无论是近年来陆续公布的中央一号文件，还是制定的乡村振兴、城乡一体化等发展战略，都能看出中央重点发展农村经济和农户生活的决心。我国中央政府的利益自始至终都表现为将全国人民的利益作为国家和政府的核心利益。因此，从中央政府追求政治效益、经济利益和社会效益三方面目的出发，分析政府在农村土地使用权资本化过程中的行为和产生的影响是较为可行的。因此，本部分在前一部分对利益相关者的界定基础上，以各利益相关者的偏好为切入点来探究和梳理利益主体的博弈关系。具体而言主要有表11-1中所列切入点。

表 11-1　农地资本化利益主体偏好分析切入点

| 利益相关者 | 利益偏好 |
| --- | --- |
| 中央政府 | 耕地保护、农民受益、农村发展 |
| 地方政府 | 土地财政收入、拓展城市发展空间、打造农村样板工程 |
| 投资开发商 | 土地收益、经营产业受益 |
| 农村集体组织 | 壮大集体经济、提高土地利用率 |
| 农民 | 搬迁补偿、耕地增加、提升生活质量 |

## 二、农地资本化利益主体的博弈分析

在农村土地使用权资本化过程中，涉及的众多利益相关者，相同的是都以追求自身利益最大化为最终目标，不同的是追求利益最大化的过程中各利益相关者动态变化的利益偏好，其可能是相互制约或者冲突的。对不同利益主体之间的博弈进行分析有助于理清错综复杂的利益相关者关系，为建立有效减少冲突的机制提供决策基础。为此，本部分将分别对农民与农村集体组织、投资开发商、地方政府以及中央政府之间，中央政府与地方政府之间，地方政府与农村集体组织之间以及地方政府与投资开发商之间的博弈关系进行阐述。

在梳理不同利益关系主体的基础上，以各利益主体之间的博弈关系图来形象地反映农地资本化的红利分配过程中，各利益主体之间错综复杂的博弈关系。农民在农地资本化利益主体的博弈分析中处于核心地位，是土地收益的直接利益相关者，与投资开发商、农村集体组织、地方政府和中央政府都有着直接关系。地方政府是否依法维护和保障农民的土地权益直接关系到土地流转增值收益的合理分配以及农地资本化的运行。因此，地方政府在土地相关利益主体的博弈关系中起着举足轻重的作用。在一定程度上，农民和地方政府是最核心的主要利益相关者。在梳理不同利益关系主体的基础上，本书描绘出不同利益相关者之间的博弈关系（见图 11 - 5），从而形象地反映农地资本化利益相关者之间的内在博弈机制。

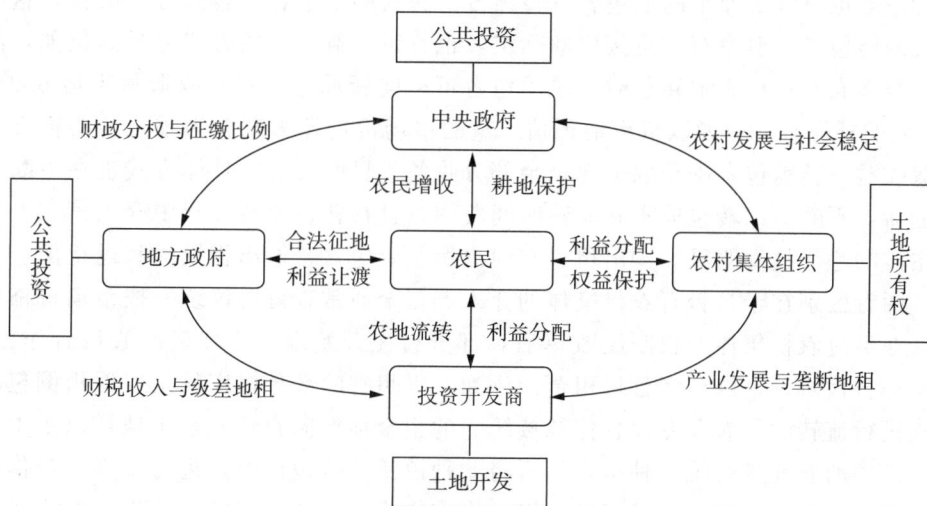

图 11 - 5　农地资本化利益相关主体博弈机制

如图 11 - 5 所示，中央政府和地方政府之间就财政分权与征缴比例问题会有博弈，地方政府和投资开发商之间就财税收入与级差地租问题会有博弈，投资开发商和农村集体组织之间就产业发展与垄断地租问题会有博弈；而地方政府、投资开发商和农村集体组织分别通过土地所有权、公共投资和土地开发促进土地红利形成，也由此决定着各方在利益博弈中的力量和均衡关系。

## 第三节　农地资本化红利的分配机制分析

一个制度的推行与成效，往往与利益博弈和配给密切相关，农地资本化亦不例外，有利益就必然要明确分配机制。本部分基于农地资本化红利的形成机理和利益相关主体博弈分析，分类型梳理农地资本化红利的分配现状，并对新时期土地红利的分配原则和分配框架做了描述。

## 一、农地资本化红利的分配现状分析

就农用耕地资本化红利的分配问题，由于承包经营权流转一般只涉及农地承包经营权的所有者和土地的实际使用者两个主体，其权属关系也非常清晰，所以农用耕地的资本化发展较为迅速，其流转的方式也较多，本部分对农用耕地增值收益分配现状的分析就从其常见的土地流转方式入手。①转包。转包过程的收益分配一般也只涉及原来的承包者（转出方）和新的承包者（转入方）两方，这种形式的转包费一般由双方直接协商确定，也有以收益分成的方式分配。例如，浙江省很多农户进行农地转包时，原承包者可以向新承包者每年收取每亩地 600～800 元的补偿金，或者以每亩地预估产量的市场价折算为现金为收入这两种方式获取收益，新承包者则获取全部剩余部分收益。目前转包的具体方式也在不断丰富创新，不断节约转包成本和流转时间费用，且在转包流转过程中介入第三方利益主体的趋势越发明显。②出租。农地出租主要包含普通出租模式和返租倒包模式，两者区别在于是否有农村集体的介入。租金通常签订协议统一按市场价格确定，在经过农村集体产权制度改革后，部分村庄开始组建集体资产股份合作社，以章程替代协议，以分红替代租金。例如，贵州省的部分村庄就是以返租倒包的形式进行流转的，农业专业合作社按统一的租金标准向农户租赁土地，以集中分散、零碎的农地进行统一种植，然后将此种植活动倒包给农户进行管理，合作社仅提供所需农机设施和技术指导，以及农作物收成后的最终销售工作，农户通过倒包便可以分红获取部分销售收益。③入股。一种是农地经营权直接入股，不参与任何经营，直接按其股份比例获取合作社的经营利润，同股同利，公司盈余分红股份收益。例如，上海奉贤就是土地直接入股的农地流转增值方式，且在常规增值利益分配之外，设立土地流转专项储备资金，用于发展农村集体经济、投资农村基础设施。另一种是将农地经营权按特定方式折合成资金和其他要素一同入股。例如，江苏省的折价计算方式为近三年内农地每亩平均净收益乘以承包期剩余年限。入股模式的收益分红也具体有三种形式：固定分红或者农作物计价分红、固定分红基础上根据当年收益再分红、固定分红基础上根据盈利情况重新制定分红形式。

就宅基地资本化红利的分配问题，目前理论界和试点实践都对此问题关注较少，因为宅基地"三权分置"改革尚浅，实践探索和理论研究还未形成较成熟的经验，故结合试点地区宅基地管理办法中有关土地收益分配的探索，对目前的分配现状进行梳理。这里需要指出的是，下面提到的宅基地收益主要是农户流转宅基地使用权形成的土地收益。①实践中，闲置宅基地的资本化普遍表现为出租给他人使用。一些试点将承租人限为本集体经济组织成员，如天津市蓟州区、江西省余江县。也有一些地方允许社会主体向农户承租宅基地，如重庆市大足区规定城镇居民可租赁农村宅基地。在该方式下，出租农户将其宅基地不超过 20 年期限的使用权租赁给其他主体，并获得土地收益。一般情况下，农户与承租人约定的租金包含了房屋和土地两部分对价，宅基地租赁收益应当是从总租金中将房屋租金剥离后的部分。②城镇居民接受宅基地的转让或其他形式获取宅基地的所有权的行为都是违背当前国家政策的。宅基地使用权合法受让主体被限于本集体经济组织成员。在宅基地"三权分置"政策下，试点地区不断探索在农户不丧失资格权的前提下宅基地使用权转让的途径。例如，浙江省义乌市允许宅基地使用权的流转在集体经济组织外进行，但仍限于农户身份，转让后使用年限最高为 70 年；浙江省德清县允许宅基地使用权转让，且受让人不受身份限制，转让最高年限为 30 年，到期后由资格权人收回宅基地使用权。一般情况下，农户一旦选择转让宅基地，即丧失对其的相关权益，并且永远失去申请取得宅基地的资格。故农户获得的宅基地转让金为其所能获得的该土地所有利益，该笔资金就是宅基地转让的土地收益。③利用宅基地使用权入股与社会主体联建房屋，是试点地区放活宅基地使用权的有益尝试。例如，四川省泸县探索了"共建共享"模式，即农户与社会主体一方提供土地一方提供资金合作建设，房产权利双方按约定共享；土地权利方面，社会主体获得约定享有的部分房屋所有权相应分摊土地部分一定年限的建设用地使用权，商业为 40 年，住宅为 70 年，农户仍享有约定拥有房产分摊土地部分的宅基地使用权；社会主体建设用地使用权到期后土地权利回归农户，农户继续享有完整的宅基地使用权。该模式下宅基地收益较难体现，实际上是农户将部分面积的宅基地使用权转让给社会主体，交换的对价是社会主体出资建造约定由农户享有的房屋及其上所有权，因此，农户在共建中享有房屋的价值应当是其宅基地的使用收益。

就集体建设用地资本化的红利分配问题，目前比较通行的做法是由政府按照一定比例来收取土地增值收益调节金来实现初步合理的分配。根据财政部财税〔2016〕41 号文件的规定，调节金分别按入市或再转让农村集体经营性建设用地土地增值收益的 20％～50％征收。例如，北京市大兴区在试点中将调节金的收取方式调整为土地成交总价的 8％～15％，并按照区域发展程度的不同设定不同的比例；上海市松江区明确指出调节金主要作为本地区欠发达地方的发展支持资金，包括耕地的保护和建设、农村居民的规划和管理以及对镇（街道）级财政的补贴等。政府通过这种方式来分享集体土地入市的部分收益，这在很大程度上缓解了地方政府的财政困难。需要注意的是，如果集体经济组织通过作价入股等方式自行开发，也应当缴纳相应的调节金。在扣除调节金后，集体土地的剩余出让价款在扣除前期土地成本后，应归属于集体经济组织或土地联营公司所有。如何将该部分价款最终分配到农民个人身上，各地做法不一。上海市松江区规定调节金用于集体经济组织资产经营，以定期分红形式分配给农民，部分用于本镇集体基础设施、公益事业和基本农田保护等支出。允许村集体通过投资理财等方式管理该部分资金，对村民进行可持续的分红。同样地，北京市大兴区和海南省的相关规定均允许集体经济成员通过民主协商的方式对收益进行分配。

## 二、农地资本化红利分配机制研究

本部分在农地资本化红利现状分析和对我国现阶段农村土地红利分配模式进行简述的基础上，明确新时期土地红利分配的原则和土地红利分配的具体形式，据此勾勒出农村土地红利分配框架，具体而言包括以下几个方面：①现阶段土地红利分配模式分析。主要从两个角度进行分析：一方面，在农村土地使用权资本化过程中，存在着投资开发商、农村集体组织和地方政府损害农民利益的现象；另一方面，在现有的农村土地股份合作制中，农民和农村集体组织的利益偏好存在区别，而委托人众多但素质相对较低，代理人的行为难以有效监督，往往会产生委托代理问题。这两者共同决定了当前我国农村土地红利分配模式存在诸多弊端。②现阶段土地红利分配模式的制度根源探析。本书认为我国农村土地红利分配模式存在的一系列问题与我国现有的土地产权制度存在的缺陷息息相关。为此，本部分将对农村集体土地所有权的虚置和农村集体土地使用权流转限制严格两方面进行剖析，探究我国现有的土地产权制度存在的根本缺陷，明确农村土地红利分配模式弊端产生的根源。③构建新型农地资本化红利分配机制。目前农地流转增值收益的分配机制存在着诸多问题和不完善之处，尤其是农民土地权益的保障问题，重建的农村土地增值收益分配机制是否能处理好这个问题是关键。本部分在明确土地红利分配的原则（包括公平、效率和物权）的基础上，将土地红利分配具体形式归纳为地租（租金）、地价、分红、利润、土地管理费、土地增值税等几类，进而构建农村土地红利分配机制总体框架。

长期以来，由于农村集体土地产权不清和产权制度的激励约束等功能的缺失，农村土地资源配置低效、农民权益受损问题较为严重（张广辉 等，2013；朱艳丽，2013；张云霞，2012；曲福田 等，2011）。目前政府主导的土地增值收益分配格局没有很好地理顺农民、政府、企业之间的关系，所以不仅征地拆迁补偿造成的矛盾与冲突屡屡发生，而且城市建设用地供应紧张与农村建设用地闲置并存（宋伟，2014）。在新型城镇化进程中，尤其是在中央已进一步明确土地权利权属的背景下，构建新型农村土地红利分配机制就显得十分迫切。本着土地资源配置效率与公平的原则，本书拟从价值贡献度和农民权益保护的视角，构建农村土地资本化红利分配机制的总体框架（见图 11-6）。

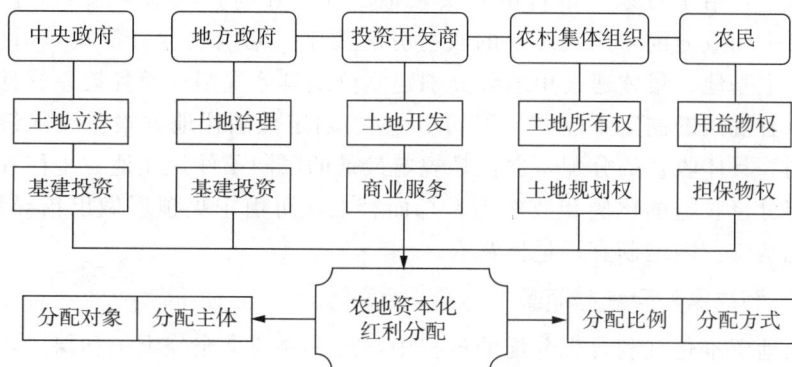

图 11-6 农地资本化红利分配框架

如图 11-6 所示，中央政府和地方政府对土地资本化增值的贡献主要在于土地立法、土地治理、基础设施建设和资本化过程的监督保障，通过政策改革释放土地增值空间，通过公共投资增加土地区位及公共服务供给，进而提高土地红利，这也是其中的最大贡献，因而政府应当分得最大的份额。特别是在乡村振兴战略下，地方政府为改善农村环境，振兴乡村经济，投入了大量资本。而商业企业通过土地开发和商业综合服务的供给，大大提高了土地红利，包括长期的经营收益。农村集体和农民虽没有直接的贡献，但基于土地产权及土地资本化机会成本的付出，也应当提高其土地红利的分配比例。我国地广物博、幅员辽阔，农村数量庞大情况又各不相同，难以制定统一的、具体的农地资本化红利的分配方式，且目前的利益分配经验多来自试点地区的方法总结，还存在不确定性和独特性，故本部分只勾勒了农地资本化红利的分配框架，且这种分配架构是动态的。因为随着农地资本化的不断推进，土地交易市场势必会越来越成熟，政府在这期间的角色力量是否也会随之消减，政府具体应获取多大份额的红利，还应经过更多土地流转案例的剖析和具体情况具体看待。

## 三、农地资本化红利合理分配的规则建议

经过前文的梳理归纳可知，目前我国农地资本化进程还处于初步探索阶段，土地流转典型模式多为政府组织主导，因此容易出现强制流转、贪污腐败、市场投机行为滋生等问题，而在这种情况下最先遭到损害的都是农户的权益。无规矩不成方圆，故本节就农地资本化红利的分配提出几点建议。

（一）统一立法与因地制宜相结合

鉴于农地资本化红利的分配直接关系到农村土地改革、农村土地流转的成败，应该建立统一分配原则、分配机制，但不同地区可能存在差异，故在统一标

准的基础上，给予各地一定自由裁决余地。统一红利分配基本原则为按贡献分配、按公平高效分配，建立统一的收益分配关系，明确收益分配规则适用范围，就耕地、宅基地、集体建设用地等分别建立分配具体规则。而各地差异性的客观存在意味着规则的制定不能"一刀切"，应当划定范围让地方根据实际情况确定具体规则。具体收益的分配，也仅是规定最低的限制条件，让地方主体在这之上自主决定分享收益的比例和数额等。总而言之，可由中央顶层做出指导性规定，各地在此基础上因地制宜、量体裁衣。

（二）利益保障与利益监督相结合

在农地资本化红利合理分配的过程中，最重要的是充分维护和保障农民土地的权益。商业企业只有有利可图才会参与到农地资本化的过程，所有行为的产生都是为追求自身利益最大化；各级政府作为资本化进程的主导方或引导方，其目的不是追求个人的利益，而是农户生活水平的提高和农村经济水平的发展此类整体的利益；村集体实为一定区域内农民个体的集合，农民才是集体土地所有权益的最终享有人；农民通常文化程度较低，金融知识匮乏，易成为信息不对称的受害者，在农地资本化过程中处于弱势地位。故应建立"以农民利益为中心"的收益分配机制，而该机制的运作和实现须依仗监督机制的建立和完善。有效的监督既能一定程度上解决信息不对称的顽疾，也能防止钻漏洞和暗箱操作等不明行为，在监督机制之上，利用法律监督和舆论监督，则可以更好地解决土地增值收益分配问题。

（三）多种分配方式和基本原则相结合

探索和采取灵活多样的收益分配方式有利于资本化红利分配机制的形成，就像土地流转方式在经过不断试点后涌现很多新的模式一样，也应积极创新收益分配方式。其前提是在中央顶层做出的指导性和统一性规定下，要构建完善的农村土地增值收益分配机制，要从土地的永久性和农民生存的代际性入手探索合理的、可预期的农地资本化红利的分配方式，要追求从长远的角度实现收益的最大利用价值，即立足利益"可持续分配"原则，灵活采用"分红分配""拆股分配"等多种收益分配方式。

# 第十二章 乡村振兴背景下
# 农地资本化的风险防控机制

农地资本化为土地制度改革带来机遇的同时，也存在诸多潜在风险，因此建立系统性的风险防控机制十分必要。从耕地、宅基地、建设用地三个角度，对农地资本化的风险进行识别并相应地建立风险防控机制，具有重要的现实意义。

## 第一节 耕地资本化的风险识别和防控

在乡村振兴新形势下，全国耕地资本化呈现出多层次、多元化、规模化的流转趋势。据 2021 年第三次全国国土调查数据统计，我国总耕地面积为 19 179 亿亩，增长态势迅猛。大量的工商资本下乡为农村发展带来了投资浪潮，使农业生产经营走向规模化与科技化，为农村发展带来了新机遇。但与此同时，耕地资本化流转过程中也不免面临众多挑战与风险。

### 一、耕地资本化的风险识别

（一）规模化经营风险

耕地资本化是指工商企业用资金取得耕地的经营权，通过规模化农业生产赚取利润。实际上，规模生产并不一定会取得高效的农业产出，相反，耕地资本化很可能面临更高的经营风险。

1. 成本风险

相较于其他的产业生产，农业生产面临较高的成本风险。农业生产受到众多因素影响，除了不可避免的种子、化肥、农药和人工等成本，还面临着自然灾害、地力水平以及市场波动等不可控风险。不同于以精耕细作为特点的家庭承包经营模式，耕地资本化下的规模生产可能扩大了种植面积，在播种、施肥和收割等环节引入了机械工作。除了人力成本、机械成本外，规模生产更易受到市场波动、通货膨胀等影响。规模生产模式下，农业经营的管理难度也会急剧上升。为了追求快速的规模扩张，公司化的管理模式和机械化的生产模式会造成粗放的生产活动，成本追加得越多，面临的亏损风险越高。

2. 市场风险

全国规模的耕地资本化流转具有很大的不确定性，因此耕地流转走向市场化是必然之路。但是市场化也存在不可避免的风险，可能使得投资者蒙受亏损的后果。第一，耕地资本化面临市场判断失误风险。不同于市场经济，粮食种植生产模式已经较为成熟，由价格规律引起的产量变化对收入的影响很小，原因是政府已经出台了最低收购价格和补贴政策。企业在农业经营过程中，面对不同市场的规律变动时，可能会对市场产生偏差预计，从而导致亏损。第二，耕地资本化面临市场信息不完全风险。耕地流转具有高难度、烦琐的交易过程，对交易双方的专业知识和处理信息的能力要求较高。耕地流转所涉及的交易信息包括交易对象、投资者的风险偏好、耕地供求变化、政策环境和经济环境等。耕地流转交易双方需对信息进行收集并处理，以判断风险和决策。一旦市场信息不完全，交易主体未能及时应对市场变化，决策失误或决策不及时等都会导致实际收益与预期收益产生偏离，遭受经济损失。

（二）流转交易风险

耕地资本化的流转交易风险是指耕地不能顺利流转的风险以及流转中可能面临损失的风险，如农户权益风险、信用违约风险、违约处置风险等。

1. 农户权益风险

企业由于经营风险所遭受的损失，很有可能会转嫁于农户，体现在流转合同上。流转合同通常规定由农户来承担一部分甚至大部分的损失，一旦经营户发生违约行为，农户将会面临"物财两空"的巨大损失。在耕地资本化的流转过程中，农民始终是被动的弱势方，而流转合同加剧了不公平程度，导致农户遭受多方面的风险。

第一，农民"失权失地"风险。在耕地资本化流转的实施过程中，客观存在会使农民"失权失地"的情况。第一种情况是承包农户以耕地经营权参股农业生产企业，如若遭遇企业经营不善直至破产，农户将会失去耕地以及耕地经营权。因为按照《中华人民共和国公司法》和《中华人民共和国企业破产法》的规定，农民以地权入股企业，意味着接受了将耕地折合股份来清偿债务的处置方式，因此存在"失权失地"的风险。第二种情况是农地承包经营权抵押，当经营户无力偿还金融机构的贷款时，金融机构将会索取耕地承包经营权，农户可能会面临"失权失地"的后果。第三种情况是由耕地和耕地经营权市场定价引起的。在耕地资本化后，耕地经营权的价格就会引导工商企业进驻农业生产领域，在促进了农业规模化生产经营的同时，也给农户带来了权益被侵占的风险。企业可能会以高价直接收购耕地和耕地经营权，那么农民长期受益的"命根子"就变成了一次性交易的商品，从而导致农户"失权失地"的风险。

第二，农地价值评估风险。与普通的抵押贷款不同，农地经营权不属于实物资产，是一种特殊的抵押物，很难对其进行客观准确的价值评估。目前我国农地价格的形成机制还不完善，导致在价值评估过程中掺杂过多的主观判断，因此农地价值被错估、低估的情况时有发生。耕地的融资功能未能充分体现，农户也无法得到足够的融资基金来发展农业，耕地评估风险不容忽视。

2. 信用违约风险

农业是一个深受市场风险和自然风险影响的产业，当这两大风险共同作用时，往往会引致信用违约风险。常见的风险传导机制有两种：第一种是农产品的供求结构受到了自然因素的影响，价格开始波动，随后生产周期、现金流、生产资料库存价值都发生了变化，进而影响经营企业的现金流。一旦经营企业的偿付能力不足，信用违约就会发生。第二种是受到外贸冲击、国际关系等因素的影响，国内农产品价格伴随国际价格变化，可能会打击国内农业生产的积极性，那必然会使经营企业的业绩下滑，最终触发信用违约。本书仅列举以上两种主要的风险传导机制，实际上其他的情况也会导致经营户的业绩不稳定，此时农村信用体系就变得尤为重要。相较于发达国家，我国农业市场的波动更容易触发农户的过激反应，如提前收回耕地、提高地租或者单方面违约等行为，从而发生信用风险。大量的信用风险会直接扰乱农村信用体系以及市场秩序，是具有连锁效应的破坏性事件，这也是目前我国农村资金互助社难以突破的难题。为了避免承担这类信用风险，金融机构不愿为耕地经营提供资金支持，导致耕地生产面临的资金缺口无法被填满，阻碍了我国耕地资本化的进程。

3. 违约处置风险

我国目前尚未拥有完善的与抵押相关的法律法规，难以通过法律途径强制处置抵押物，因此农户按时还贷的意愿不够强烈。目前我国耕地流转市场还不成熟，交割流转的频率较低，再加上耕地用途无法改变，导致流转速度缓慢，抵押物的处置难度增大。除此之外，我国农业金融中介的发展属于起步阶段，缺乏专业的信用评级机构、担保机构和违约处置机构，使得项目在启用前没有合理的风险评估和增信机制。当违约发生时，由于没有恰当的风险对冲工具，抵押物的处置效率又将会降低，增加了耕地资本化的难度。

## 二、耕地资本化的风险防控

### （一）完善农村社会保障体系

完善农村社会保障体系是解决耕地资本化风险的重要举措，也是推进我国现代农业发展的必经之路。第一，实行户籍管理，调整工酬标准。促进城乡居民保障建设，打破二元经济结构对农村社会保障体系的壁垒，使城乡居民身份统一，享有平等的权利。第二，推动农村保障体系向城市保障体系靠近，争取早日将城乡保障体系完美融合。第三，加大公共财政支持耕地资本化的力度，提高农村社会保障支出在公共财政支出中的占比，形成农民受益随经济增长的机制，让农户在耕地资本化过程中更加有积极性，实现农民在流转中受益、在保障中安心的愿景。在全国规模的耕地资本化中，体现创新与改革的必要性。

（二）建立耕地风险基金制度

耕地资本化的过程面临着错综复杂的风险，可以通过建立风险基金制度来防范一部分风险。耕地风险基金制度是指从流转费用中提取部分比例的资金作为保险金，并交由专门的人来运行，以防备风险的一种保险制度。耕地资本化会面临自然风险等诸多风险，只有建立完善的农村保险体系，才能切实保障农民利益。另外，推进农村金融的法治化也是重中之重，只有在法律的保障之下，交易市场的秩序才能得以维护，农村金融才能得以健康发展。因此，立法机构应早日制定耕地资本化风险基金的管理办法，为风险基金制度的顺利运行保驾护航，对各参与主体的行为进行约束和规范，减少信用风险的发生。保险金的设定比例应经过实地考察来确定，因为保险金的高低决定了风险补偿能力的大小，要根据居民的生活水平以及风险评估的高低来决定。

（三）构建完备的金融组织体系

借鉴发达国家的农地金融发展的经验，构建成熟的金融组织体系、建设金融合作组织能够有效推进耕地资本化的进程。例如，美国有联邦土地银行作为专门的政策性土地银行，且具备成熟的涉农非金融中介。在耕地资本化的运行过程中，由于农业生产具备地域性和分散性的特征，对农地抵押物的价值评估、信用评级等工作是十分必要的，因此构建一个完备的金融组织体系迫在眉睫。金融组织体系可以协同土地银行的工作，提高两者制度的完备性与高效性。此外，金融组织体系还需走向市场化，依靠其商业性进行资源配置，跟从政策制度的引领，解决初期的信息滞后和制度漏洞的问题，支持孵化更多的金融中介机构。在金融组织的架构方面，建设一个以农业发展银行等政策性银行为核心，以农新社和农业银行为主体，以保险机构、信贷机构以及农村信用社等中介机构为辅助者，以民间资本为补充的多元化、多方位的完备金融组织。从农村金融组织发展周期的角度来看，初期发挥着基础农村金融功能的是农村信用社，在市场环境、政策制度等外在条件逐步完善以后，抵押合作社将具备农地经营权流转市场的特征，最后形成的高级形态即是国家土地银行。

# 第二节　宅基地资本化的风险识别和防控

十九届中央全面深化改革领导小组第一次会议明确指出，宅基地改革要严守土地公有制性质不改变、耕地红线不突破、农民利益不受损的底线，这为本书对宅基地资本化的风险识别指明了方向。在"三权分置"下的宅基地资本化过程中，权利主体的分化、利益关系的多元化和土地流转的发生等因素，使得宅基地资本化的实施落地过程面临着诸多风险。

## 一、宅基地资本化的风险识别

### （一）所有权虚化风险

随着宅基地所有权、资格权和使用权的分化，宅基地流转呈现出权利主体增加、利益结构调整、配置链延长的特征。农村集体经济组织的所有权必将面临前所未有的挑战，在尚不完善的制度环境中，极易发生宅基地所有权虚化的风险。

一方面，宅基地资格权是农户依法享有的保障权利，而不是由农村集体经济组织将其赠与农户。在这样的权利关系中，农村集体经济组织无法对农户进行有效的约束和管理，导致宅基地所有权中最关键的收益权和处分权无的放矢。在宅基地资本化的实践过程中，经常发生农户违背所有权主体的意愿，私下随意处置宅基地的行为，这就暴露出了所有权虚化的风险。

另一方面，伴随着"三权分置"的推进，权利主体之间可能会发生新的冲突，这给农村集体经济组织带来了一定的风险。在宅基地使用权流转过程中，所有权主体与实际使用人之间并未产生直接关联，因此所有权主体很难监督和约束实际使用人的行为。糟糕的是，出于利己主义，宅基地的资格权主体与实际使用人可能会合力逃脱所有权主体的监管，侵占所有权主体的利益。更有甚者，目前我国法律并没有明确规定农村集体的主体属性，通常只是由特定身份的农民集体来充当。因此，现实中普遍由农村基层自治组织作为宅基地所有权主体，且由基层自治组织的代理人即农村基层干部来真正行使所有权。伴随着宅基地价值的逐渐提升，宅基地所有权的代理人、资格权主体和实际使用人极有可能联合起来，共同剥夺宅基地集体的利益，为宅基地资本化带来了极大的阻碍，通过调研发现，这种为了个人利益侵犯集体利益的现象并不罕见。

### （二）利益分配失衡风险

在宅基地的流转过程中，直接参与方极可能面临利益分配失衡的风险。

对于农村集体经济组织而言，宅基地的资格权和使用权的分化实际上将农村集体经济组织所有权的链条延长了，但受到信息不对称、交易成本过高以及谈判能力悬殊的影响，在各参与主体中所有权主体处于被动地位，主张权利的难度较高，因此所有权主体的收益受损风险较大。

对于农村集体经济组织的成员而言，在城乡二元结构的形势下，他们作为农民，处在宅基地流转价值链的末端，在获取市场信息手段、维权意识、交易谈判能力方面存在明显不足，在宅基地流转交易的博弈结构中仍处于弱势地位。无论试点地区是由政府主导，还是由市场驱动，又或是农村集体组织模式，农户的主要收益都来自宅基地的流转租金收益。农户对此缺乏应有的主导权、知情权与选择权，极易面临价值剥夺的风险。此外，倘若宅基地的实际使用人因经营不善等原因亏损甚至破产，很可能发生信用违约行为而"跑路"，农民不仅无法得到预期收益，还会因修复宅基地或房屋遭受损失。

对于宅基地实际使用人而言，较少有政策对其权益进行保护。2018年中央一号文件指出，农地"三权分置"改革需平等保护土地经营权，然而在实施中却并未实现，带来了宅基地实际使用人利益受损的可能性。在宅基地实际使用人经营农地的过程中，不仅要面临经营活动本身存在的市场风险、政策风险、财政风险等，还可能面临宅基地资格权主体任意收回使用权的违约风险。

对于金融机构而言，主要风险是抵押贷款的还款风险。从宅基地抵押贷款的实践经验来看，由于宅基地和宅基地使用权的估价、变现难度高，抵押处置周期长以及经营风险高等复杂因素，金融机构极易面临贷款方无法还款的风险。

### (三) 使用权抵押贷款风险

#### 1. 金融机构面临的风险

第一，抵押物登记困难。根据法律规定，只有办理了抵押物登记的抵押权人才有法定权利。无论是宅基地使用权或是房屋使用权，都必须办理抵押物登记。房地一体原则规定：在抵押宅基地使用权时，需同时抵押地上的房屋等附着物；在抵押房屋使用权时，相应的宅基地使用权也要参与抵押。然而，《中华人民共和国担保法》和《中华人民共和国物权法》都明确指出，宅基地使用权不属于抵押财产范畴之内，在缺乏法律支撑的前提下，宅基地使用权的抵押登记根本无从办理。综合以上因素，金融机构作为抵押权人，权利没有得到应有的保护，极易受到利益损失。

第二，抵押权实现困难。由于宅基地使用权流转受到法律的重重限制，实现抵押权的难度较高。《中华人民共和国土地管理法》规定，唯独农村集体经济组织的成员拥有宅基地的主体资格，不允许其他人员的参与。然而，农民无力偿还债务不得不处置宅基地时，可能会面临无人接盘的情形，这必然会打击金融机构为宅基地使用权办理抵押贷款的积极性。即使政策鼓励农民抵押宅基地的使用权，由于宅基地使用权流转的主体受限，金融机构的抵押贷款风险仍不可避免。

2. 农民面临的风险

宅基地是农民的立身之所，也是农民最重要的财产之一。宅基地资本化后，农民可以将宅基地抵押去融资，充分发挥了宅基地的融资功能，更好地满足了自身需求，同时也发展了农村经济。但是同时，农民在进行宅基地抵押的过程中也面临着巨大的风险。目前我国宅基地使用权抵押相关的法规制度还不够完善，隐形抵押的现象时有发生，没有法律的保护，农民被暴露于风险之中。抵押人和抵押权人在不受到法律保护的情况下，很容易发生法律纠纷。农民的受教育水平普遍较低、维权意识薄弱，在经济纠纷中始终处于劣势地位。在农村隐形抵押交易市场中，由于交易程序不规范，且农村是典型的熟人社会体，极易发生当事人用口头协议替代书面协议的行为，纠纷发生之时没有足够的证据支撑，合法权益无法被保障。此外，农村社会保障制度还未成体系，农业保险也尚未全面覆盖，一旦发生自然风险等不可控事件，宅基地使用权及地上房屋的价值将会极大折损，农民和金融机构都会损失惨重。目前，宅基地使用权的配套制度还存在不足之处，农村宅基地使用权及房屋的价值评估体系不够成熟，不能满足现实需求；农村社会保障制度还无法解决房屋抵押后农民的居住问题。一旦发生经营不善或贷款到期而农户无力清偿债务的情况，金融机构就会处置作为抵押物的宅基地使用权，此时农民将会失去赖以生存的住所，面临无家可归的风险。

## 二、宅基地资本化的风险防控

### （一）夯实改革配套制度

宅基地"三权分置"改革与金融制度、税收制度、产权制度以及社保制度等密切相关。为了避免宅基地资本化所面临的可能风险，各相关制度需协力配合，避免制度之间产生冲突。通过宅基地改革试点区的实践经验可知，宅基地资本化面临的大多数困难都归咎于没有完善的宅基地配套制度，甚至相关法律法规也存在滞后性。例如，《中华人民共和国房地产管理法》《中华人民共和国土地管理法》《中华人民共和国担保法》等的不足都阻碍了宅基地资本化的进程。因此，应在以下几方面做出改变：一是明确宅基地的产权权属。以土地调查为契机，对全国的农村宅基地开展普查工作，深入调查走访，优化宅基地使用权的登记工作，打造全国通用的宅基地数据库，做好大数据时代的系统化信息管理工作。此外，还应明确农村集体经济组织的成员与管理结构、集体土地涵盖的权益。二是坚持农地市场化改革方向，优化农村宅基地的流转交易市场。基于农村土地经营权流转制度以及城镇住房交易制度，构建农村宅基地交易的竞争和风险保障机制。此外，完善农村宅基地使用权的价值评估体系，严禁不正当的行政干预、寻租欺诈和私下授予转让，坚决保障农村集体与农民享有的权利，体现出农村宅基地的真正价值。三是完善农村社会保障体系，尤其是农民居住保障体系。按照我国新出台的关于城镇化的政策，应保障农业转移人口的居住权益，对于退出农村宅基地而转到城镇居住的农民，给予其租房补贴、购房减税等优惠政策，允许进城农民入住廉租房、公租房等。此外，在现有的农村医疗保险制度和农村养老保险基础上，进一步建立城乡统一的社保体系，可提取农村建设用地的部分收益作为社保金。

### （二）建立风险防范的集体内部监督机制

集体内部是产生宅基地流转风险的源头。因此，只有在集体内部率先建立起风险防控网，才能够有效避免宅基地流转风险。首先，要通过多种方式提高农民的法律意识和法律素养，农民能够规范地行使自身权利。其次，要提高农民的风险防范意识，签订公平规范的宅基地流转合同，拒绝霸王条款。与此同时，要充分发挥村集体的监督作用，一旦出现宅基地流出集体内部的倾向，村集体有权监督宅基地的流转路径与用途。倘若宅基地真的发生了外流的情况，村集体将有权收回宅基地。另外，为了避免农民面对无家可归的风险，应建立并完善农民居住保障机制，维护农民长久的居住权益。

### （三）完善经营权贷款抵押制度

明确使用权期限和抵押登记制度。为了保障宅基地使用权享有的法定权利，我国目前的法律没有对宅基地使用权的期限进行限制。但是在实现抵押权之后，宅基地使用权的抵押权人或受让人将享有永久的使用权，这显然是不恰当的，也会对村集体经济组织的权益造成威胁。因此，法律应该为宅基地抵押后的使用权设立相应的退出机制，也就是为抵押权人或受让人设立使用权的期限，可为70年。

完善的宅基地使用权抵押制度可有效降低宅基地抵押融资风险。抵押权交易市场的基础是明晰的产权界定，因此建立规范的宅基地产权管理制度是推进宅基地使用权抵押融资的有力工具。如今农村已经建立了使用权登记发证体系，还需建立与农村宅基地抵押权贷款息息相关的抵押登记制度。为了维护农民和金融机构乃至整个市场的利益，各地方政府应明确规定农村宅基地使用权抵押事项，遵循登记生效原则，自房屋登记机构办理了登记事宜起，抵押权生效。

### （四）切实保护农民权益

农民的权益保障问题是宅基地使用权抵押制度的首要问题。为了更好地防范宅基地抵押权的实施为农民带来的居无定所的风险，应严格限制抵押权的主体资格。金融机构应对农民的财富水平、偿债能力以及个人信用等信息进行详细的调查，也可设定申请抵押贷款的前提条件：除需提供宅基地不是其唯一住所的证明以外，还需出示农村集体经济组织同意抵押的证明。完善的农村社会保障体系是降低宅基地使用权贷款风险的强有力工具。一直以来，农地就是农民赖以生存的社会保障，但在农村社会保障制度落后的地区，农民的需求无法被满足。虽然，我国目前的农村医疗保险制度以及养老保障制度已经有了很大的进步，但从总体上来看，农村社保制度的效果还是不尽如人意。应尽快改革城乡二元管理制度，完善农村社保相关制度，消除农民对使用权抵押的后顾之忧，为宅基地使用权贷款建立坚实的基石。

## 第三节　建设用地资本化的风险识别和防控

我国的农村建设用地已正式列入中国新一轮土地制度改革范畴，这也意味着农村建设用地资本化有着必要的实际需求。然而，在我国全面推出农村建设用地资本化之前，必须要明确本次农村建设用地改革的潜在风险，这样才能相应地建立风险防控机制。

### 一、建设用地资本化的风险识别

（一）产权虚置风险

我国目前法律规定，应由村委会、村民小组以及基层政权组织来担任农村建设用地所有权的行使主体。然而，实际上却是由县级以上的人民政府拥有对农村建设用地的数量、用途、收益分配的决定权。在配置方式上，先以行政强制的方式实施，之后化为国有，最后转入市场。除了被征收的农民可以得到部分补偿金以外，绝大部分农民无法享有农村建设用地流转的增值收益。基于这样的现状，包括行政村辖区内、村民小组辖区内、乡镇（街道）辖区内的成员都无法享有农村建设用地产权。这除了使农民丧失农村建设用地的市场交易主体资格以外，还在无形中造成了双重的权益侵占：从公有制角度来看，体现为全民所有制侵占了集体所有制的权益；从城乡发展角度来看，城市社区侵占了农村社区的权益，进而侵犯了农民的权益。

（二）参与主体行为风险

1. 地方政府行为风险

一方面，地方政府缺乏改革动力，甚至抗拒改革，造成了市场化改革的巨大阻力。根据规定，农村集体建设用地的价格和权利会与国有土地保持一致，以此方式进入市场，将会剥夺地方政府对农村建设用地供应的垄断地位，无法再利用原有的征地制度获取丰厚的收益。一旦地方政府深陷债务危机，他们很可能会以违背其意愿的方式行事，将土地改革停留于表面，而不做任何推进改革的实质性工作。另一方面，农村集体建设用地入市存在地方政府利用权力侵占流转收益的风险。面对集体建设用地入市的高收益，地方政府往往不愿意只行使规划和监管的基本职能，往往非法利用职权谋取政府自身利益，如向农民收取管理费、手续费等不合理费用。这会影响农民集体资金的积累和收入，也会在一定程度上抑制农民集体土地流转的积极性，从而减少土地市场上集体建设用地的供给，使对建设用地的巨大需求无法得到满足，影响农村经济的可持续发展。

2. 农民集体代理人行为风险

基于农村基层管理体制，农民集体代理人往往是村干部。委托代理理论认为，如果代理人与委托人既存在共同利益，也有利益冲突的情形，那么就会存在代理人出于利己主义而侵占委托人利益的可能性。因此，作为农民集体代理人的村干部往往会利用自己的优势地位谋求个人利益，或无效地增加各种代理成本。土地使用者可能通过贿赂等违法行为为代理人谋取利益，而幕后交易可能导致集体建设用地低价出让，造成集体资产损失，这也导致了农村干部和群众之间的关系僵化。当群众的不满情绪累积到了阈值，也可能会发生反对集体代理人腐败行为的群体抗议事件，增加了农村社会不稳定风险。此外，由于代理人的自利心理，很可能没有控制农村建设用地流转交易的成本，没有考虑交易规模的适当性、交易环节的高效性等各种问题，对农村建设用地的增值效果以及配置优化都造成了不利影响，损害了农村集体土地的收益，成为农业经济发展的绊脚石。

3. 用地者和农民自利行为风险

因为农村集体建设用地相较于国有建设用地存在价格优势，并且存在相当可观的预期收益，土地使用者存在强烈的购买冲动，可以为农民带来直接的短期客观收益，对于低收入农民来说无疑是具有吸引力的。农民流转建设用地的需求很强，集体建设用地将被大量使用，市场定价就会下降，农民集体的总收入就会减少，从而影响农地资产的价值。与此同时，这种方式只考虑眼前利益，而全然不顾农地资产具有的保值增值性质。从表面上看，这样能够为农民带来一时的收益，而实际上是透支了长远的未来收益，使得集体规划建设用地不足，制约其长远发展。农民受利益驱使，很可能会不受农地利用总规划的约束，非法将农用地或其他建设用地转用为经营性建设用地，以此获得更高的收益。

（三）利益分配失衡风险

城市建设用地出让已经启动多年，但收入分配问题始终没有解决。一旦农村集体建设用地直接进入市场，不仅政府、市场、农村集体经济组织和农民会面临利益分配的问题，而且土地使用者因规划和用途管制产生的不同土地用途的增值差异，也会导致利益分配不均，进一步影响社会和谐稳定。同时，由于地方政府作为土地出让方无法获得土地收益，是否依靠经营权或基础设施投资获得一定的利益分配，应采取何种形式，如何确定收益额度以及如何在各级政府之间进行分配，这些问题都可能导致利益分配不均。此外，农村集体建设用地使用权产权不清，产权归属不清，产权代表混乱，可能给未来收入分配带来隐患。最后，目前不完善的支持体系也可能导致不同主体之间利益分配的差异。例如，农村集体经济组织的金融体系是否健全，是否具有良好的资产运营和管理能力来获取这些利益，都是有争议的。建立一揽子配套制度来维护社会稳定，仍旧任重道远。

## 二、建设用地资本化的风险防控

### （一）建立并完善集体产权制度

当集体所有的建设用地进入市场配置时，需要建立相关制度，从法律、法规、政策等方面保护所有者和使用权主体的权益。一是保障农民集体建设用地能够以与国有建设用地同价的方式进入流转市场。基于此，建立集体建设用地产权制度，对产权和所有权的真实性进行甄别，在具有合法性的前提下，区分经营性与非经营性。二是根据本土化原则，让农村集体成员合理享有农村集体建设用地的使用权。三是根据商业建设用地、住宅建设用地、公益建设用地等不同类型的建设用地，从经济的专业角度赋予资本市场不同权利和能力。

### （二）构建利益协商保障机制

要使集体建设用地在全国范围内直接入市流转。由于模式差异、区域因素、规划限制等多种原因，流转主体对流转利益的分配极为困难，必须建立科学合理的利益谈判和保障机制。为了实现帕累托优化，需要根据集体建设用地类型划分不同使用者的收入分配比例。根据区域经济发展水平和人均土地面积，确定农民收入分配比例；借鉴新建用地有偿使用分配标准，确定各级政府收入分配比例；建立利益诉求圆桌协商机制和反馈渠道，灵活协调和有效保护流通中各主体的利益。

### （三）规范入市土地交易平台

针对现有的农村建设用地流转交易市场，应严格规范农村集体经营性建设用地的市场交易行为。明确规定流转市场中的交易方式、交易条件等，打造公平有序的市场环境。

（1）交易方式。在交易方式上，集体建设用地入市时要挂牌。此外，协议、招投标、拍卖等都是常见的交易方式。

（2）交易条件。集体建设用地交易应满足几个前提条件：一是至少有三分之二的村民会议成员或村民代表同意交易；二是满足县（市）、区规划部门根据总体规划的审查要求；三是县（市）、区自然资源行政主管部门应当审查农村建设用地是否符合国家土地利用总规划的要求。

（3）交易程序。流转方应当委托交易机构在媒体上发布有关上市的公开信息，保证信息披露的完整性与真实性。符合招标条件的，应当按规定到交易机构办理登记手续，缴纳招标保证金，并按交易规则和招标须知的要求，对集体建设用地使用权进行要约。出价最高者为本次竞赛的获胜者。

（4）交易费用。转让方和受让方应当向交易机构支付交易服务费，具体金额由交易机构和转让方在相关委托合同中按照营业额反比原则约定。

（5）交易信息披露要求。推进城乡统一交易平台建设离不开信息数据的支撑，建设完善的门户网站，便可一体化网上交易。土地交易平台应满足公开披露交易全程的要求，确保交易双方清楚了解和掌握土地交易的具体步骤、环节和流程，推进农村建设用地资本化的高效发展。

# 第十三章　乡村振兴背景下
# 农地抵质押融资的实现机制

农地抵押融资作为激活农村土地资源的有力武器，是农地资本化的一种实现形式，在增强农村综合实力方面成效显著，但是在实践中依然存在着一些难点和局限。

## 第一节　农地抵质押融资的政策背景与试点要求

### 一、农地抵质押融资的概念

随着土地流转的规模不断扩大和频率的增加，农村人口涌入城镇，留下了大量闲置的土地，农村人口少、农村资本少的现状使得这些尚未投入循环的资本——土地，成为解决"三农"问题的新突破口。在此背景下，农地抵押融资应运而生。在《农村承包土地的经营权抵押贷款试点暂行办法》中，对农地抵押贷款有着明确规定：基于农户承包土地的两种权利，只有经营权可以作为农地抵押贷款的抵押对象；贷款主体是符合要件的土地承包方，主要指的是拥有承包土地经营权的新型农业经营主体；贷款由银行业金融机构发放，金融机构与农户就贷款事项达成合意，约定在一段时间后还本付息。

法律上所谓"土地抵押"的概念，其实质在于承包土地经营权的抵押，不是土地承包权的抵押，更不是土地使用权的抵押。因此，土地抵押融资是可以实现符合条件的农户以承包的土地向银行申请融资担保，获取"土地资本"的。另外，即使是通过流转方式获得的土地或者从土地承包方获得的土地，受让方也可以以土地进行二次抵押，获得银行等金融机构的融资担保。需要补充说明的一点是，涉及土地经营权的抵押，《中华人民共和国土地承包法》中有一条是针对优先受偿权的，其指明了在生效担保物权时具有优先受偿权的主体即为担保物权人。

### 二、农地抵质押融资的政策背景

基于社会稳定和基本生存的考量，我国法律一直未明确土地承包经营权的抵押。但随着农业生产现代化的发展，农民在农村土地这一市场的承包经营中也呈现出资金的需求，而农民手中赖以生存的土地则成为农民进行贷款融资的主要渠道。为了顺应农业金融的发展趋势和农民经营的现实需求，我国先后出台了相应的土地承包经营权融资担保试点政策，并最终在 2018 年修改了《中华人民共和国农村土地承包法》。农地经营权抵押先后经历了四个阶段：法律严格禁止阶段、政策逐渐松动阶段、法律有条件解禁阶段和法律放开阶段。

（一）法律严格禁止阶段

自 1995 年起我国陆续颁布并实施了涉及管制农地处分权的《中华人民共和国担保法》等法律。《中华人民共和国担保法》是保障商品流通和资金融通的一部法律，其主要目标包括实现债权保障等。同时，《中华人民共和国担保法》对农地使用权进行了严格规定，明确禁止了利用农地使用权进行的抵押行为，2007年颁布的《中华人民共和国物权法》中也有类似的规定。其中，《中华人民共和国担保法》第 37 条涉及了集体所有的农村土地，明确规定了包括土地使用权在内的哪些财产禁止抵押。《中华人民共和国物权法》第 184 条也做出了类似的规定。2003 年颁布的《中华人民共和国农村土地承包法》专门用于仲裁调解农村土地承包纠纷，并设计了严格规定以管制农地处分权。

从第一阶段的政策演进过程可以看出，作为国家的战略性资源，农村土地被施加了严密的保护机制。无论在什么时期，土地的稳定与否都与国家粮食安全和生活安定程度密切相关，这是国家实现长期稳定发展的必然要求，是具有鲜明时代烙印并且符合当时国情需要的明智之举。然而，尽管我们已经清晰地认识到我国农地制度的重要性，如何借助农地自有属性去实现金融方面的拓展，仍要经历漫长的实践。

（二）政策逐渐松动阶段

2009 年 10 月，包括中国人民银行、中国证券监督管理委员会在内的多部门联合下发指导探索农地经营权抵押贷款的文件。这也是第一份开展相关工作的文件，标志着我国对农地经营权的政策松动。之后在 2013 年党的十八届三中全会上，针对农民与农村集体资产的各种权利，赋予新的包括抵押和担保等在内的权利内容。此后直到 2015 年 8 月，为了开展农地抵押贷款试点工作，国务院多次、连续发布相关文件予以政策上的指导支持。政策的持续松动也大大推动了相关工作的开展。

在第二阶段，不再像第一阶段严格限制农地权属，有关农地产权的政策逐渐松动，与此同时，伴随着政策演进，农地产权在不断细化、清晰。此外，我国农村土地制度与金融制度的改革联合推进，对利用农地经营权进行抵押贷款的相关工作也不再局限于理论，而是开始逐渐转为实践。

（三）法律有条件解禁阶段

为突破《中华人民共和国物权法》和《中华人民共和国担保法》等中原有法

律条款对农村土地使用权的严格限制，实现以"两权"为内容的抵押贷款、"三权分置"的新农地格局，全国人民代表大会开始授权相关试点地区。在 2015 年末的全国人民代表大会上，共授权了 278 个试点地区，试点实施期限到 2017 年底。这一事件正式标志着试点"两权"抵押贷款工作的落地。2016 年，为保障新农地格局的形成，也为了有序推进试点工作，国务院以及中国人民银行在内的多部门颁布了数份相关政策文件。2018 年 2 月，中国人民银行再次下发通知，延长试点实施期限到 2018 年底。

在第三阶段，为了更快推进利用农地经营权进行抵押贷款，相关法律法规进一步松动。与此同时，试点地区率先突破原有的有关农地经营权的部分法律规定的限制。伴随着农地"三权分置"格局的逐步形成，市场化农地经营权流转的进程也在不断加快，相关配套机制也在制定完善。尽管如此，政策实施效果仍需要时间检验，以期为未来的政策推广提供实践依据、经验。

（四）法律放开阶段

《中华人民共和国农村土地承包法》（2018 年修正）中提出，土地经营权持有人经承包方同意并向发包方备案，可以用土地经营权设定融资担保。《中华人民共和国农村土地承包法》（2018 年修正）使用了融资担保这一概念，其包含质押和抵押两种不同情形，因此可以视为农地经营权抵押。这也就意味着从法律层面认可了农地经营权抵押，进而奠定了农地经营权抵押实施和推广的法律基础。《中华人民共和国民法典》第三百九十九条第二项删除了耕地不得抵押的规定；农业农村部发布的《农村土地经营权流转管理办法》第十二条规定：受让方将流转取得的土地经营权再流转以及向金融机构融资担保的，应当事先取得承包方书面同意，并向发包方备案。自此，法律层面明确规定了农地经营权抵押贷款适用于全国而不再局限于试点地区，金融机构可以将农地作为融资担保物。

## 三、农地抵质押融资的试点要求

（一）农地融资担保的贷款人

农地融资担保的贷款人仅是金融机构，而不能包括其他公司或个人。按照《农村承包土地的经营权抵押贷款试点暂行办法》第二条的规定，农地融资担保的对象应限制在金融机构范围内。考虑农地融资的过渡性，在逐渐允许农地进行融资担保的情形下，还是应当对融资担保的资金来源进行必要限定，防止土地实质买卖的发生，且农地融资担保的主要目的在于解决抵押人的农业生产资金需求，金融机构在贷款审核等方面是较为审慎的，其在考核相关资产价值和收益后，才会发放一定比例的贷款。而当农户以资产向非专业机构或个人进行融资时，非专业机构和个人很难具备识别风险能力和抗风险能力，贷款逾期则可能危及社会稳定和土地的正常流转，因此，当前对农地融资抵押贷款的主体宜限定在金融机构范围内。

（二）农地融资担保的抵押人

农地融资担保的抵押担保人主体有农户和农业经营主体两种。作为抵押物的农地经营权的活动方式，农户要通过家庭承包的方式获得，农业经营主体要通过流转的合法形式获得。按照土地抵押的最新规定，农户利用土地经营权抵押进行贷款申请必须满足四项条件，并且四项条件缺一不可：在民事主体上，申请人需要具备完全的民事行为能力，在信用记录上表现良好；在抵押的承包土地上，应该产权明晰，不涉及产权争议；在申请人提交贷款申请的证明材料上，必须包括土地承包经营权证，并且该项证明材料必须是经由县级以上的地级人民政府或者政府的相关主管部门颁布的；在抵押事项的知情方上，发包方需要被明确告知承包土地的情况。

按照《农村承包土地的经营权抵押贷款试点暂行办法》第七条规定，农业经营主体利用土地经营权抵押申请贷款需要同时满足下列条件：①具备农业生产经营管理能力，无不良信用记录；②用于抵押的承包土地没有权属争议；③已经与承包方或者经承包方书面委托的组织或个人签订了合法有效的经营权流转合同，或依流转合同取得了土地经营权权属确认证明，并已按合同约定方式支付了土地租金；④承包方同意承包土地的经营权可用于抵押及合法再流转；⑤承包方已明确告知发包方承包土地的抵押事宜。

（三）农地融资担保的贷款用途

土地承包经营权抵押贷款用途仅限于农业生产经营领域。按照《农村承包土地的经营权抵押贷款试点暂行办法》第八条规定，农户和农业经营主体分别凭借获得土地经营权的土地承包经营权证书和土地流转合同，在法律文件规定允许的前提下，可以申请将土地经营权抵押进行农业生产用途的贷款。具体的用途包括人工成本支出、生产物资的采购、农业生产规模的扩大等。

# 第二节　农地抵质押融资的难点与瓶颈分析

## 一、农地抵质押融资的难点

### （一）缺乏法律保障

从农地抵质押融资的政策演变来看，国家政策和法律法规在农地能不能抵押、怎么抵押以及如何抵押的问题上，几经反复，而且农村土地经营权具有的特殊性质，使得将其作为融资抵押的对象本身就存在极大争议。

首先，对土地经营权的界定。根据《中华人民共和国物权法》的相关内容，农村土地经营权并不属于法律严格意义上的物权。在 2018 年修订的《中华人民共和国农村土地承包法》中，为了更好地实现土地经营权的流转，将土地经营权重新定义为债权，同时《中华人民共和国物权法》也做了相应的调整，将土地经营权定义为用益物权。尽管法律法规对土地经营权的属性进行了多重定义，但严格法律意义上来说，土地经营权的性质界线依然模糊，这也为实际操作带来了诸多隐患。

其次，经营权抵押效力。在实际试点中，农村土地经营权被当作债权，实际用地者（债权人）往往困于用地受限的局面，土地抵押更像土地租赁，如果出租人拒绝转让，实际用地者（债权人）仅能获得一段时间的债权收益，即使具备有效合同，在法律纠纷中实际经营者也处于相对不利的地位。这导致了许多能够并且需要将土地经营权抵押的人不愿意甚至不敢进行抵押，这也在很大程度上成为农地抵押融资的发展阻力。

（二）缺乏准确估值

在抵押过程中对土地价值的估计可谓是重要一环，出于利益最大化的考虑，这不仅关系到财产利益，抵押双方的利益博弈，还直接影响了农户与金融机构的关系，评估价格以及准确程度还与农户的融资意愿挂钩。当下流行的农地抵押融资采取的都是三方合作的模式，也就是金融机构在收到农户的贷款申请后，需要先对抵押的土地进行价值评估。由于地区间的经济发展水平存在不小差距，与此对应的土地经营权的价值也不尽相同，加之农村土地经营权价值的评估还应当与市场价值趋同。

政府文件的试点办法并没有明确提供具体的土地价值评估方法，也没有对评估方法提出相关参考。因此，在试点地区更多的是由评估小组，也就是乡村干部和农业部门组成的评估团队，有的地区还有金融机构的参与。金融机构作为贷款的出借方，出于贷款安全性和土地经营权流动性的考虑，为了降低信贷违约的风险，往往给出较低的估值。这种由金融机构占据主导地位的价值评估体系，农户处于被动接受的地位，不仅违背了民事合同的权利平等原则，在评估制度上也存在较大疏漏。

（三）缺乏抵押物处置变现能力

农地抵押融资程序的最后一步——抵押物的处置环节，成为困扰金融机构的一大难点，也是限制农地资本化发展的一大障碍。抵押贷款活动经常会面临借款人无法按时或者足额偿还贷款的现象，金融机构采取的对策是处理抵押物以减少损失。虽然在《中华人民共和国物权法》和《农村承包土地的经营权抵押贷款试点暂行办法》中对抵押物的处置也有相应的内容。特别地，在抵押贷款的相关试点办法中对借款方无法偿还债务中规定，这种情况下贷款人可依法处置抵押物，处置方式主要包括协议转让、挂牌再流转等，同时贷款人具有优先享受抵押物处置收益的权利，但是《农村承包土地的经营权抵押贷款试点暂行办法》并未提供具体的抵押物处置办法。

农地抵押融资的抵押物是农地经营权，在处置抵押物时，土地经营权只有在土地经营者眼中才会实现它的最大价值。对于其他的经营者来说，土地经营权的价值并不是相对显著的。这就导致在以拍卖、竞价的方式处置抵押物时，土地经营权的购买意愿较为局限。然而，真正看重并愿意购入土地经营权的买家其实并非完全没有，却因为缺乏信息、没有渠道等困难，很难买入土地经营权，买卖双方因为缺少信息，各方的效益并没有达到最大化。加之，农户个体在进行抵押融资时，能够提供的土地往往具有面积小、效益低等缺乏再流转能力的特点，抵押权的完整实现对于金融机构来说也是一项高成本、高风险的活动。

## 二、农地抵质押融资的瓶颈限制

### (一) 法律条款的限制

出于保障承包方的土地承包经营权的考虑，以实现对承包方（多为农户）的多重保护，在我国农地抵押融资的主要法律依据——《中华人民共和国农村土地承包法》有这样的规定：农户以流转方式取得的土地经营权为抵押物，向金融机构提交融资申请之前，一是要获得承包方的同意（需提交纸质同意书），二是要在发包方处有备案记录。我国土地抵押的现状却是大量的农户拥有集体土地的承包经营权，这些土地大多数都是耕地，在空间分布上呈现离散分布。但是按照规模化生产的现代农业发展要求，农户土地经营权的流转需要交由一个或少数几个集体进行集中经营。土地经营权抵押贷款的前设条件，使得农户为实现抵押贷款必须获得相关的全体农户的同意，在第一步就给大部分农户增加了困难，复杂化了贷款活动。

在追随与该项条款相关的法律基础时，该项规定的不合理之处也愈加显著。首先，还是回到土地经营权的属性本身，最新的法律将土地经营权定义为用益物权，而作为物权的一种，用益物权与其他物权一样，是一种绝对权，具有排他性，由受权人对土地经营权实行直接支配。也就是说，土地经营权的用益物权属性，成为土地承包经营权人和土地经营权二者关系的决定性因素，二者是相互独立的，即使这部分土地经营权是通过流转的方式取得的，受让方有处置土地经营权的权利，并且这项权利是与承包方无关的。其次，农地抵押贷款合同的双方当事人是金融机构与流转受让方，承包方并没有参与这项活动，如果在抵押前需要得到"第三人"承包方的同意，是对合同相对性的违背。

（二）实现方式的限制

在构建农地融资体系的过程中，担保方式显得尤为重要，它连接着农户、金融机构和土地三个元素。可以说，实现方式对抵押活动至关重要，它直接影响了抵押权实现的效果，间接影响了抵押活动的经济效益。通常，对抵押物的处置实现方式有三种：以相对抵押物价值较低的价格出让、在拍卖或者买卖的二级市场上流通。这也是一般不动产抵押的主要实现方式，但是对于土地经营权这种特殊的抵押物来说，本身对象就有所差异，同样的方式在农地抵押上就已经无法适用了，即使能够采取相同的实现方式，在最终的效果上也大打折扣。

依据相关法律，土地经营权在进行抵押融资时，抵押权人的主体只限于金融机构，这一点就使得折价的实现方式在农地抵押活动中被排除。金融机构即便选择以折价的方式获得抵押权，流转的结果是看似金融机构获得了土地经营权，但是法律又对流转受让的主体加以限制，金融机构并不具备相应的农业经营背景，因此折价方式在农地抵押活动中无法成立。至于拍卖和变卖的方式，又要区分承包方抵押和受让方抵押的情形。明确一点，通过拍卖或变卖的方式，受让方能够完成抵押权的实现，这在学术界是没有争议的。而土地经营权由承包方抵押，在处分土地经营权时通过拍卖、变卖的方式产生的法律效力，其实是与承包方的选择有关。承包方拥有了土地承包权，就等于同时拥有了身份和财产，这就决定了承包方无法通过转让来实现单独对土地经营权的流转，在这一点上是无法实现土地抵押的。

（三）保障体系的限制

农耕文化扎根已久，乡土情结在中国人民心中根深蒂固，这一点在农村更加显著。实际上，作为大自然给予人类的宝贵财富，土地对于人类的生产和生活的影响是相伴相生、愈加深刻的，拥有土地就等于拥有财富，"寸土寸金"的说法并非没有依据。农户选择将土地经营权流转出去，是冒着失去土地的风险的，同时土地作为一种社会保障力量的象征，也致使部分农民不愿将土地经营权进行融资，这也是中国传统保守求稳的文化偏好影响所致。

这种抵押的意愿弱、积极性不高的情况，也说明了在农村缺乏完善的社会保障体系，农户的"安全感"不足。在保障人民最低生活水平的问题上，在实施过程中尚且存在着遗漏和不足，本应规范化、程序化的低保认定标准并未明确，本该用于救急的救济金也会漏发少发，需要得到及时救助或者适时补助的人群没有得到很好的对待。在养老问题上，虽然政府出台了面向农村的社会养老保险，但是因为覆盖面积相对农村面积较小，在条件上也相对限制，保障农民的辐射范围还是相对狭窄的，依然有很多人不能从中获益。

# 第三节　不同农地融资的实现机制构建

在各地的农村融资试点过程中，出现了很多极大促进当地农业经济发展的因地制宜的优秀融资模式，虽然不可避免地都会有或多或少的缺点和不足，但是正在发展中的农地抵押融资会不断地将问题和困难转换成为未来完善和改进的方向，这也是农业、农村、农民的心之所向，在遇到困难时更加需要在探索中找出一条适合乡村发展的道路。

## 一、耕地抵押融资的实现路径

耕地抵押融资的实现路径如图 13 - 1 所示。

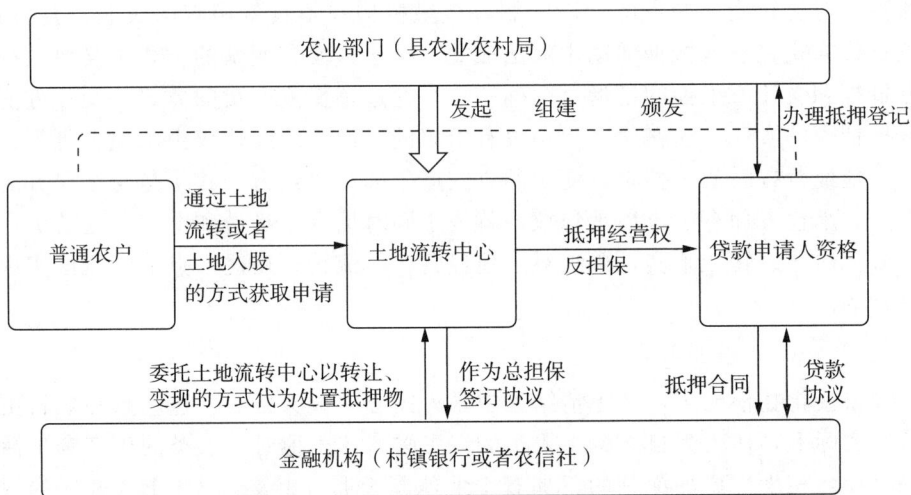

图 13 - 1　耕地抵押融资的实现路径

农地抵押贷款的农地，最初就是指农村耕地。随着改革开放的不断深入，国家引进了大量的资本、人才和技术，加快了中国工业化和城镇化的进程。农业集约化发展和程序化经营使得大量的劳动力追逐资本的脚步，从而使得农村人口大量转出。农村在缺乏劳动力和缺少资本投入的双重困境下，被闲置的土地资源管理成为困扰农业部门的一大难题。政府致力于推进农村经济的发展，稳定农业产值的增加，提高农户群体的收入。为了解决土地闲置的问题，农地抵押贷款应运而生。

在以耕地作为抵押土地的融资活动中，农业部门作为抵押担保的登记单位也参与其中。在耕地抵押融资活动中，参与主体主要包括农户、金融机构和政府部门三方。其中，政府部门的作用在于可以组建土地流转平台。政府部门组建的土地流转平台作为农户和金融机构获取耕地流转信息的中介，对融资活动起到至关重要的作用。在试点过程中，地方农业部门带头组建的土地流转平台各式各样，包括县级、乡级、村级在内的三级农业服务中心，为农户和金融机构提供相应的流转信息。

农户、金融机构和政府部门的三方模式下，抵押和贷款分开进行，但二者联系紧密，抵押是贷款的前提，贷款是抵押的目的。耕地抵押贷款的实施过程主要可以分解为抵押申请（农户与农业部门）、贷款申请（农户与金融机构）、贷款调查（农户、金融机构和政府部门）、审批放款（农户、金融机构和政府部门）这四个环节。

（1）抵押申请。贷款人前往农业服务中心（乡级、镇级或者村级，根据当地政策而定）。农业部门主导的农业服务中心就是为农地流转提供服务的机构，服务的事项主要有提供农地流转信息和办理备案农地抵押申请。事实上，农地抵押申请书是农地抵押贷款的必需要件，向农业部门办理抵押登记和向金融机构提出贷款申请，都需要提供在农业服务中心登记备案的抵押申请文件。

（2）贷款申请。这部分内容更多体现在申请人向金融机构提供的各项证明材料上，主要包括申请人的身份证明材料、土地承包合同、土地利用情况说明（地上附着物）等。此外，在上一环节的农业服务中心解锁了新功能，在向土地流转者提供信息的基础上为借款人提供反向担保，在提供抵押申请备案之后督促申请人还款，进一步加强抵押活动的完整性，也为贷款活动提供保障。

（3）贷款调查。这部分的工作由金融机构主导，主要是对借款人提交的证明材料以及对抵押耕地的价值评估活动，其中以土地估值活动最为重要，这也关乎借款人贷款额度。在机构选择上，为了保证评估活动的公平性和专业性，同时提高评估结果的说服力，金融机构应该交与评估领域的专业机构处理，独立的第三方机构也能增强在农户和金融机构中的公信力。在评估方法上，常见的几种方法在实践过程中各有优劣，还是要根据评估对象的差异，有针对性地加以选择。

（4）审批放款。作为贷款活动的最后一环，借款人与金融机构已经达成了初步合意，双方当事人在签订抵押合同后，还需要前往政府部门抵押登记，这时借款人和金融机构才能签署借款合同，借款人才能收到抵押贷款资金。

## 二、宅基地抵押融资的实现路径

在我国农村丰富的土地资源中，还有一种住宅用地，又被称为宅基地。宅基地是用作家庭住宅的土地，相比耕地的生产属性，宅基地更加具备生活属性。与耕地相同的是，宅基地也是伴随着国家加快农村资本流动而增加的农地抵押物种类。与耕地不同的是，宅基地不仅仅包含土地，还包括房屋。与耕地相比，宅基地的情况更加复杂，抵押模式的选择也更为丰富（见图 13 - 2）。

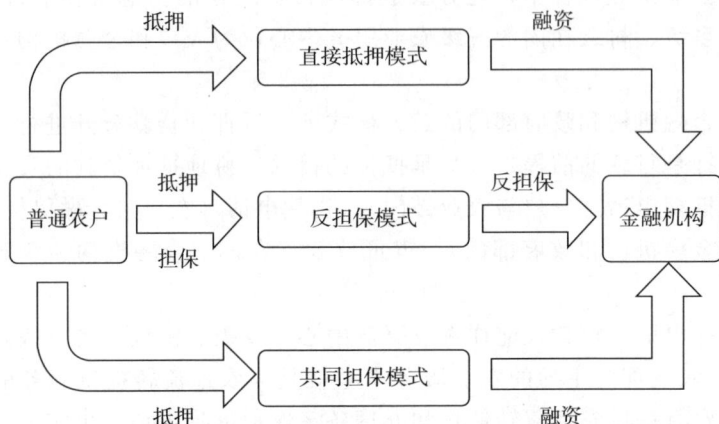

图 13 - 2　宅基地抵押融资的实现路径

（1）直接抵押模式。宅基地（包括房屋）的使用权作为抵押物，被农户用于贷款活动。看似简单的直接抵押模式其实约束条件并不少，一是归属权的确定，即土地以及房屋的产权。二是抵押人的确定，为了降低抵押活动的风险，提高贷款的安全性，金融机构在发放贷款的时候就对抵押人有着明确的要求：资信情况良好、资金链稳定、土地规模较大。满足这些条件的往往都是农业经营大户，相对应的如果是农业经营大户来进行宅基地抵押贷款，直接抵押会是他们的最好选择。

（2）反担保模式。所谓"反担保"意味着担保公司的参与，也就是将农房以及宅基地的使用权抵押给担保公司，而不是金融机构。农户再以担保公司提供的担保向金融机构贷款。这种模式下的贷款活动，如果农户无法按期偿还债务，金融机构可以去找担保公司，担保公司的偿债能力会比农户个体更强，信用程度也更高，也省去了处置抵押物的麻烦。相比于直接抵押模式，银行等金融机构更加喜欢这种模式。

（3）共同担保模式。共同担保模式下，金融机构依然是宅基地的使用权抵押交付对象。与直接抵押模式不同的是，采用共同担保模式的抵押土地往往具有较大规模而且开发性很好，对于集体经济组织也有很高的价值。这种情况下，开发公司、村委会和政府等主体也可以被借款人申请加入贷款活动的共同担保中来，多个担保主体可以分散担保责任，在借款人无法履行合同条款时，可以按照担保条约的担保责任，由其他的担保主体加以承担。共同担保模式相对于反担保模式，进一步降低了贷款活动的风险，不仅提高了贷款通过率，还能提高金融机构提供的贷款额度。

宅基地抵押贷款的实施过程主要可以分解为贷款申请、信贷调查、贷款审批和贷款发放这四个部分。

（1）贷款申请。贷款主体（年龄在18周岁到60周岁的自然人）提交相关证明材料，包括身份证明、偿债能力证明、借款说明书等文件。其中最为重要的是农村宅基地使用权证，拥有使用权证，才能证明贷款人拥有宅基地的使用权，同时也是为宅基地价值评估做准备。

（2）信贷调查。这部分是由金融机构主导的环节，主要对贷款人和抵押物进行调查，对贷款人的调查主要包括身份信息、户籍信息、偿债能力、经营活动状况等，对抵押土地的调查包括农地承包经营权证、抵押许可证明、承包经营权年限等，其中承包经营权的有效日期视当地政策而定。

（3）贷款审批。这部分的工作由金融机构主导，主要是对贷款人提交的证明材料以及对抵押耕地的价值评估活动，其中以土地估值活动最为重要，这也关乎借款人贷款额度。在机构选择上，为了保证评估活动的公平性和专业性，同时提高评估结果的说服力，金融机构应该交与评估领域的专业机构处理，独立的第三方机构也能增强在农户和金融机构中的公信力。在评估方法上，常见的几种方法在实践过程中各有优劣，在估值方法的选择上可能需要更加多样化。

（4）贷款发放。通过金融机构的审批，贷款人与金融机构达成抵押合意，根据地方金融机构的要求双方签署抵押贷款协议，一般在5～7个工作日后金融机构就会发放贷款。值得注意的是，合同中规定了固定的还款时间和还款金额，贷款人需按照协议内容定期还本付息，或者用其他协议好的方式进行偿还。

# 农地资本化实践篇

　　农地资本化起源于中国城镇化进程以及人地关系变化中的具体实践，如土地股份合作社、城乡土地增减挂钩、集体建设用地入市探索、农村"三变"制度改革、土地资本化流转规模经营和农地抵押贷款等，通过对实践案例的比较分析，可以梳理出农地资本化模式的推广价值。

# 第十四章　土地股份合作社的实践与经验

以东西部地区的典型案例为研究对象，分析土地股份合作社出现的背景以及土地股份合作社的制度安排、运营机制、权益分配、收益分配情况，总结土地资本化在股份合作社实践方面的经验。

## 第一节　成都市土地股份合作社的成立背景与制度安排

成都的地理环境平原腹地居多，自古以来就有人将其称为"天府之国"。成都市 2007 年被国家审批为全国统筹城乡改革试验区，为实现在成都市全市内土地要素更好地配置，开始了农村集体土地的改革。

### 一、成都市土地股份合作社的简介

成都市崇州市作为勇于探索的排头兵，不断地稳步推进土地改革，探索出了农村土地合作社这一新型的经济合作组织模式。2011—2014 年，成都市土地股份合作社的发展规模发生翻天覆地的变化（见表 14-1）。

表 14-1　2011—2014 年成都市土地股份合作社发展规模

| 年份 | 数量/个 | 农户/户 | 入社面积/亩 |
|---|---|---|---|
| 2011 | 661 | 26 930 | 83 933.84 |
| 2012 | 891 | 44 730 | 115 675.84 |
| 2013 | 1 340 | 72 634 | 228 046.10 |
| 2014 | 1 297 | 72 440 | 225 416.04 |

数据来源：根据成都市统筹城乡和农业委员会 2011—2014 年土地股份合作社调查表整理。

### 二、成都市土地股份合作社的成立背景

在历史背景和现实背景的双重铺垫下，成都市土地股份合作社应运而生。具体来说，在当时社会的发展潮流中，成都市土地股份合作社产生的基本背景可以

简述为以下几点：工业化和城镇化对农业生产要素的要求、完成农业现代化转型的要求、响应国家统筹城乡发展的号召。

（一）工业化和城镇化对农业生产要素的要求

成都市作为四川省的省会，它在西部工商业发展中占据了很大比重（见表 14-2）。

表 14-2　成都市 1978—2013 年工业化、城镇化进程数据表　（单位：%）

| 项目 | 1978 年 | 1980 年 | 1990 年 | 2000 年 | 2011 年 | 2012 年 | 2013 年 |
|---|---|---|---|---|---|---|---|
| 第一产业从业劳动力占比 | 63.5 | 63.4 | 53.4 | 44.8 | 18.6 | 18.0 | 16.8 |
| 第二产业从业劳动力占比 | 16.2 | 16.1 | 25.8 | 26.5 | 34.6 | 34.8 | 35.6 |
| 第三产业从业劳动力占比 | 20.1 | 20.6 | 20.7 | 28.7 | 46.6 | 47.3 | 47.7 |
| 第一产业GDP 占比 | 31.87 | 27.22 | 20.89 | 10.10 | 4.70 | 4.27 | 3.87 |
| 第二产业GDP 占比 | 47.20 | 49.62 | 39.70 | 36.50 | 45.22 | 46.27 | 45.92 |
| 第三产业GDP 占比 | 20.92 | 23.19 | 39.42 | 53.45 | 50.08 | 49.45 | 50.22 |
| 农村常住人口占比[**] | 77.69 | 76.69 | 72.71 | 65.89 | 39.32 | 38.90 | 38.67 |
| 城镇常住人口占比[**] | 22.28 | 23.29 | 27.30 | 34.12 | 60.71 | 61.12 | 61.33 |

数据来源：根据成都市 1978—2013 年各年经济社会发展统计资料整理；[**]指成都市户籍的常住人口，不含市外户籍常住人口。

由于工业化和城镇化发展的速度，越来越多的农村居民离开他们的家乡，去往有很多就业机会的城镇就业和创业，由此诞生了一个新的阶层——新工人阶级。新工人阶级的出现大幅度锐减了从事农业生产经营的劳动力数量（特别是青壮年劳动力数量）；对农业的发展造成了很大程度的打击，出现了后继无人的现象；对我国粮食作物产量也造成了很大影响。相比较之下，工商业的发展使农民获得更多与农业无关的就业机会和创业机会，更重要的是从事工商业的收益远高于农业，这就使得原本从事低收益高付出的农业的农民脱离粮食种植的趋势越来越明显。成都市全市农村居民人均年纯收入增长速度自改革开放以来异常迅速，数据显示，成都市农村居民人均年纯收入在 1978 年大约为 139 元，但在 2012 年增加到约 11 502 元（当年价），但是增加部分主要来自农村居民从事非农业所得到的收入。在 2012 年的人均年纯收入中，通过从事非农业产业来获得的收入的占比为 81.3%，通过政府转移支付的占比为 7.1%，通过财产获益的部分的占比为 1.2%，从事农业获得的收入的占比仅为 10.4%。在这样一种现实情况下，就需要通过一定的手段将本来已经被遗弃的土地和即将被置荒的土地集中起来开发利用，以维护农民被国家土地制度赋予的权益、达到对土地资源的充分合理利用，提高农民收入，促进农业更好更快发展。

（二）完成农业现代化转型的要求

在我国滚滚前行的车轮中，二、三产业取得了蓬勃的发展，这使得农业收入在国民经济中的占比降低。但基于我国是人口大国和农业大国，且仍处于并将长期处于社会主义初级阶段的特点，农业依然在国计民生中扮演着重要的角色。与我国发展中的工业化、城镇化速度相比，我国的农业现代化的进程缓慢，农业生产方面的生产率不高但是生产成本却很高，这就导致农产品的比较收益低，所产的商品在市场竞争中处于很大的劣势。因此，需要对传统农业进行现代化的改造，且这种需求是非常强烈的。如果不改变农业的生产率低、生产成本高、所产的农业产品市场竞争力弱的局面，我国的农业就不可能由大变强，也难以支撑国计民生。这就需要通过合作社这一新型模式为推进农业现代化提供新鲜的力量，注入新的血液。

（三）响应国家统筹城乡发展的号召

成都市城区及区县城区不断向外围发展，现代通信设施、交通设施、能源设施日趋完善，有利于现代工商业的发展。农村通信设施、交通设施、能源设施以及农业基础设施建设与城市产生了明显的对比，农业和农村经济发展在很大程度上受制于这些条件的差距。城乡发展条件的差异产生更为深远的影响，使得城镇社会发展水平和城镇居民收入与乡村社会发展水平和乡村居民收入存在很大的不平等，城乡的二元结构、社会结构矛盾愈演愈烈，对全市社会发展产生很大的消极影响。为解决城乡差距问题，政府在促进农村农业发展方面提出了许多举措，但这些举措效果十分有限。成都市加快城镇与乡村互联互通的建设，越来越重视对农村农田水利设施建设的投入，对置荒的土地再次进行开发利用，极大地改善了农村农业发展环境。为推进新农村的建设、完善服务配套设施、改善农民生活条件，建立了一系列的保险制度（如农村医疗保险、城乡居民基本养老保险制度），让农民老有所养、老有所依。

### 三、成都市土地股份合作社的经营模式

搞好土地股份合作社的生产经营和加快土地股份合作社的发展，从而获得客观的收益，为三方主体带来效益，这是土地股份合作社建立的直接目的。农村土地股份合作社在其经营模式上进行了创新，采用了一种双重委托代理的经营模式。上述经营模式中的第一重委托代理关系是农户与合作社的委托代理，即在这种模式下委托人为入社农户，代理人为土地合作社，合作社可以代理其土地的使用权，入社农户以土地折合为股份加入合作社，从而获得股份的分红。第二重委托代理关系是合作社与职业农业经理人的委托代理，通过第一重委托代理关系，合作社作为代理人获得了土地的使用权，再通过第二重委托代理关系将这种使用权委托给更专业的职业经理人来行使，从而实现更大的收益，为农民提高收入。更好的经营成绩也有利于合作社领导班子的政绩，为其良好的工作能力提供证明，而职业经理人通过这一重代理关系来发挥自己的长处，也获得可观的收益。

### 四、成都市合作社的制度安排

成都市土地股份合作社这一经济组织从一开始被建立到运作和发展都是完全符合国家相关法律法规和政策制度的。所以，其正规的身份和相应的社会地位也是受到国家法律保护的。

社会发展形势和农业发展基本条件是在不断变化的，所以成都市 1998 年开始的第二轮农村集体土地承包除汲取了第一轮成功承包的经验外，还在土地分类治理、土地承包人口确认、测量承包地的有效面积、确定承包方式、确定土地各主体权益等方面进行了一连串的革新。并且成都市支持农民充分发挥他们的聪明才智来建言献策、大刀阔斧地创新改革，当然这些建立在合理合法地范围内和有效保护农民土地权益的前提下。大力提倡支持不同的集体可以根据自己的实际情况，采用更适合自己特色的承包方式和承包办法，不模式化、公式化，更不搞"一刀切"，但要求绝大多数的村民对此赞同和满意。

在成都市 1998 年开始的土地承包中，明确了农用地和建设用地是农村集体土地的两类，其中又将农用地细分为耕地、林地、养殖水面、果园、农业利用土地。集体成员可以合理合法地分享所有不同类型的土地所有权益。再就是对耕地、林地因地而治、分类治理，如每家每户可以根据家庭人口数对耕地和林地进行承包。对养殖水面、果园进行确权可以根据每家每户的人均面积，农户可以把只能用作公共服务的土地和建设使用的土地折为适当的股份来进行分享，同时对股份进行人均分配。农户的使用权和收益权在其承包土地（耕地和林地）后便一直长期存在了，这种权益是不会随便变动的，即使使用权主体改变、家庭人口数

量发生变化都不会使得权益发生变化。农户对养殖水面和果园进行经营的方式（如通过集体承包或租赁的方式）是多样的，由于每个农户分摊面积不同，所以收益也会出现差异，并且同样保持长期不变。农户获得农业利用地后，农户只能利用其提供公共服务。而在建设用地获批后，主体可以通过对其进行商业化利用来长期享有该土地的股权分享收益。

在成都市 1998 年开始的土地承包中，首先要做好集体成员身份认证工作，确定不同家庭中可以获权的人口数量。不仅如此，还对集体户籍人口的权利进行了明文规定，在根据各个家庭人口数量进行确权时，其同样拥有当地户籍一样的权益，可以根据情况来确定土地权益。对于宅基地而言，不同的村民集体有较大差别。例如，有一些原村民在当地有居住房屋，但是没有当地户籍，对于这类原村民，有的集体会对其分享宅基地的权益，而有的村民集体就不会拒绝分享权益。

在农用地和建设用地农户确定之后，对不同农户选择的不同类型的土地进行承包确权登记，然后签发权证。这种权证是具有法律效力的，是受到法律保护的。在确权时，不同的村民集体也有不同的差异，如有的村民集体只确定农户承包的耕地和林地的数量，但不确定地块，而有的村民集体对两者都进行确定。除去这两类土地外，只有土地数量或者股份才能被确定。在成都市 1998 年开始的土地承包中正因为农户获得了长期稳定的权益，即不随其他因素改变的土地使用权和收益权，才为农户入股合作社创造了条件。

## 五、成都市土地股份合作社的分配状况

收益和权益对土地股份合作社主体来说至关重要，所以在这一节我们探讨了土地股份合作社分配状况，主要包括权益分配状况和收益分配状况。

### （一）权益分配状况

成都市土地股份合作社是由几个主体共同运作的一类合作股份组织，它具备了股份经济和合作经济的双重性，在其日常经营管理中具有相对的独立性。入社农户、合作社、职业经理人三类主体构成了土地股份合作社的所有必要的主体，也就是说在探讨权益分配状况时只需要探讨这三类主体的权益分配，不需要再考虑其他类型主体的权益分配。

成都市土地股份合作社的第一类主体为将土地折为股份入社的农户，他们是主要的主体，同时也是合作社能够正常运作的核心力量。但是入社农户是一个个分散的个体，他们以户为单位来进行农业生产，市场化意识比较淡薄。他们还停留在小农阶段，半自给特点突出，利益不能最大化，即大多数的农户并不是理性经济人。第二类主体是合作社，它也是主要的主体，同时也是核心力量。合作社

是由农户自发共同建立的一种公益性质的机构，负责维护农户的权益以及监督职业经理人，其管理层一般由村政府领导，追求的更多是政绩。第三类主体为经过严格招聘入选的职业经理人，他们以收益最大化为目的，他们是负责日常经营的主体。

国家土地制度赋予了农户权利，即决策权、收益权、监督权。实现土地收益权的前提是对合作社与职业经理人进行有效的监督，进行这些监督的目的是保证农户权益不受损，成都市土地股份合作社采用双重委托代理模式，所以在监督管理中合作社也扮演着不可或缺的角色。

合作社作为入社农户的代理人，享受着和农户相同的权利；合作社是由入社农户自发建立的，并且它具有现代企业的性质，也就意味着其需要相应的组织管理机构和人员。合作社的第一主要权益是管理权，因为它需要监督管理合作社的日常运营，还有职业经理人是否侵害了农户的权益，还需要保证合作社长期稳定地运行。与管理权相伴的是监督权，否则，管理并不是有效的管理，所以监督权对于合作社来说举足轻重。

职业经理人的首要权益是收益权，因为其追求的是收益最大化。对于职业经理人来说，他的收入由两方面构成：超产收益和政府补贴。职业经理人收益权是在入社农户和合作社的约束下实现的。对职业经理人的行为进行约束，使其行为符合合作社的基本要求。在不损害合作社和入社农户权益的同时又要实现收益最大化，就需要职业经理人具备生产经营权，能够根据实际情况对农业生产经营进行调整，在保证农户基本收益的同时将超产收益提高。

土地股份合作社的三大主体在权益诉求上有一致的方面，也有不一致的方面，只有在三大主体之间形成制衡机制，才能保证各主体在实现自身权益的过程中不是自私的，即不会在其权益实现过程中只考虑他们自己的权益而对其他主体的正当权益造成伤害。

（二）收益分配状况

土地股份合作社涉及三类主体，所以当我们探讨收益分配时即是对这三类主体的收益进行分配。通过对土地股份合作社收益的分享，农户、合作社、职业经理人三类主体可以拧成一股绳，更愿意一起同心推动土地股份合作社发展壮大。反之，当收益分配不公平、不公正、不合理时，就会引发不同主体间的摩擦与冲突，这些摩擦与冲突如果处理不当就会影响土地股份合作社的平稳运行。

在土地股份合作社的治理机制下，三个主体中入社农户是核心，所以收益分享应该由农户优先。在入社农户的收益分配机制下，入社农户的收益由两部分构成：入社时约定的每亩一定金额的基本分红和以基本分红为基准的占超额部分一定比例的分红（超额分红）。基本分红由多数农民入社前的单位土地面积所带来的收益确定，超额分红是以基本分红为基准，对超过基准的部分收益按照一定的比例给农户进行二次分红。无论职业经理人经营情况如何，都要保证入社农户收益的优先获得，否则就由职业经理人自行赔付。在进行二次分红时，入社农户可以得到更高的分红，激发他们土地入股的积极性，也改善他们的生活，为乡村振兴打下良好的基础。

土地股份合作社章程机制规定职业经理人的收益分配主要由两部分构成：一部分是超产收益的一定比率，即超额收益分红；另一部分是政府明文规定给职业经理人的补贴。土地股份合作社会在招聘职业经理人时就规定其所必须从事的农业种植类型，如水稻、小麦等。但是在这些作物的生长周期间歇内，职业经理人还可以从事其他类型的种植以提高收入。国家明文规定：职业经理人是"四补贴"的独享主体，这种类型的补贴对职业经理人的粮食生产积极性是一种有益的促进，并且规定任何其他组织或者个体都不能瓜分职业经理人的该项补贴。

# 第二节　江苏苏南土地股份合作社的成立背景与制度安排

## 一、江苏苏南土地股份合作社的成立背景

江苏苏南土地股份合作社的出现借鉴了珠三角地区的土地经营模式，考虑了当时的经济社会环境，在这节我们介绍土地合作社成立的背景。

### （一）村两委与村干部

村两委与村干部在以前的环境下都可以独立负责组织、执行、推动村庄的有关事务。随着新农业建设的步伐加快，越来越多的项目和资金涌入农村，村两委和村干部需要扮演更加多元复杂的角色。越来越多的项目和资金涌入农村，一方面推动了土地经营趋向于规模化，另一方面先进的生产技术和管理人才提高了农村公共产品的供给数量与质量，同时也可能伴随着一些问题，如交易成本的困境和利益再分配的困境等。江苏苏南土地股份合作社作为一种新型集体经济组织，能够有效协调市场主体、政府、村两委和农户之间的关系，形成混合的经营机制。

### （二）特定的资源环境

土地股份合作社的经营是利用连片土地来实现规模化经济，所以江苏省某些地区自然资源丰富、土地面积广的事实有利于土地股份合作社的运营。江苏省的水资源也较为丰富，大湖的存在有利于农业用地里的种植水面得到更好发展。虽然从事这些种植的地区是远离城市的农村以及郊区，但是江苏省某些地区的交通

很便利，并且毗邻上海，市场需求比较强烈。

（三）社会经济条件

越来越多的农村居民离开他们的家乡，涌进城镇就业和创业，大幅度锐减了从事农业生产经营的劳动力数量（特别是青壮年劳动力数量），导致土地置荒现象的出现。而且继续种植的生产效率不高但生产成本却很高，使得农户对种植粮食的土地厌恶情绪比较强烈，此时通过股份合作的模式积聚其土地也能得到更多的支持。再加上当地政府大力支持发展土地股份合作社，给予了很多政策上的便利，如在土地股份合作社筹建的全过程由区委农村工作办公室提供政策和业务指导；在合作社注册登记和取得营业执照的过程中区市场监督管理局提供了帮助；合作社所需要的经营空间、仓库场地及办公耗材等临时用地问题得益于土地管理部门的帮助。不仅如此，作为合作社负责人的村干部是由农户投票选举产生的，所以他具有很高的威信和很高的支持度，这也会吸引农户加入合作社，从而使得土地连片经营易于达成。

（四）家庭联产承包责任制缺陷逐渐显现

家庭联产承包责任制的改革中，家庭规模和劳动力是许多家庭分配土地的依据。在实行家庭联产承包责任制这个制度之初，其较好地解决了农业中的监督问题以及付出与报酬应成正比的问题，加上政府较为有效地维护了农户的权益、激发了农民生产的积极性，所以农业产出增长速度惊人。家庭成为农业生产剩余索取权的拥有者在家庭联产承包责任制下成为可能，同时带来的改变是家庭的私人收益率逐渐接近社会的收益率。然而，随着时间的推移和经济的快速发展，逐渐地发现这种制度缺陷带来的许多问题，成为现阶段制约我国农村发展的瓶颈之一。

家庭联产承包责任制中土地作为一种稀缺资源的价值未得到体现，因为它是一种对经营模式的创新。在家庭联产承包责任制中土地是属于村集体的，获得土地的条件仅仅是为村集体的成员，换句话说，对于农民来说，他们获得土地是成本极低的或者可以说是无成本的。随着工业化和城镇化的进程不断加快，离开家乡外出务工的农民数量越来越多。在农村这个大环境里主动选择放弃土地是一个农民不可能会做的选择，因为土地是不需要成本的，农民放弃土地所获取的收益和保留土地的成本同样为零。农民总是抱有外出经商务工失败还可以回家经营土地的想法，在这种思想的作用下，农户更愿意自行持有土地，而不是进行土地的流转。家庭联产承包责任制虽然在初期取得了很不错的成绩，但是随着社会的发展和农业的发展，其着重于对农业生产经营方式的改变的特点却成了缺点，土地产权缺乏明确的划分。正是由于土地产权划分不明晰，增加了交易费用，对经济增长产生了不利影响。而土地股份合作社确立了一种"三权分离"的关系，也明确了农户对土地的决策权、收益权和监督权，适应了社会的发展、农业的发展。

## 二、江苏苏南土地股份合作社的经营模式

土地股份合作社的一般组建流程：土地入股、股权设置、合作社统一处置土地、利益分配、制定章程和监督制度、合作社成立（见图 14-1）。

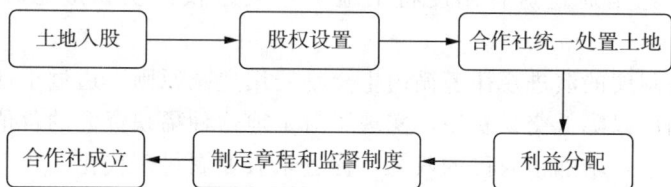

图 14-1　土地股份合作社的组建流程图

第一，土地入股。农户自愿自发以其由国家土地制度赋予的权利入股，随后由合作社颁发可以领取分红的凭证。农民土地入股的形式一般有三种：第一种是农户直接以土地入股，即每亩占一定数额的股份；第二种是对其土地进行估价，得到估价总额来折算应占股份的数额；第三种则是折算集体资产和农户土地权利，根据折算的数额来确定应占股份的数额。

第二，股权设置。一般设集体股和个人股，集体股归土地股份合作社所有，个人股即农户个人所持有的股份，其股份分红一般用于集体扩大再生产和集体福利事业。

第三，土地股份合作社。土地股份合作社通过出租和自己经营等方式来实现对土地的利用，获取一定的收入。

第四，利益分配。土地股份合作社对几个主体进行利益的分配，一般是由基准收益和超产收益构成的农户收益、土地股份合作社提留收益、超产收益和政府补贴构成的职业经理人收益。

第五，制定章程和监督制度。土地股份合作社的主要机构一般有理事会和监事会，并且他们的理事长和监事长一般都为行政村一级管理干部兼任，除此之外还有一个最高权力机构也就是股东代表大会（农户代表大会），通过入社农户来进行选举产生农户代表参加大会。在土地股份合作社成立之初，土地股份合作社章程一般由股东代表大会（农户代表大会）制定并通过，土地股份合作社日常管理的规范和农民权利的保障就是土地股份合作社章程。

## 三、江苏苏南土地股份合作社的制度安排

江苏省土地股份合作社开始于苏南，因为苏南的经济发展水平比较高，随后

苏中、苏北开始借鉴这种新型农业经营模式。本着农户自愿加入、退社自由、民主管理的原则，合作社不断壮大，吸收的农户土地越来越多，通过良好的制度安排对这些土地和土地相关的农户进行安置至关重要，既要满足农户的需求又要充分利用土地，达到较高的农业生产率和较低的成本。江苏省土地股份合作社的制度基础在于土地股份合作制，农民将手中的土地入股合作社，使得土地承包经营权价值化，也就是通过这种制度将土地承包经营权由实物形态转化为了价值形态。

农村用地制度的演进规律遵循内生交易费用递减原则，通过土地股份合作社的股份合作制可以降低交易费用，实现了对土地这种稀缺资源的价值在最大程度上的挖掘和分享，增加了农民的收入，促进了农业农村现代化。

农民与土地的关系在土地股份合作社成立后发生了改变，不再是以前直接化的收益关系，而是变得间接化了。农民不仅得到了政府政策的支持，还享受了农业现代化的福利，此外农户不连片的承包地实现连片经营后，能够更充分地利用生产要素降低决策成本、延长农产品价值链，增加了土地收益，而且农民因为拥有了对土地的股权，所以其收益在一定程度上得到了保证。

土地股份合作社成立后，村民的性质发生了改变。例如，村民在加入土地股份合作社前从传统意义上来说是村民，但是在加入土地股份合作社后村民变成了股民，形成了一种受到法律保护的委托代理关系。其中委托人为农户，代理人为合作社，能够比较自由地进行土地转让，对建立扎实有效的激励和约束机制起到了促进作用，经营者可能产生的道德风险行为得到了约束，制度的效率得到了显著提高。

## 四、江苏苏南土地股份合作社的分配状况

### （一）权益分配状况

江苏省土地股份合作社是由几个主体共同运作的一类合作股份组织。同时国家土地制度赋予了农户权利，即决策权、收益权和监督权。江苏省土地股份合作社获得土地后可能通过统一发包、出租等方式对土地进行运营。当他们通过出租等方式来委托职业经理人进行土地经营时，对于职业经理人来说首要的权益是收益权，因为其追求的是收益最大化。对于职业经理人来说，他的收入由两个方面构成：超产收益和政府补贴。

入社农户既是土地股份合作社主要的主体，同时也是土地股份合作社能够正常运作的核心力量。所以要保证他们的决策权、收益权和监督权。作为农户代理人的合作社也是土地股份合作社的主要主体，没有这种经营模式土地股份合作社没办法正常运作，他们也需要享受和农户相同的权利，即决策权、收益权和监督

权。同时当江苏省某些合作社采用双重委托代理模式即将合作社积聚的土地委托给职业经理人经营时，收益权是首要的，但是要在不损害合作社和农户权益的同时实现收益最大化，这就需要职业经理人具备生产经营权，能够根据实际情况来对农业生产经营进行调整，在保证农户基本收益的同时将超产收益提高。

（二）收益分配状况

江苏省土地股份合作社的收益分配可能涉及三类主体，即农户、合作社、职业经理人，所以当我们探讨收益分配时即是对这三类主体进行收益分配。收益分配必须要公平、公正、公开且合理，否则将会引发各主体之间的矛盾冲突，如果处理不当就会影响土地股份合作社的平稳运行。但是如果每个主体都得到了满意的收益分享，他们将会更加团结，在面对风险时更加冷静并且相信委托代理人，有利于土地股份合作社的发展和壮大。

在进行收益分享时，优先要考虑对入社农户收益的划分，因为他们是土地的拥有人，也是最核心的主体，只有他们划分到了合适的收益，合作社才能有序稳定运行下去。他们的收益由两部分构成：保底收益和浮动分红。除了在入社时给他们承诺的每亩一定金额的保底收益外，根据经营情况还会对超产部分进行一定比例的分红。合作社也可以根据情况在收益分配中获得少量经费，但它不能只顾着行使收益权，也就是不能侵占入社农户、职业经理人的利益。职业经理人在进行收益分享时要根据经营情况来考虑，如果经营情况很好他们可以获得占超产收益一定比例的收益，如果经营情况不好，他们就不能获得这部分收益。当然，为了维护好他们的权益，在组建合作社时他们的收益构成有两部分：超产收益和国家给予的补贴。也就是说，当他们不能获得超产收益时，他们还有国家的补贴，在遭遇农业风险时不至于损失严重。

# 第三节 土地股份合作社的推广价值与适用条件

通过对比两个案例，分析土地股份合作社在资本化定价机制、收益分配机制、风险防控机制等方面的差异，提出土地股份合作社的推广价值和适用条件。

## 一、土地股份合作社案例比较

本部分从定价机制、收益分配机制、风险防控机制三个方面对东、西部两个土地股份合作社进行比较。

（一）定价机制分析

东、西部两个土地股份合作社定价机制对比表见表 14-3 所列。

**表 14-3 东、西部两个土地股份合作社定价机制对比表**

| 项目 | 案例一：成都市土地股份合作社 | 案例二：江苏省土地股份合作社 |
|------|------------------------------|------------------------------|
| 定价方式 | 通过主体协议确定 | 通过主体协议确定 |
| 定价基准 | 农户出让土地能接受的最低收益 | 农户出让土地能接受的最低收益 |
| 定价机制 | 收益主导型价格形成机制 | 收益主导型价格形成机制 |

东、西部两地在实现土地股份合作社的运作上，存在很大程度上的相似点，从侧面体现土地股份合作社具有不错的可操作性。上面提到的收益主导型价格形成机制主要是指农地流转价格的形成以人们对农地未来预期收益为基础。农民在思考是否对土地进行流转以及确定流转土地价格时，会考虑到流转土地质量的问题以及后来土地所带来的增值的收益。

（二）收益分配机制分析

东、西部两个土地股份合作社收益分配机制对比表见表 14-4 所列。

**表 14-4 东、西部两个土地股份合作社收益分配机制对比表**

| 项目 | 案例一：成都市土地股份合作社 | 案例二：江苏省土地股份合作社 |
|------|------------------------------|------------------------------|
| 收益分配主体 | 入社农户、合作社、职业经理人 | 入社农户、合作社、职业经理人 |
| 收益分配份额 | 入社农户：500 元/亩＋超产收益的 50%；合作社：土地收益的 10%；职业经理人：增值收益的 50%＋政府补贴 | 入社农户：保底分红 500 元/亩＋剩余收益的一定比例收益；合作社：土地收益 10% 的公积金、土地收益 10% 的风险基金和土地收益 10% 的管理费；职业经理人：剩余收益一定比例＋政府补贴 |

在成都市土地股份合作社的治理机制下，三个主体中入社农户是核心，所以收益分享时应该是农户优先。在入社农户的收益分配机制下，入社农户的收益由两部分构成：入社时约定的一定金额每亩的基础分红和以基本分红为基准的占超额部分一定比例的分红（超产分红），基本分红由多数农民入社前的单位土地面积所带来的收益确定，超产分红以基本分红为基准，对超过基准的部分收益按照一定的比例给农户进行二次分红。

合作社作为一种公益性的社会服务机构，没有收益来源，合作社的理事长和监事长一般都为行政村一级管理干部，在管理架构中占据重要位置，按理说其不需要经济收益，因为他们追求的是政绩。但是实际情况并非如此，合作社除了履行组织、管理和监督职能，还承担更大的责任，如为日常经营提供一定的资金帮助，这主要是因为考虑到合作社处于发展的初级阶段，市场化服务体制有很大的欠缺，因此合作社可以分享占据土地收益一定比例的收益，但它不能与农户、职业经理人争利。

江苏省土地股份合作社进行收益分享时，如果要保证合作社有序稳定地运行下去，必须要优先考虑对入社农户收益的划分。入社农户作为土地的主人，其收益组成有保底收益和浮动分红。保底收益是入社时的承诺收益，这部分收益是对农户的基本利益保证，而浮动分红与经营情况挂钩。职业经理人的收益也有保底的国家补贴和与经营情况挂钩的收益，以期降低他们遭遇农业风险时的损失。作为服务机构的合作社为了维持正常的运行，也可以从收益分配时获取少量资金。

（三）风险防控机制分析

东、西两个土地股份合作社风险防控机制对比表见表14-5所列。

表 14-5　东、西两个土地股份合作社风险防控机制对比表

| 项目 | 案例一：成都市土地股份合作社 | 案例二：江苏省土地股份合作社 |
| --- | --- | --- |
| 风险防控机制 | 操作风险：实际控制人出现不一致，导致在进行生产时，选择农作物等出现偏差，造成收益损失 | 制度风险：土地股份合作社能够存在的很大原因在于以村干部为主的国家力量的担保，他们不需要太多的收益，将收益分给入社农户和职业经理人，他们出现问题对这种经营模式就是一种巨大的打击 |
| | 经营性风险：农作物市场价格波动较大，整个市场收成太好会造成"谷贱伤农"的现象，收成太差也会影响收益 | 经营性风险：职业经理人在获得大量土地后可能会盲目扩大经营规模，不能合理分配农作物的规模，市场遭遇变化可能会带来巨大的损失 |

成都市土地股份合作社存在的风险问题：一是实际控制人问题。将大面积的土地都集中在合作社手里，而合作社的理事长和监事长一般都为行政村一级管理干部，理论上虽然是职业经理人在经营，但往往是理事长说了算，干扰了职业经理人的经营，对土地股份合作社的经营造成风险。所以需要明确三个主体的权益，不允许越权操作，每个个体必须在权益范围内行使权利。二是战略制定问题。在土地股份合作社的内部治理机制中，通过职业经理人制定经营战略，由农户来表决是否同意实施该战略。但是由于农户本身视野的局限性，职业经理人制定的好的战略可能被否定，而相对比较差的战略可能会被支持。所以需要经常对农户进行培训，学习新知识，接受时代的新变化。另外在确定战略时，职业经理人也要保持足够的耐心为农户讲解该战略的利弊，不能只说其一，损害农户权益。三是收益分享问题。成都市土地股份合作社采取的是双重委托代理制度，如

果职业经理人瞒报收益，或以其他方式转移收入将会损害农户收益；另外，合作社也可能侵害农户的收益，所以需要更完备的监督管理制度来规范合作社主体的行为，保证三大主体的收益都不受侵害。

江苏省土地股份合作社存在的风险问题：一是内部机制存在弊端。明确规定农户退社自由，但是一旦农户入社，土地就被连片经营了，很难再划出以前的土地，就算划出之前的土地，也和之前的土地存在很大的差别。一般是协商归还不影响连片也就是偏僻地方的土地，这时候农户不得不接受这种置换，造成了损失。所以，需要完善农户的退社保护机制。二是农户产权制度不健全。虽然土地股份合作社一直强调利用农户的经营权入股合作社，但是在很多地区这种经营权是不被保护的，这种国家土地制度赋予的权利很多农户没有享受到，所以需要建立法律法规来明确保障农户的权利。

## 二、土地股份合作社的推广价值

（1）有利于农业现代化。随着我国发展的速度由快向稳、农业生产社会化的发展、生产要素获取更便捷，大量农村劳动力、土地、资金流向城镇生产要素市场，对农业基础造成了削弱。我们知道传统农业劳动生产率、土地产出率都不高，通过转型为现代化农业可以改变这一局面。土地股份合作社作为一个现代农业集体经济组织，通过双重委托代理的模式，聘任职业经理人，通过积聚农户手里分散的土地，形成新的农户合作经济组织，然后利用高科技生产设备来进行土地种植，提高生产效率，也便于新时代农村进行规模化、标准化的生产，这种生产产出的商品能够满足市场的需求，适应了农业现代化的改革。

（2）统筹城乡发展。城乡发展的差异和城乡居民收入的差异是造成人口流动的主要原因。要解决城乡收入差距问题、改善社会结构矛盾、为经济发展添砖加瓦，就必须提高农民的收入和福利水平，让他们能享受更加丰富美好的生活。土地股份合作社通过农民入股分红加超额收益分红为农民提高收入，有些入社农户成为职业经理人后，其收入达到很高的水平，2014 年职业经理人的年收入在 8 万元以上。农民收入提高了，更有底气去创新创业，并通过发展农业周边产业，带动农村经济发展，实现共同富裕。

## 三、土地股份合作社的适用条件

土地股份合作社也存在一些条件限制和问题。例如，对于农户来说，土地资本化流转总是存在一定风险的，农户首先应该评估自己的风险承受能力，若能接受项目失败的风险，则可以将土地经营权入股合作社；若是不能，则可以采取进城务工的谋生方式，对冲项目经营失败的风险。此外，要全面落实农户的土地确权。农村土地确权的完成，是设立土地股份合作社的基础，是设立土地股份合作社的前提，只有完成土地确权，土地股份合作社的后续运作才会更加顺利。

合作社是通过整合农户的土地来实现连片经营的，从而实现规模经济效益，但是也会带来规模风险。当规模过大时，他们不仅要扎实落实召开农户代表大会、选举、表决等流程，又要按照两会的要求为入社农户提供各项服务，包括土地相关凭证的颁发，收益的核算、发放等，这就使得合作社内部工作人员日常事务繁杂，工作压力很大，容易出现很多问题，所以合作社的规模需要适度，不能过大，也不能太小，这样才能在最大程度上稳健运行。

由于合作社参照现代企业进行管理和运营，设立农户代表大会为最高权力机构，参会人选一般由入社农户表决产生，同时设立理事会、监事会等，合作社的理事长和监事长一般都为行政村一级管理干部。理事长负责日常事务的统筹协调，而职业经理人负责种植技术与农地经营。但在实际操作中，成了理事长与职业经理人共同参与经营，并且理事长话语权较大。所以也会存在"内部人"控制的问题，这种问题的存在容易导致农户代表大会、监事会失去本来的作用。合作社在投票表决某些事情时，不能公平公正地做到每人一票，就容易造成社员之间关系存在隔阂，不能团结地处理事务，合作关系趋向于分裂，从而导致职业经理人工作遭遇较大的阻力，使得合作社经营出现问题，最终导致入社农户利益受损。

农户作为合作社的核心，有许多的制度维护他们的利益，如农户代表大会确定的章程对他们经营权这种权益的保护，也就是规定了农户可以"入社自愿、退社自由"，这直接导致职业经理人成为弱势的一方。许多入社农户全然不顾集体利益和职业经理人的利益，"任性"地入社和退社，但是却对在经营途中退田造成的损失不承担任何责任，使得很多职业经理人苦不堪言。保障农户的民主权利、维护他们入社退社自由是制定章程的初衷，但是在维护这种自由时没有任何的条件加以限制，导致了连片土地经营的不稳定性，容易被退社农户索回土地，职业经理人的经营风险被加大，在经营中存在更多的不确定性，使职业经理人处于弱势的一方，从而使得职业经理人利益受损。

# 第十五章  城乡土地增减挂钩的实践与经验

建设用地资源是国民经济各部门进行相应经济活动的不可或缺的载体，目前建设用地资源主要依赖于新增建设用地外延扩张，即占用农业用地和未开发利用土地。城乡土地增减挂钩模式是在保障城市建设用地供应的同时确保农业用地规模，以保障粮食安全问题的重要实践。基于此，本书选择了重庆"地票"模式和天津"宅基地换房"模式进行具体剖析。

## 第一节  城乡土地增减挂钩的"地票"模式

重庆市通过"地票"模式创新来改善城市建设用地指标紧缺状况，统筹城乡土地资源的效果显著。

### 一、重庆"地票"模式的产生背景

重庆城乡矛盾突出，经济差异巨大。3000 多万人口中，农村户口占比为70％以上，2008 年城乡收入比达到 4：1。因此，重庆和全国各地面临着同样的问题。一方面在农村有大量的闲置宅基地及建设用地，但由于土地制度这部分土地并不能被拿来交易流通只能在农村闲置；另一方面由于严格的耕地保护制度，每年下发的建设用地指标根本无法满足城市发展建设的需要。

2007 年，上级部门批准允许重庆设立统筹城乡发展改革试验区，重庆开始积极进行城乡统筹发展的改革探索。重庆市政府认为城乡土地增减挂钩制度改革可以作为统筹城乡经济协调发展的突破点。应做好这篇大文章，进一步积极探索盘活农村资产、提升农村土地价值、增加农民收入以及缓解城市建设用地资源紧张局面的方法。随即有关部门经过调研论证提出了成立农村土地交易所并制订方案上报上级部门，并得到了肯定答复。随后相关专家起草了《重庆市农村土地交易所管理条例》（以下简称《条例》），但该《条例》中城乡建设用地、农村集体闲置建设用地、城乡建设用地挂钩指标等相关概念太多、太复杂。时任重庆市市长黄奇帆认为土地指标在农村土地交易所进行交易买卖，形式如同股票，又是以土地为标的，不如叫"地票"，至此，"地票"之名诞生。

2008 年 11 月 17 日重庆市人民政府第 22 次常务会议通过了《重庆农村土地交易所管理暂行办法》。2008 年 12 月 4 日，全国首家农村土地交易所——重庆农村土地交易所正式挂牌成立，并开始进行交易。

## 二、重庆"地票"模式设计的内容

"地票"简单来说是指将农村闲置宅基地以及闲置的村集体建设用地进行复垦，变成符合栽种农作物要求的耕地，经由土地管理部门严格验收后腾出的建设用地指标，由市国土房管部门发给等量面积建设用地指标凭证，这个凭证就称为"地票"。

"地票"模式的基本原理是将城乡建设用地统筹起来，一方面将城市建设用地的收益转移到农村地区使得农村地区土地价值提升；另一方面将农村土地复耕后转化为经营性用地指标，通过"地票"交易转移到城市，缓解城市建设用地紧张局面，满足城镇化发展需求。

### （一）重庆"地票"模式设计的基本原则

在"地票"模式的初始探索阶段，重庆市的整体思路为积极创新，整体设计，统筹推进，坚持以下几点原则：第一，严格遵守现行的土地政策法规，在此框架下进行改革创新；第二，严格遵守现行的耕地保护制度，不触碰耕地保护红线，确保先补后占，通过复垦保证耕地数量不减、质量不降；第三，把保障农民及村集体的利益放在首位，坚持一切为了"三农"原则；第四，以清晰的土地权属为开展土地改革工作的前提，防止确权、复垦再确权的工作混乱；第五，坚持市场化原则，让市场这只看不见的手去协调供需关系，发现土地的价值，促进城乡土地市场融合。

### （二）重庆"地票"模式的运行流程

#### 1. 规划布局

市政府按照国土资源主管部门编制的规划对挂钩指标交易总量进行调控，每年的交易指标数量要根据当年的用地计划和开发用地需求情况来合理确定。若可交易的土地指标太少，供小于求，则可能会推高"地票"的价格，这不利于城镇化建设。若可交易的土地指标太多，则会供大于求，"地票"卖不上价格，农民会在"地票"交易中利益受损。

#### 2. 复垦

依据《重庆农村土地交易所管理暂行办法》第十九条第二款规定："土地权利人（包括农村集体经济组织、农村家庭及其拥有土地权属的其他组织）向区县（自治县）国土资源行政主管部门提出土地复垦立项申请，经批准后复垦所立项的土地。"农村土地申请复垦要具备四个条件：一是农村建设用地申请复垦，须提交权属证明、土地勘界报告、土地利用现状图、土地分类面积汇总表；二是凡农村家庭申请农村宅基地及其附属设施用地复垦，须提供集体土地使用证或其他权属证明，以及拥有其他稳定住所、稳定生活来源的证明和所在农村集体经济组织同意复垦的书面材料；三是凡法人或其他经济组织申请农村建设用地土地复垦，须提交土地所在农村集体经济组织同意复垦的书面材料；四是凡农村集体经济组织申请农村建设用地土地复垦，须出具集体土地所有证或其他权属证明，以及本集体经济组织三分之二以上成员或者三分之二以上成员代表同意复垦的书面材料。

3. 验收

依据《重庆农村土地交易所管理暂行办法》第十九条第三款规定："在土地复垦完毕后，复垦方向区县（自治县）国土资源主管部门提出农村土地复垦质量验收申请。"

验收阶段是确保复垦耕地的品质和敲定"地票"基准价格的重要环节。区县土地整理机构组织人员对所要复耕的土地进行复垦并先垫付复耕成本，然后向国土资源主管部门申请验收。验收是保障复垦质量的重要环节，通过上级部门对复垦土地的验收，有利于保障耕地质量，达到耕地保护目的。

4. 核发"地票"

根据《重庆农村土地交易所管理暂行办法》第十九条第四款规定："区县（自治县）国土资源行政主管部门按规定组织验收，验收合格后，按照重庆市土地复垦有关规定，向市国土资源行政主管部门申请确认并核发城乡建设用地挂钩指标凭证。"

复垦耕地验收合格后，地方政府可以向上级土地主管部门申请核发"地票"，政府相关部门综合考虑新增建设用地有偿使用费、耕地开垦费、农民新居建设费、搬迁补偿等费用后确定"地票"的基准交易价格，"地票"以这一价格进入重庆农村土地交易所进行交易。

5. 交易"地票"

首先，"地票"所有者委托代理机构向重庆农村土地交易所提出出让指标的申请。重庆农村土地交易所接到申请后要向国土资源行政主管部门进行备案，然后接受监督管理委员会对相关土地指标的资质审查，之后土地指标进入重庆农村土地交易所的信息库，重庆农村土地交易所以信息库的数据为依据发布竞购公告。有意购买者在获悉公告内容后向重庆农村土地交易所提交要竞购的申请并缴纳保证金，然后购买者在"地票"交易会上进行竞购，竞购成功者随后进行交易确认。根据《重庆农村土地交易所管理暂行办法》第二十五条规定："市人民政府在综合考虑耕地开垦费、新增建设用地土地有偿使用费等因素的基础上，制定全市统一的城乡建设用地挂钩指标基准交易价格。"另外，"地票"的交易不是某一指标的交易，而是多个指标进行打包后组成"地票包"进行交易，而且面积不等。这些指标打包组合成"地票包"后，每个"地票包"内的"地票"指标以同一基准价格起拍，最终以同一价格成交。"地票"在重庆农村土地交易所竞购后最终交易价格如果低于基准价格，土地所有者享有优先回购的权利。

6. 使用"地票"

"地票"购买者在竞得"地票"后，可以在符合规划的情况下向当地政府提出征地申请。如果征地用于非农业用途，则仍然需要走土地招、拍、挂程序。若"地票"持有者拍下此地块则在后续指标落地时可以用"地票"冲抵土地有偿使用费和耕地开垦费等费用。但若别的竞争者以更高的价格竞得地块，则政府将"地票"价格从最终的交易价格中扣除返还给"地票"持有者，但只归还本金，不包括购得"地票"至今产生的利息，这部分损失由"地票"持有者自己承担。

（三）"地票"收益的分配

根据《重庆农村土地交易所管理暂行办法》第三十一条规定："耕地、林地等承包经营权交易收益，归农民家庭所有；农村宅基地使用权交易收益，原则上大部分归农民家庭所有，小部分归农村集体经济组织所有，具体分配比例由农民家庭和农村集体经济组织协商确定；乡镇企业用地、农村公共设施和公益事业建设用地等集体建设用地使用权交易收益，归农村集体经济组织所有；农村土地交易所按农村土地实物和指标交易额1%的比例收取交易服务费；农村集体经济组织获得的土地交易收益，纳入农村集体财产统一管理，用于本集体经济组织成员分配和社会保障、新农村建设等公益事业。"具体实施办法，按农村集体资产管理相关规定执行。重庆农村土地交易所按土地指标或土地实物交易额的1%收取交易服务费。由此可见，《重庆农村土地交易所管理暂行办法》也没有对"地票"收益的分配制度进行具体研究。

## 三、重庆"地票"模式的运行状况

（一）重庆"地票"模式运行所取得的成效

1. 提升偏远地区土地的价值

根据马克思的级差地租理论，离市中心越近的土地其级差收益越高。在"地票"模式下，原本属于农村地区的建设用地指标经过重庆农村土地交易所交易后就转化成城市建设用地指标，且交易价格按照城市建设用地指标来计算，这样其价值就远高于它所在农村的建设用地指标价值。农村建设用地指标通过与城镇建设用地指标进行交换带来的价值增值就是城市的级差地租转移到农村的一部分。

同时，"地票"交易不是单一建设用地指标交易，而是来自多个不同地区的地块打包成"地票包"来统一进行交易，同一"地票包"的"地票"来自不同地区，有离城市较近的农村也有偏远的农村，但是同一"地票包"成交价格是一样的，从而提高了偏远地区农村建设用地指标的价值。

2. 促进城乡金融一体化

城乡之间的二元经济结构促使了城乡土地市场的分离，影响城乡金融一体化的形成。要使城乡金融一体化实现并打破城乡经济二元结构，就必须缩小农村巨大的存贷差，使资金回流农村，让农民能够轻松地贷上款。这就要求具备两个条件：一是农民要有可以用来担保抵押的财产；二是当农民无力偿还贷款银行行使这个抵押财产的债权时不会影响农民的正常生活。而"地票"就将这两种条件由理论变为现实，农民的闲置宅基地进行复垦变为耕地后形成的建设用地指标就可以用来抵押以满足其资金需求，而且这些指标实际上是一种拿地资格。对于银行来说，它相比于土地实物是一种风险更小、更具流动性的抵押物。另外，因为是农民闲置宅基地复垦形成的建设用地指标，所以不会影响农民的居住，即使农民不能偿还贷款也不会流离失所。

3. 有效缓解拆迁矛盾

根据《重庆农村土地交易所管理暂行办法》第二十条第一款规定："农村土地复垦必须坚持规划控制、政府指导、农民自愿、统一管理、统一验收。"从这条规定中可以看出，农民的闲置宅基地及其附属设施是否复垦要遵循农民的意愿，补偿也是按照"地票"交易的价格来确定，农民在知晓这些的前提下可以选择复垦与否，这与在城乡土地市场二元结构下的传统征地拆迁相比有很大优势。传统的征地拆迁往往是政府根据规划集中成片地进行征收，其中多会涉及农民的非闲置宅基地或者农业用地，由于土地的用途往往是从农业变化为非农，政府会获得巨大的土地边际收益，所以政府会进行积极主动拆迁，而农民因为非主观意愿又对补偿不满意所以往往会消极对待拆迁，与政府之间很难达成一致，这就容易使农民与政府产生矛盾，严重则会引发群体事件。

"地票"模式下，村民的意愿得到充分尊重，农民乐于用闲置宅基地来获得货币收益，且不影响农民正常生活。另外，"地票"模式提升了偏远地区的土地价值，农民可以获得比以往更多的补偿，这有效化解了强拆的矛盾。

（二）重庆"地票"模式运行中存在的问题

"地票"模式因城乡土地流转改革而诞生，自实施以来取得了很多成效但也遇到了一些问题。

1. 复垦的落实问题

农村建设用地指标打包成"地票"进行交易的前提是要保证耕地数量不减、

质量不降。然而，复垦土地的数量和质量并不能得到充分保证。相关行政部门作为政策的执行者和受益者，可能更多地考虑复垦耕地的数量，而忽视了质量，以及后期复垦耕地的保护。地方政府既是复垦耕地带来用地指标的受益者，又是复垦验收的审批者，同时也是复垦成本的支付者。因此，地方政府更倾向于考虑建设用地指标的问题，而对复垦土地的质量好坏不太关心。

2. 溢价分配问题

对于溢价的分配在现行的模式下一般有四方面：一是土地复垦的成本；二是农民的宅基地上的房屋拆迁需要给予补偿以及农民购买新房的补贴；三是给予农村集体经济组织的补偿，因为农村建设用地是属于村集体的，农民只是拥有宅基地的使用权，所以这部分补贴是给予村集体的不是分配给农民个人的；四是建立耕地保护基金。从这四方面可以看出土地的溢价经过层层分割能分到农民手里的部分已经很少了，这不利于保护农民的利益，因此，制定一套更科学的分配制度是当务之急。

3. "地票"持有者权利保护问题

根据《重庆农村土地交易所管理暂行办法》规定，"地票"持有者可以申请未被国家征收且满足开发者市场需求的地块进行开发，只要符合城市开发规划和土地利用规划，政府就可以按程序对所选地块进行征用并走土地招、拍、挂程序，在招、拍、挂过程中"地票"持有者和其他开发商是同等竞争关系，并没有优先待遇。若其他开发商竞得地块，则政府将从最终的交易价格中扣除"地票"价格返还给"地票"持有者，但只是归还本金并不包括购得"地票"至今产生的利息，这部分损失由"地票"持有者自己承担。由此可见，"地票"持有者既没有买地优先权又承担利息损失风险，这导致现实中很多开发商对"地票"交易参与积极性不高。因此，应该注重"地票"持有者的权力保护问题。

# 第二节　城乡土地增减挂钩的天津模式——宅基地换房

"宅基地换房"是天津新农村建设的一种创新模式，本节将分三个部分对其进行介绍。首先，"宅基地换房"模式的产生背景；其次，"宅基地换房"模式的内容；最后，"宅基地换房"模式的运行状况。

## 一、天津"宅基地换房"模式的产生背景

2005 年左右，天津市周边郊区存在城镇化率不高，环境卫生质量较差，各

种基础设施及公共服务设施配套不完善，农村规模小、人口密度低，人均建设土地面积大，土地利用率低等问题。为了解决这些问题同时加快天津市郊区农村的城镇化进程，天津市政府开始了城镇化建设的探索。众所周知，城镇化建设主要有两大方面的难题：一是建设用地指标紧张，国家严格把控用地指标的发放；二是建设新型小城镇需要大量的资金。为此，天津市开创了"宅基地换房"模式，开始了建设新城镇和新农村之路。

## 二、"宅基地换房"模式的内容

"宅基地换房"简单来说就是将农民在农村的房屋置换为新型小城镇的房屋，然后集中居住，农民原有宅基地统一复垦为耕地后仍发放给农民耕种。当然在实施过程中要坚持土地承包责任制不变，耕地质量不降、数量不减以及农民自愿的原则。并且建设出高质量、高水平、宜居、宜作的新型城镇。在农民迁入小城镇居住后，地方政府对村民的原宅基地统一组织进行复垦为耕地，保证耕地数量只增不减，耕地质量不降。对新型小城镇的建设除了要规划建设迁入村民居住的住宅区外，还要配套建设相关的工业区和商业区。这样做一方面是为了迁入的村民能够更好地在新型小城镇生产生活，另一方面可以通过建设用地的出让和后续工业区、商业区的出租来获得资金更好地建设小城镇。此举促进了城镇化建设，使农民向市民转变，使工业更加集中、耕地更加规模化。

天津市各区县的"宅基地换房"模式有略微不同但都大同小异。其中开展最早的也最具有典型意义的是东丽区华明镇。本部分就以它为例来阐述"宅基地换房"模式的具体内容：①由城建等相关部门对所要迁移的片区的房屋进行普查测量，然后登记备案，由村委会登记村民的数量。②由区政府组织编制新型小城镇的建设规划以及宅基地复垦为耕地的规划，并报给上级审批。③由区政府主导组建新型城镇建设开发投资公司，进行小城镇的融资建设及土地复耕等。④由镇政府制定"宅基地换房"相关政策和标准，村民根据政策自愿申请，当全村有十分之九以上进行申请换房搬迁时，镇政府开始进行新型小城镇建设。⑤开始实施换房，村民按照标准进行换房，当原宅基地有效住房面积按照比例置换后超出所分配房屋面积时则给予村民超出部分相应的货币补偿。

换房后的配套政策：①土地复耕。在进行宅基地换房后，对原宅基地以及村集体建设用地由村委会组织村民进行复垦，复垦后由上级土地管理部门验收，验收合格后的耕地仍然发放给本村村民耕种。②就业途径。"宅基地换房"后农民进城就业的问题需要妥善处理，以华明镇为例采取了三方面措施：一是向市区各企业推荐、输送人才；二是在园区企业安排增设物流、安保、保洁等岗位；三是利用工业园区自有的优势开设相关课程，免费培训村民的电焊、驾驶、施工等技能。③社会保险。由市政府买单按照城镇职工的标准为迁入村民购买养老保险以解决农民的后顾之忧。

### 三、"宅基地换房"模式的运行状况

（一）宅基地换房模式取得的成效

1. 有效地保护了耕地

国家相关法律限制了农村宅基地使用权的流转，其本意是保护耕地，但天津"宅基地换房"模式表明，宅基地置换复垦不仅没有减少耕地反而还增加了耕地面积，在实现村集体建设用地流转的同时有效保护了耕地。

2. 提高了土地利用效率

因为"宅基地换房"是以宅基地上有效房屋面积按照规定比例置换小城镇的新房，进行化零为整后可以节约出大量的建设用地，这些土地除去建设新型小城镇所需要的面积以及市场开发用地，剩余的可以用来复垦为耕地，也可以作为建设用地指标进行出让，大大提高了土地利用效率，实现了土地集约利用的目标。

3. 农村宅基地价值得以显现

一般来说农民的宅基地价值很难得到体现：一方面，法律限制了它们的流转；另一方面，由于地处农村宅基地难以获得资金青睐。"宅基地换房"模式使得农民的宅基地价值得以显现，通过置换为小城镇的住房价值得到市场化评估，也使农村集体建设用地市场与城镇建设用地市场相连接，打破城乡土地市场二元结构。

4. 农民财产性收入增加

农民有宅基地的使用权但并无宅基地的所有权，"宅基地换房"模式通过将无产权的宅基地建筑置换为新型小城镇有独立产权的商品房，农民实现了财产性收入的增加。

（二）"宅基地换房"模式运行中触发的问题

1. 所有权与使用权问题

《中华人民共和国土地管理法》中有规定，宅基地的所有权是属于村集体的，但农民拥有宅基地的使用权，而且是永久性的使用权，在此期间农民对宅基地占有、使用和收益。但天津市"宅基地换房"模式对农民宅基地使用权的期限问题没有进行考虑，换句话来说就是这种"以房换房"模式下农民置换后的商品房是有产权期限的而且原宅基地复垦后节余的土地转为经营性用地出让也是有期限的，那么使用期限到期后使用权是否归还农民还是个问号。

2. 利益分配问题

第一，"宅基地换房"模式没有很好地突出宅基地应有的价值。根据《中华人民共和国物权法》第一百二十一条的规定，物权受益人的用益物权被征收致使消失时可以得到对应的补偿。"宅基地换房"虽然不是一种典型的征用行为，而且大家普遍认为"宅基地换房"是农民的自愿行为，但通过换房农民却失去了宅基地的使用权，所以这个因素理应在开始做出置换的时候就要考虑进去，但结果并非如此。再退一步说，农民是无偿获得宅基地的使用权的，因为这是国家给予农民保障性的权利，当然在收回时不需要给农民支付补偿费用，但是对村集体而言，村集体是拥有宅基地所有权的，在"宅基地换房"中理应获得相对应的补偿，结果也没有对村集体的补偿条款。

第二，在利益分配过程中也存在不平衡。政府和开发商分走了大部分收益，农民只获得了住房补偿，节约出来的土地的增值收益农民没有获得。如其中一个试点贯庄村，共有宅基地 150 万平方米左右，近 2000 户村民，平均每户 750 平方米左右。即使按照通行标准政府、开发商和农民各占三分之一来计算，每户也应该得到 250 平方米左右，然而实际情况是每户就分到了 75 平方米左右，还不到应得的三分之一。由此可见，村民的利益很难得到保障，村民在"宅基地换房"中是处于劣势的。

3. 农民生存发展问题

在收入来源方面，主观上来看，换房前后农民的收入并没有大的改变，主要是依靠耕地获得的农作物售卖收入，再就是一些额外的收入。但是换房后，农民离耕地的距离大大增加，无形中增加了农民的投入成本。比如以前农民走路就可以去耕地，但是现在一些农民要花几块钱坐公交去 10 公里外的地里种玉米，这样远的距离很多农民就会放弃耕地。放弃耕地的大多数农民都是年龄比较大的，在城市中很难找到工作，也就意味着没有收入来源。而且在城市中生活，各种生活支出也是大大增加的。虽然政府部门也制定了相应的补助政策（如给农民买城镇居民社会保险，耕种土地也有 500 元/亩的补贴，在城镇也提供对应的岗位就业），但是实施过程中根本无法达到想要的效果。宅基地换房模式的实施，解决了农民的居住生存问题，但是更进一步的发展问题并没有得到有效解决。

4. 政府自上而下主导问题

天津"宅基地换房"是政府自上而下进行主导改革的，政府主导固然能够提高改革的效率，把控相关的风险，但政府主导缺乏市场化且农民参与度低，这不可避免地导致了在改革过程中农民的权益得不到有效保障。如何有效地促进改革，降低各项成本又能使农民的权益得到好的保障是值得积极探索的。

## 第三节　城乡土地增减挂钩的推广价值与适用条件

本节主要介绍城乡土地增减挂钩的推广价值与适用条件，共分为三个部分：首先，将前两种案例在定价机制、利益分配机制、风险防控方面进行对比分析；其次，介绍两种案例的推广价值；最后，总结不同模式的适用条件。

### 一、两种案例的对比分析

第一节介绍了城乡土地增减挂钩的重庆模式和天津模式，接下来从二者的定价机制、利益分配机制、风险防控机制三方面来进行对比分析。

（一）定价机制分析

两种案例定价机制对比表见表 15 - 1 所列。

表 15 - 1　两种案例定价机制对比表

| 项目 | 重庆"地票"模式 | 天津"宅基地换房"模式 |
|---|---|---|
| 定价基准 | 综合耕地开垦费、新增建设用地有偿使用费等各项成本制定基准交易价格 | 农民宅基地的面积与新建小城镇住房面积以一定比例进行兑换 |
| 定价方式 | 在重庆农村土地交易所公开竞价交易形成最终价格 | 政府主导集中征收，价格由政府决定，以小城镇住房补偿为主、以货币补偿为辅 |
| 定价调整机制 | 根据耕地开垦难度，"地票包"所含土地指标质量不同，每一批"地票包"形成的基准价格也不同 | 根据农村原宅基地所属地区不同，宅基地上建筑质量不同，进行定价调整 |

从重庆"地票"模式和天津"宅基地换房"模式两者的定价机制对比分析来看，"地票"模式对农村土地的定价更加市场化，有利于接近和发现真实的土地价值，实现农村土地与城市土地价值的联动。天津"宅基地换房"模式还是政府主导定价，村民将宅基地按规定比例置换为小城镇新住房，往往居住空间相比农村时减少且没有货币补偿，使得农民没有充分享受到土地增值的收益，相比"地票"模式定价不够市场化。

（二）利益分配机制分析

两种案例利益分配机制对比表见表 15 - 2 所列。

表 15-2 两种案例利益分配机制对比表

| 项目 | 重庆"地票"模式 | 天津"宅基地换房"模式 |
|---|---|---|
| 利益分配机制 | "地票"交易收益扣除交易所服务费、土地复垦费、相关税费后,净收益分配分两种情况:宅基地形成的"地票"净收益绝大部分分配给农民,少部分分配给村集体;集体使用的建设用地形成的"地票"净收益全部由集体统筹使用 | 农民的是新建城镇的住房补偿以及参与复垦的复垦补偿费用;政府对宅基地整理复垦后,除农业用地和抵补安置住宅用地以外的节省出来的土地出让金,数额较大;参与项目建设的建设投资公司、房地产开发公司、金融机构等会获得相应的商业收益 |

从重庆"地票"模式和天津"宅基地换房"模式两者的利益分配机制对比分析来看,重庆"地票"模式实行过程中,其"地票"所形成收益全部由农民及其村集体所有,如果"地票"交易价格合理,则农民的利益得到较大保障。天津"宅基地换房"模式实施过程中,农民主要是获得了住宅补偿,但从居住空间上说,农民的生存空间在换房后被压缩,土地集约使用结余的大量土地转为国有经营性用地,这部分土地由政府支配出让,所以政府无疑是获取了本属于农民土地转让的增值收益。

(三)风险防控机制分析

两种案例风险防控机制对比表见表 15-3 所列。

表 15-3 两种案例风险防控机制对比表

| 项目 | 重庆"地票"模式 | 天津"宅基地换房"模式 |
|---|---|---|
| 风险因素 | 交易风险、市场风险、权力寻租风险、耕地保护风险 | 保障不足风险、利益分配失衡风险、耕地保护风险 |
| 风险防控措施 | 完善农村土地交易所交易制度使"地票"交易更加贴近市场价值;严格规定农村土地进行复垦申请的条件,要求农民拥有其他稳定住所、稳定生活来源的证明,此举维护农民利益,防止权力寻租;坚持先补后占,严守耕地红线,严保耕地质量 | 完善新建小城镇改革配套设施,确保换房农民改变身份后的生存保障,避免失地、失业风险;在原耕地不减情况下,通过集约利用原宅基地土地,不仅保护耕地红线,而且增加耕地面积;新增耕地分配给原住民耕种,且也为换房农民提供就业途径和社会保险 |

从重庆"地票"模式和天津"宅基地换房"模式两者的风险防控机制对比分析来看,两地在政策实施过程中都出台文件和相关规定限制其实施过程的无序扩张,严格遵循了耕地数量不减、质量不降的原则。严格规划新增城市建设用地指

标的规模，很好地防范了政策风险。

## 二、两种案例的推广价值

（一）重庆"地票"模式的推广价值

在重庆"地票"模式之前也有相关土地制度改革实现了在区县范围内农村土地的流转与置换，而重庆"地票"模式最大的突破在于实现了更大范围的土地流转置换，不再局限于某一封闭区域。这对于缺乏建设用地指标的大城市的中心城区以及指标丰富的偏远农村地区来说都是意义重大的。

（1）提升农村土地价值。城乡土地增减挂钩在以前也有过先例，但都是小范围、区域性的置换，重庆"地票"模式真正实现了跨区域、远距离的置换，把原本属于农村地区的建设用地指标经过重庆农村土地交易所交易后转化成城市建设用地指标，且交易价格按照主城市建设用地指标来计算。这样其价值就远高于它所在农村的建设用地指标价值，放大了农地价值，城市的级差地租转移到农村，土地真正成为村民的财富。

（2）促进城乡要素市场统一。"地票"模式使得城市资金能够更好地反哺农村，架起城乡资金流动的桥梁。土地要素的置换促进城乡之间生产要素的流动，盘活农村土地资源，打破城乡之间的交流障碍，加速城乡之间种植业等要素资源流动。

（3）满足城镇化建设需求。随着城镇化建设的进程加快，城市建设用地需求增加，城市建设用地指标紧张，原有的国家每年下发的征收农地用于建设的指标有限，根本满足不了日益增长的需求。"地票"模式以市场化方式很好地解决了这个矛盾。"地票"是通过对村民的闲置宅基地和村集体闲置建设用地进行复垦形成的，这不仅没有占用耕地指标反而增加了耕地，有效保护了耕地红线。

（4）与城市户籍制度改革相辅相成。随着农民进城务工，农村大量劳动力涌入城市并在城市生活定居，农村产生大量闲置宅基地和建设用地。政府通过"地票"模式结合户籍改革制度把这部分闲置宅基地和建设用地购买，并补偿部分收益给这些进城落户的农民和原村集体，有效推动了农民进城落户和城市化发展进程，为农村土地处置方式探索了新路子。

（二）天津"宅基地换房"模式的推广价值

天津"宅基地换房"模式在探索新农村和新城镇建设上的创新性和可行性使它取得了成功。

（1）发展模式的创新。传统的城镇化发展模式是通过耗费大量的土地资源来进行的，在土地资源日益紧张的情况下这显然是不合适的。而"宅基地换房"模式通过农村宅基地与城镇住房的置换，不仅没有耗费土地资源，还节约了土地资源，实现了农村建设用地向城镇建设用地的集中，提高了土地利用效率。

（2）土地市场制度的创新。"宅基地换房"模式将农民宅基地置换为新型小城镇的住房，农民住宅价值得到市场化评估，农村宅基地价值得以体现，也使得农村集体建设用地市场与城镇建设用地市场相统一，打破城乡土地市场二元结构。

（3）投融资体系的创新。天津市政府通过"宅基地换房"将农村建设用地集约利用，将节约出来的建设用地未来出让收益权来质押融资，用融来的资金进行小城镇的开发建设。这种新的投融资模式解决了土地和资金两方面的难题，是农村土地流转改革的新尝试。

## 三、两种案例的适用条件

### （一）重庆"地票"模式的适用条件

从几个区县的开展情况来看，重庆"地票"模式在为市区近郊带来大量建设用地指标的同时也为指标出让地带来了大量资金，这对当地生态搬迁和扶贫工作有极大促进作用，在短期内极大地改善村民的生活、生产条件，在促成种植大户的形成等方面都能起到积极作用。但在不同乡镇，重庆"地票"模式所起到的作用又各有不同。具体而言，在高寒边缘山区开展此模式，更多表现出只是政府让出一部分土地出让金为当地带来一种短期或者说是一次性的生活水平的提升，并且可能会导致一些耕地的闲置，进而使得全重庆市范围内实际利用耕地面积下降。在已经实现规模种植的地区开展此模式时，则表现出一种对当地农业生产及村民增收的长期支持。重庆"地票"模式在其他地区的开展可能会对耕地的利用效率及村民的长期收入造成负面影响，这种影响与复耕村民中过去务农人数的占比呈正相关，与复耕村民中已经在城镇获得稳定非农就业的人数占比呈负相关。

### （二）天津"宅基地换房"模式的适用条件

天津"宅基地换房"模式取得成功的关键原因在于其模式的创新和可行。但是除了这个原因外还有一些当地的客观因素也促成了这一模式的成功实施。所以在进行推广应用时应该考虑到这一模式的适用性问题。首先，实施宅基地换房地区农民的生产生活方式不能对土地有太强的依赖性，要有较多的非农就业机会保证农民脱离土地也能很好地生产、生活。这样通过宅基地置换才有利于盘活农村土地资源，实现农村土地的集约利用，提高土地利用效率。其次，在一些经济欠发达的地区，产业基础较薄弱，城市缺乏充分的就业机会，农民通过宅基地置换后离耕地较远，失去耕地后又无法通过其他途径谋生，强行推行该模式可能会破坏农村社会的稳定，引发社会矛盾，不利于社会主义新农村建设。

# 第十六章　集体经营性建设用地
# 入市的实践与经验

在城市土地供给日益紧张的当下，如何充分利用好农村集体经营性建设用地入市的契机，引导资本进入农村地区，充分发掘农村低效闲置的集体建设用地的潜在价值，是当前亟待解决的问题。以农民为主体，依托村级集体经济组织，做好农村集体经营性建设用地入市的试点工作，对提高农民收入、壮大村集体经济、助力乡村振兴具有重要意义。

## 第一节　城中村集体经营性建设用地入市

广东南海是全国农村土地改革的排头兵，20 世纪 90 年代初便创造出闻名全国的南海模式，南海作为经济先发地区和城中村的代表，其实力在全国范围内名列前茅。改革开放后，南海区在集体经营性建设用地入市领域做出了重要的摸索实践和模式突破。

### 一、南海集体经营性建设用地入市的发展背景

广东省佛山市南海区原来是一个县，20 世纪初划归至佛山市下，成立了南海区。改革开放后，南海人民发现养殖鲜活水产品具有很好的收益，不远的中国香港作为发展程度更高的城市，对鲜活的水产品具有大量的需求。在这个因素的影响下，当地农民逐渐发现单位鱼塘的产出收益会远高于农田，因此纷纷自发将农田改造为鱼塘，鲜活水产品的大量出口促使当地成为一个重要的出口创汇地。在当时，全国其他地区如火如荼实行家庭联产承包责任制。南海则思路不同，因地制宜推行基塘的有偿投包，即通过投包变相地实现了土地经营权的流转，这也使得农户土地得以集中，这次探索取得了很好的效果。1992 年，在基塘投包基础上发展而来的南海模式闻名全国，成为全国其他农村地区学习的样本。南海也从不缺席历次的国家农村土地改革试点，2015 年南海成为广东省唯一开始农村"三块地"改革的地区。南海作为经济率先发展的地区，伴随着城市升级和用地需求的不断增加，同时几乎没有新增用地空间，盘活土地存量、培养新型产业成

为南海改革的必经之地。

## 二、南海集体建设用地入市的制度安排

### （一）探索土地整备入市制度

农村集体建设用地如果想要进入市场，最直接的问题包括总量大、单块小、土地零散、用地需求匹配难、缺少配套设施等。据统计，以面积低于25亩则为零散地的标准，南海区的零散地占比高达78%。针对这个突出问题，集体土地整备政策应运而生，南海政府通过设立区级土地整备中心和镇级土地整备中心，通过采用收购或托管等方式，将零散地进行组合整理，形成符合规划要求的规模土地，然后由政府牵头进行一系列的前期开发工作，满足企业需求后招商引资，实现统筹开发、统一入市。通过土地的清理整备，基本解决了农村土地破碎化、不利于集中利用的问题，在不改变集体土地所有权的基础上，可以有效对农村土地统筹利用。

### （二）探索土地产业载体政策

产业载体用地政策是指对于集体经营性建设用地，在其开发完成验收后，将其按照基本单元分拆、分割，以满足不同企业主体的要求以及登记和销售的约束，这也是南海区政府一个大胆而有效的摸索实践。当然该项目必须符合以下条件：①规划要求。符合"两个规划"：土地利用总体规划和城乡规划。②用途要求。该建设用地的用途也有明确规定，必须是商服用地或者仓储用地。③面积要求。如果在"三旧"改造范围内，面积要超过20亩，其他情况的面积要超过50亩。④指标要求。例如，商服用地的容积率要超过2.5，仓储用地项目的容积率、建筑系数、绿地率等指标都要符合相关文件的要求。

### （三）探索农村片区综合整治模式

农村片区的综合整治模式，就是针对农村成片的低效率、闲置的土地，通过政府划定范围，借助规划手段来修改或者上报土地类型的变更。其规划手段包括城乡规划和总体发展规划。通过一系列的操作实现农村土地的权属调整、土地重新开垦、重新确定产权归属等目标。然后就可以有条件地进行统一整理和建设，从而实现农村土地的连片利用。在南海区，当地政府进行片区整治的主要手段是土地置换。通过这种方法，南海区实现了农村低效土地的集中开发，促进了区域土地利用价值的实现。

### （四）探索"租让并举"的多样化土地利用方式

"租让并举"意指土地出让和土地租赁相互配合，共同实现最优的土地解决方案。在原本的国有土地市场中，大多数协议都是通过土地出让达成的，但是在

南海的农村集体建设用地市场上，主要采用租赁的方式。国有土地市场和农村土地市场的并存，可以充分发挥两种不同方式的优缺点。"租让并举"的方式，实现了对集体土地的灵活处置，不但可以调动开发者的积极性，为其节约成本，还大大提高了入市效率。

## 三、南海集体建设用地入市的经营模式与分配状况

### （一）以村集体为主导的入市经营模式与分配状况

#### 1. 以村集体为主导的入市经营模式

南海经过 30 多年的实践摸索，做了很多前期工作，主要包括：①年度规划控制工作；②对入市的流程、政策进行规范；③建立可共享、统一化的用地信息系统；④构建基准地价、地租体系；⑤农村集体土地确权；⑥完善相关的管理体系。以村集体为主导的入市模式多数按就地入市的原则进行交易，一般不对土地进行整理开发。以村集体为主导的入市经营模式流程图如图 16-1 所示。

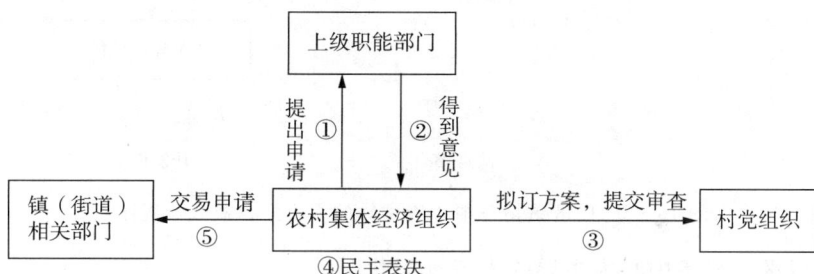

图 16-1　以村集体为主导的入市经营模式流程图

#### 2. 以村集体为主导的入市分配状况

农村集体经济组织获得的地款的分配状况图如图 16-2 所示。此外，根据相关的文件管理办法，根据土地入市的方式不同，需承担的税费也不同。例如，以出让、转让形式入市，按要求需要承担税费和增值收益调节金；但如果是租赁等形式则不用交调节金，只需要缴纳税费即可。

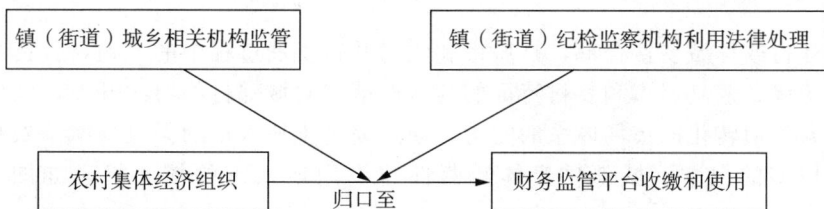

图 16-2　农村集体经济组织获得的地款的分配状况图

（二）以区镇整备中心为主导的入市经营模式与分配状况

1. 以区镇整备中心为主导的入市经营模式

南海区政府首先进行摸底调查，尤其是针对一些集体土地可能涉及两个及以上权利主体的情况，需要做好登记工作，明确该集体经营性建设用地的面积、位置、现状等信息，然后由土地整备中心负责通过收购、托管等方式完成土地的整理和开发。以区镇整备中心为主导的入市经营模式流程图如图 16-3 所示。

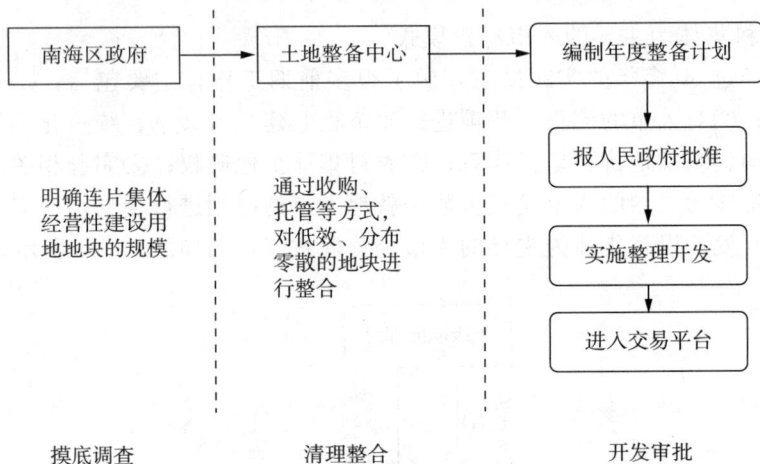

图 16-3 以区镇整备中心为主导的入市经营模式流程图

2. 以区镇整备中心为主导的入市分配状况

在以区镇整备中心为主导的模式中，主要涉及的利益主体包括：①村级经济合作社和土地整备中心；②土地整备中心和土地使用者。前者一般按照两者之间签署的托管协议作为分配原则，具体分配方案可以由两者协商；后者一般按照合同约定，由土地使用者缴纳税费和增值收益调节金。

# 第二节　城郊村集体经营性建设用地入市

城郊村或称城乡接合部，是城市和农村并行发展过程中的产物，具体指分布在城市边缘、兼具城市和乡村特征的社区群落。对城郊村的再次开发，实质是对土地要素价值转化的市场体系的完善，通过完善土地入市的渠道来赋予农村集体和农民更多的权益。城郊村集体经营性建设用地入市的核心机理如图 16-4 所示。

鼓励农村集体经营性建设用地入市就是促进资本要素的进入，利用资本撬动

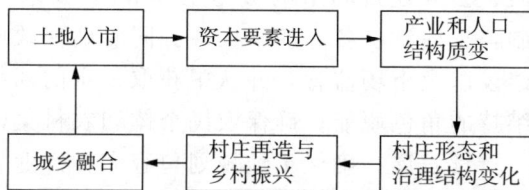

图 16-4 城郊村集体经营性建设用地入市的核心机理

农村闲置、低效土地的潜在价值，资本的进入将会促进产业结构的升级和人口结构的改变，进而改变村庄的形态，引起村庄治理结构的改善，最终实现乡村振兴，促进城乡融合发展。

## 一、郫都集体经营性建设用地入市的发展背景

郫都区位于成都市西北部，这里的豆瓣、蜀绣、盆景都闻名全国，此外还是我国农家乐旅游的发源地。当地的许多村、社区都具有典型城郊村特征：①从地理区位来看，郫都区兼具城市和乡村的生活形态；②从产业形态来看，基础是农业，目标是一、二、三产业融合；③从资源上看，历史积累下农村集体经济基础好，集体建设用地规模大，闲置建设用地资源多；④从政策上看，改革经验丰富，郫都区率先实现全面确权颁证，农村集体资产规模及权属关系明晰，具有良好的土地入市基础。自从 2015 年郫都区成为改革试点区域以来，郫都区紧紧围绕"赋权共利释能"的主线，摸索出了一条城郊村集体土地入市的创新路径，具体涵盖了就地入市、调整入市和作价入股等多种形式，产生了一批如战旗村、白云村等在产业结构升级和基层治理领域表现突出的模范村。

## 二、郫都集体建设用地入市的制度安排

### （一）双向释能凝聚改革优势

将城乡区域统筹发展作为谋划的出发点，促进资本要素高效对接，助推城乡双向释能、优势互补。一方面，考虑区域的整体发展，将国有建设用地规划与农村集体建设用地专项规划进行有效衔接，协调城乡土地规划布局，综合考虑农村土地入市、土地综合整治与村庄规划，努力克服农村建设用地的零散化和不确定性强的问题；另一方面，在城市用地空间越发紧张的情况下，试点改革区可以为地区注入新的活力，为市场主体提供新的发展渠道和更广泛的投资方向，充分发挥资本市场的能量。

### （二）三方共利强化改革动力

考虑到农村集体经营性建设用地入市涉及多方主体的利益（包括农民收入

增长、集体经济发展、公共建设和市场参与主体等），要求在制度设计上创立完善的利益共享机制，正向激励各方的积极性。同时确保政府可以有效进行相关的基础设施配套建设以及市场监管，并从中获取一定的回报，促使政府发挥好政策服务和秩序维持的角色职能；确保农民个体和农村集体经济组织共享收益，形成良性循环、持续发展；确保土地规划包容多种产业，可以有效满足不同市场主体的用地需求；确保农民个体和集体经济组织共享收益，形成良性、持续发展。

（三）四步赋权奠定改革基础

原则上农村集体建设用地应对标国有建设用地，郫都区在此基础上摸索实践，总结出一套行之有效、合理清晰的实施方案，可以概括为摸清底数、构建主体、入市交易、后续保障四步（见图 16-5）。

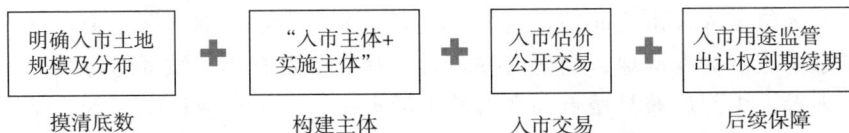

明确入市土地规模及分布 ＋ "入市主体＋实施主体" ＋ 入市估价公开交易 ＋ 入市用途监管出让权到期续期

摸清底数　　　　　　构建主体　　　　　　入市交易　　　　　　后续保障

图 16-5　四步实施方案图

郫都区首先完成可入市土地的排查工作；然后采取"入市主体＋实施主体"的分离入市机制；在入市土地的市场交易过程中，采取入市估价与公开交易相结合的方式，确保入市交易过程的合理性和公开性；最后，郫都区还建立健全了配套保障政策，包括土地用途监管和土地使用权的续期流程。

## 三、郫都集体建设用地入市的经营模式与分配状况

（一）郫都区集体建设用地入市的经营模式

1. "三个确定"理清入市范围

（1）确定土地基础。根据从土地数据库中提取的数据，可以清楚地了解郫都区土地利用现状，并以此为依据确定了集体建设用地的面积为 11.3 万亩。

（2）进行图斑叠加。充分考虑土地利用规划和城乡规划中的土地使用情况，经过数据叠加后，重合的便是符合条件的集体建设用地，共计 2.29 万亩。

（3）确定规模。经过反复确认，综合考虑经营性建设用地和闲置宅基地，最终可以入市的土地面积达 4932.79 亩。

2. "2＋2"设计拓展土地权能

在鼓励农村集体经营性建设用地入市的同时，为了推动农村金融市场的同步发展，郫都区采取了"两级基金、两项奖励"的创新激励办法，为企业融资提供

多元化的渠道。"两级基金"是对产权抵押融资风险分担机制的一种创新，在此基础上实现了集体经营性建设用地使用权的风险保障，通过市、区两级基金来消化风险，一般各自承担的比例为4：6；"两项奖励"是指专项奖励和信贷奖励，服务的对象是开展使用权抵押融资的金融机构，通过这种办法来鼓励机构和投资人的参与，打消他们的顾虑。

3. "三个统筹"强化后续管理

（1）统筹一级市场、二级市场建设。明确建设用地二级市场的基本指导政策，在土地转让、产权二次分割、抵押登记贷款等方面不断完善，健全供地合同机制，倒逼土地精细化管理。

（2）统筹土地入市和征地改革。制定了《郫都区农村土地征收试点目录》，明确了征地范围，确保城乡建设用地市场统一。

（3）统筹改革试点和持续发展。坚持"评估在前、有偿使用、物权保护、优先续期"的原则，坚持公开透明交易，有效落实有偿使用制度，依法保护原土地使用权人同价下的优先受让权和受让方对其投资建设的地上建筑物的所有权。

4. "四维模式"优化乡村治理

按照"党建保障＋民主决策＋利益引导＋法治思维"的乡村治理结构，在土地入市的整个过程，对集体资产处置，土地收益分配，土地入市的方式、途径、底价等重点事务，引导开展民主讨论、民主协商、民主决策，保障村民的民主自治权利。

（二）郫都区集体建设用地入市的分配状况

严格执行"同权同价同责"的原则，在核算集体经营性建设用地成本收益时，遵循"分区位、按用途、有级差"的指导原则，郫都区还建立了自己的入市土地增值收益调节金分级模型（商服用地收取成交价的15％～40％；仓储用地按成交价的13％～23％收取；入市后存在租赁、转让的，需缴纳土地收入的3％）。此外，根据"着眼长远利益、多元形式发展"的原则，鼓励农民积极将入市的收益集中作为村集体经济组织的公积金，一般不低于80％。通过这种方式将收益留存于村集体，最大化地用于村集体未来的发展，剩下部分可用于集体经济组织成员的分红。

# 第三节　集体经营性建设用地入市的推广价值与适用条件

通过对比可以清楚地看出城中村与城郊村在集体经营性建设用地入市工作上的不同，梳理出集体经营性建设用地入市的推广价值与适用条件。

## 一、集体经营性建设用地入市案例分析对比

通过前面的分析，集体经营性建设用地入市主要分为城中村和城郊村两种模式，从定价机制、利益分配机制、风险防控机制等方面对两个案例进行比较分析，可以更好地梳理出推广价值。

（一）定价机制分析

城中村和城郊村两个案例定价机制对比表见表16-1所列。

表16-1　城中村和城郊村两个案例定价机制对比表

| 项目 | 案例一：广东南海模式 | 案例二：四川郫都模式 |
| --- | --- | --- |
| 定价基准 | 一般都是通过拍卖、招标竞价、挂牌等方式进行定价，无明确的基准定价 | 郫都区于2016年1月公布了全区各街道范围内的集体经营性建设用地基准地价，2018年6月被郫都区政府正式认可，形成执行标准在全区正式使用。郫都区规定了集体经营性建设用地入市的供地地价不能低于该基准地价 |
| 定价流程 | 村集体主导的入市模式：一般不对土地进行整理开发，多数按就地入市的原则进行交易<br>区镇整备中心主导的入市模式：在入市交易的要求上，一般都是通过拍卖、招标竞价、挂牌等方式进行流转。整备中心作为集体土地的整理方和前期开发负责人，在清理规划好集体经营性建设用地后，既可以将土地交给交易平台负责，也可以由整备中心自己负责运营 | 郫都区规定在一级市场中以出让和租赁方式入市的主要采用招标、拍卖及挂牌的形式。为便于其交易后的开发使用，郫都区还规定了如果是以出让方式取得的土地，其使用权与地上附作物及建筑物的转让转租同步，实现了物体和产权的绑定流转，减少了开发使用中的纠纷和争议 |

定价机制方面，广东南海模式一般都是通过拍卖、招标竞价、挂牌等方式进行流转；四川郫都模式规定在一级市场中以出让和租赁方式入市的主要采用招标、拍卖及挂牌的方式，此外还制定了基准地价作为入市价格的参考标准。

（二）利益分配机制分析

城中村和城郊村两个案例利益分配机制对比表见表16-2所列。

表 16‑2　城中村和城郊村两个案例利益分配机制对比表

| 项目 | 案例一：广东南海模式 | 案例二：四川郫都模式 |
|---|---|---|
| 利益分配主体 | 包含农村集体经济组织、政府相关财务机构、土地的使用者和整备中心等 | 郫都区政府、集体组织、土地使用者等 |
| 利益分配措施 | 村集体主导的入市模式：对于农村集体经济组织入市获得的收益，首先需要汇总至财务监管平台，然后相关机构执行收缴和使用资金，以上的一系列过程由纪检监察机构履行相关的法律处理责任。区镇整备中心主导的入市模式：具体土地的使用者和整备中心之间一般按照合同约定，由使用者承担增值收益调节金和税费的缴纳工作，土地整备中心与各村经济合作社之间按照托管协议实行收益分配 | 郫都区通过设置增值收益调节金这一途径来参与集体土地入市增值收益的分配，根据土地流转方式及使用用途的不同实施差异化征收。郫都区以中央文件规定的地方政府收取 20%～50%增值收益调节金为依据，在相关区级文件中指出地方政府可按其入市流转收益的 13%～40%征收土地增值收益调节金参与分配，并将征收最低比例限定在其流转交易总价款的 13%。以招标、拍卖及挂牌方式流转后用于商服用地的征收比例为 15%～30%，以协议方式流转后用于商服用地的征收比例为 25%～40% |

　　利益分配机制方面，广东南海模式中的村集体主导的入市模式收益由财务平台汇总，由相关机构执行收缴和分配资金，区镇整备中心主导的入市模式一般都是根据合同或者协议的约定进行分担；四川郫都模式则是通过设置增值收益调节金这一途径来参与集体土地入市增值收益的分配，此外政府还根据土地不同的流转用途差异化征收调节金，起到了政府的导向作用。

（三）风险防控机制方面

　　城中村和城郊村两个案例风险防控机制对比表见表 16‑3 所列。

表 16‑3　城中村和城郊村两个案例风险防控机制对比表

| 项目 | 案例一：广东南海模式 | 案例二：四川郫都模式 |
|---|---|---|
| 主要风险类别 | 产权关系不明确带来的法律风险、不符合政府规划政策风险、信息不对称风险等 | 合作方违约风险、市场客体不规范带来的法律风险、土地使用年限不匹配风险等 |

（续表）

| 项目 | 案例一：广东南海模式 | 案例二：四川郫都模式 |
|---|---|---|
| 风险防控措施 | 村集体主导的入市模式：通过一系列的措施来降低风险。①摸底排查，确定集体土地的权属关系；②控制总量，制定年度土地入市规划；③规范政策要求，在入市流程、管理办法等方面明确要求；④设立基准，构建基准地价、地租体系；⑤信息共享，建立统一的、可以实时共享的信息系统，有效减少信息不对称的问题<br>区镇整备中心主导的入市模式：通过区、镇两级的公共资源交易中心，将土地信息录入信息系统，实现了土地信息的数据化，与此同时，村级集体经济组织通过设置用地资产账目、交易账目和合同账目，从而实现实时交易数据共享 | ①保证金要求：设定了交易保证金制度，不论以何种方式参与集体经营性建设用地入市，均需缴纳初始价格的20%作为保证金，且以协议方式取得的履约保证金最低为30%<br>②市场禁入客体限定：试点文件规定的违法占用、依法查封、权属存争议、依法报请征收或已征收及处置权限制的集体经营性建设用地禁止进入市场交易<br>③规定各类土地使用年限：商服用地不超过40年，仓储用地不超过50年，其他集体经营性建设用地（医疗、教育、体育用途）的使用不得超过50年 |

风险防控机制方面，广东南海模式主要是通过前期的一系列政策和流程的规范来减少后期可能发生的风险，比如通过土地信息的数据化来减少各方之间的信息不对称问题。四川郫都模式一是设置了保证金的要求，不论以何种方式参与集体经营性建设用地入市，均需缴纳一定额度的保证金；二是设置市场禁入客体限定，同时对各类土地的使用年限做出规定。

## 二、集体经营性建设用地入市的推广价值

### （一）南海集体经营性建设用地入市的推广价值

（1）设立年度建设用地供应规划。具体操作上由国土部门牵头，联合各镇或街道根据产业规划、城乡规划等不同规划情况，以及具体土地的实际使用情况，联合编制土地供应的年度规划，并上报区政府批准。以上年度规划作为农村集体建设用地入市的审批依据，有利于从总体上把握和控制全局的总规模。

（2）构建基准地价、基准地租。要求农村集体经营性建设用地的起始租金，作价出资（入股）价格，出让、租赁的起始价不低于基准租金的70%。

（3）规范集体建设用地续期问题。对于已经出让的集体土地，如果使用者希望继续签订协议，需要先取得园区、国土等相关部门的许可，在到期日的前一年与村集体协商，再由村集体经济组织投票表决，同意后还需要重新协商价格。

（4）建设农村建设用地信息系统。通过这种方式可实现土地信息的数据化，在系统中可统一管理，确保每块土地权属清晰、公开入市、便于监管，为农村集体经营性建设用地入市的全过程提供信息保障。

（二）郫都区集体经营性建设用地入市的推广价值

（1）摸清家底、确定基数。根据"符合规划、用途管制、依法取得"的原则，郫都区通过三个确定（确定基础、确定图斑、确定规模），确定了哪些土地可以入市。郫都区首先根据 2014 年的土地利用现状数据库，确定 11.3 万亩的基础面积，再扣除已被实际征用的土地，然后叠加"两个规划"（土地利用总规划和产业发展规划）数据，综合考虑特殊用地的情况以及土地入市的可操作性等因素，最终只有 4932.79 亩土地符合要求。

（2）实事求是，强化可行性。一方面，郫都区为了有效解决代理问题，牵头成立农村集体资产管理公司，该公司作为实施主体，通过这种方式有效分离了农村集体经营性建设用地入市过程中的入市主体和实施主体。在实际落实的过程中，该做法体现出如图 16-6 所示的四大优势。另一方面，确定了入市流程（见图 16-7）。

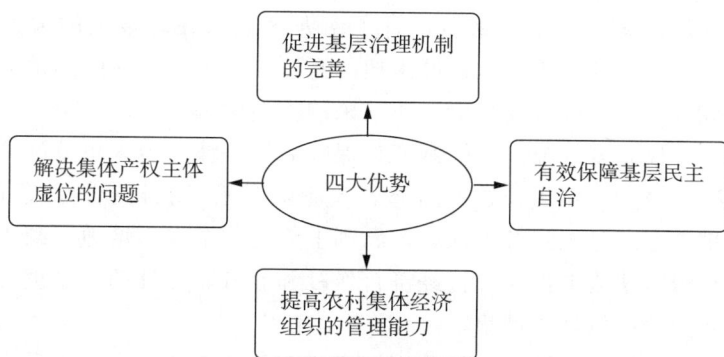

图 16-6　牵头成立农村集体资产管理公司的优势示意图

（3）摆脱"非公即私"的零和博弈思维，把农民利益作为主体，兼顾国家和集体利益。入市收益的分配是关系农村集体经营性建设用地入市方案能否持续、良好发展的关键环节，良性的分配方案可以有效刺激农村、农民集体土地入市的积极性，也可以调动用地需求方积极参与。

## 三、集体经营性建设用地入市的适用条件

（一）南海集体经营性建设用地入市的适用条件

（1）当地政府的重视与推动。南海政府十分重视农村集体经营性建设用地的

```
┌─────────────────┐     ┌─────────────────┐     ┌─────────────────┐
│ 颁发拟入市地块的集 │ ──> │ 入市主体提出申请  │ ──> │ 本集体经济组织村民 │
│ 体土地所有权证书  │     │ 并编制方案       │     │ 2/3表决通过入市方案│
└─────────────────┘     └─────────────────┘     └─────────────────┘
                                                          │
                                                          ▼
┌─────────────────┐     ┌─────────────────┐     ┌─────────────────┐
│ 受让双方签订成交  │ <── │ 县公共资源交易    │ <── │ 镇政府、县国土局  │
│ 确认书及合同     │     │ 中心组织实施      │     │ 审查方案         │
└─────────────────┘     └─────────────────┘     └─────────────────┘
         │
         ▼
┌─────────────────┐     ┌─────────────────┐     ┌─────────────────┐
│ 缴纳土地出让价款及 │ ──> │ 登记部门核发集体经 │ ──> │ 办理项目规划建设  │
│ 土地增值收益调节金 │     │ 营性建设用地使用证 │     │ 等手续           │
└─────────────────┘     └─────────────────┘     └─────────────────┘
```

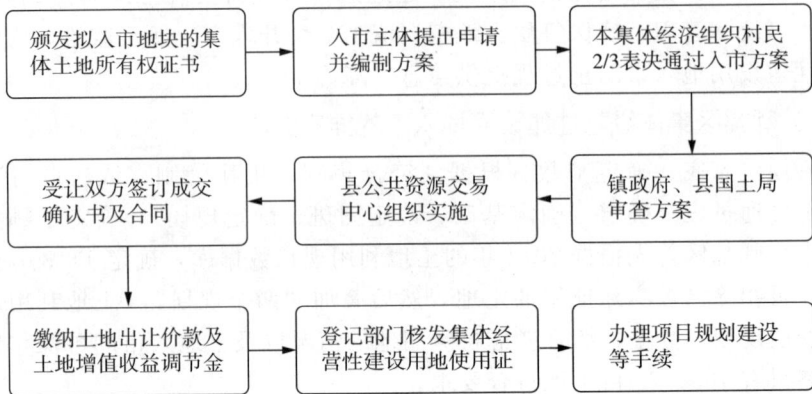

图 16 - 7　入市流程图

入市试点工作，安排专业人员，做了一系列的前期准备工作。具体见表 16 - 3 所列。

（2）市场的需求与匹配。从宏观环境来看，得益于南海区经济一直以来的持续高速发展，当地具有良好的经济基础与产业发展环境，具备吸引大量投资者、企业的基础条件；从微观企业来看，有了南海区政府在政策上的大力支持和保障，企业进入投资以及使用集体建设用地的意愿增强了，灵活的用地方式和相对较低的用地成本，成为南海区吸引企业前来的重要原因。

（3）农村产权制度改革。产权制度是保障后期集体土地入市分配合理的基础性制度，从 20 世纪 90 年代开始，南海区政府就开始了农村土地股份制的改革，通过股份将集体土地分配到各个家庭，原则上规定"增人不增地，减人不减地"。除此之外，在组织架构上设立农村经济合作社和经济联合社两个维度的组织，为后来的增值收益分配做好了铺垫。

（4）集体建设用地流转的多年改革探索。多年的改革探索使得后来南海集体建设用地市场的培育进展比较顺利。广东省作为改革的排头兵，2003 年就发布了农村集体建设用地流转的试点通知；2005 年出台相关的管理办法；2009 年南海开始"三旧"改造，开始小范围的集体土地流转尝试。以上这些持续许多年的摸索实践都为南海 2015 年正式开展土地入市工作做好了铺垫和准备。

（二）郫都区集体经营性建设用地入市的适用条件

（1）围绕供需耦合问题，夯实农村土地的市场基础。长期以来的城乡土地二元制，导致城乡土地供需严重失衡。城市中的土地供给紧张，价格不断上涨，进而导致产业经营成本持续上升；农村中大量的土地被闲置，无法发挥其作为生产要素的功能，产生土地资源浪费的现象。农村集体经营性建设用地入市作为解决办法应运而生，其可以打破国有经营性土地在一级市场上的垄断地位，只要正确引导将城市的用地需求与农村集体土地供给相耦合，便可有效缓解经营性土地供需不匹配的矛盾。同时，土地入市也激活了原本闲置或者低效的农村建设用地，为农民增收和农村产业发展提供了更多的机会与资金。

（2）围绕利益分享，强化农村土地的社会功能。在传统的制度安排下，农村建设用地的用途和流转都受到了严格的约束，农民想变现土地财产价值十分困难，一般只能被动地等待征地政策，才有机会参与土地增值收益分配，客观上成为城乡收入差距不断拉大的原因之一。2015 年农村集体土地入市的政策出台后，可以实现国家、集体、个人和市场参与者之间的利益共享。相比于行政主导征地及价值分配，土地入市有利于形成良性的社会氛围，而行政征地更加容易引发社会矛盾和冲突。

（3）围绕融合创新，挖掘集体建设用地入市的深层次价值。农村集体经营性建设用地入市不仅可以有效解决土地供给问题，更是撬动农村发展的突破口，是形成农业发展新动能的关键环节。因此我们不能仅仅关注改革本身，还需要注重入市改革与其他领域的融合创新，推进乡村产业、社会治理、农村集体经济组织等多方面的拓展：①改革与产业发展的融合。将入市改革试点与农村产业升级结合起来，以改革试点为新产业的发展奠定基础。②改革与社会治理的融合。在入市改革过程中需要充分发挥基层民主自治的作用，农民从"被动参与"到"主动参与"，社会治理的机制及内涵得到不断完善、强化和丰富。③改革与乡村振兴的融合。坚持以乡村振兴为指导思想，具体落实入市改革试点，以优化农村功能布局为战略出发点，整合"两个规划"，明确改革试点的重点任务，从而达到乡村全面发展的目标。

# 第十七章　农村"三变"改革的实践与经验

目前，我国多地农村推行的"资源变资产、资金变股金、农民变股东"的农村"三变"改革，形成了推动传统农村向现代农村发展的新力量，对实现土地高效有价值地流转，壮大村集体经济，全面推进乡村振兴有着重要意义。

## 第一节　贵州六盘水市农村"三变"改革

贵州六盘水市农村"三变"改革是农村集体产权制度改革的一次探索，盘活了农村各类资源要素，壮大了集体经济实力，增加了农民收入。

### 一、六盘水市农村"三变"改革的背景

六盘水市地处贵州乌蒙山，云贵高原一、二级地势，是贵州省平均海拔最高的城市，全市以山丘地段为主。六盘水生态资源丰富，自然环境优美，气候舒适，有着中国"凉都"的美称。由于是山丘地段，六盘水市的农用耕地比较分散，碎片化明显，但这里的土壤以黄壤为主，非常有利于植株的生长。六盘水市辖区内县级行政区划单位均为不同等级的贫困县，3 个国家级贫困县和 1 个省级贫困县，2014 年的贫困人口高达 50.99 万人，贫困率为 19.55%，远高于全国平均水平。当地农民由于历史原因，过度依赖以玉米、土豆等传统农作物为主的增收渠道，较少涉及特色农业，导致经营收入和财产性收入较少。新时代经济处于高速发展阶段，给全市 300 多万干部、群众带来了新的挑战：集中处置分散的农村资源要素并加以激活，走山地特色农业发展路径，向资源性城市转型，打赢脱贫攻坚战。

### 二、六盘水市农村"三变"改革的主要内容

（1）推动"资源变资产"，盘活沉睡资源。六盘水市农村资源非常丰富。例如，耕地、"四荒地"、建设用地等土地资源，自然风景和民族文化等传统资源等。为了盘活种类丰富的资源，六盘水市通过核销、清理、登记备案、评估鉴定等方式，将这些资源转化为资产，明确资产的产权边界和所有权，作为资本入股

各类农业经营主体，村集体和村民按照一定比例分配，使农民和村集体均拥有一定份额的合作社、龙头企业等经营主体的股权，从而盘活沉睡资源，使农民拥有了资产，加快村集体的经济发展，提高了农民的财产性收入（见图17-1）。一个典型的例子就是水城县玉舍镇海坪村以该村的300多亩集体荒山为资本，入股当地的野玉海景区，从而打造极具特色的"彝族风情街"，景区收入的30%归属于该村村委会，其中村集体经济组织和农民各占一半，景区收入的70%归属于景区管理委员会。2015年该景区进行收益分成以后，村委会分给了780名村民共150万元，人均961元。还有一个盘活沉睡资源的例子就是花德村将闲置的养殖基地中的办公用房作为资本，折价入股到农民合作社用于茶叶的加工生产。村集体每年可以享受固定分红2万元。这样的结果既盘活了农村的闲置资源，也增加了村集体经济组织和村民的收入。

（2）推动"资金变股金"，聚集分散的资金。政府投入的财政资金、村集体和农民自有资金等都是可以集中利用的资金。这些资金原本有着投资分散、作用模糊、效果外溢等突出问题。特别是各级政府对农村投入的财政资金在项目多、金额少的基础上，通常具有一次性的特点，从而导致农村的财政资金规模小、投资回报率低、可持续性差等一系列问题。想要解决这一系列问题，放大资金使用效益的方式就是将这些资金整合起来形成一股合力。为此，六盘水市政府按照不改变财政资金的性质和使用途径的

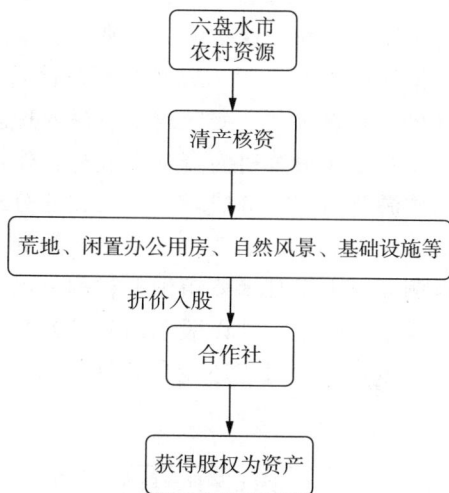

图17-1　六盘水市农村资源变资产流程图

原则，将资金转化为村集体经济组织和村民的股金，遵循集中投入资金、通过产业带动、鼓励社会参与、农民集体受益的原则，作价入股各类经营主体，成为村集体组织和农民的股份。按照所拥有的股权比例参与收益额的分红，从而聚集分散的财政资金，形成农民收入稳定、长效增长的机制（见图17-2）。一个典型的例子就是六枝特区落别乡抵耳村，村委会将本用于扶贫的专项资金入股到该村内的六枝特区朝华农业科技有限公司，以100万元的资本占股30%，朝华农业科技有限公司共种植了茶叶4000多亩，承诺项目实施的前三年，若没有收益，则会给予村政府至少8万元保底，随着茶叶的成熟到达收益期后，每年多分给政府

1 万元，最高封顶 15 万元。该村再将每年所得的分红的 60% 用作扶助本村的贫困户，这样一来扶贫就是可持续的。再如，六枝特区郎岱镇以该地扶贫项目资金为资本入股贵州天地人和农业产业发展有限公司，该公司借助当地气候和土壤的条件，大力发展猕猴桃产业，建设猕猴桃生产基地，其中村集体经济组织、入股的农户和特区内贫困户共占比 20%，他们之间再按照 1∶5∶4 的比例进行分红。

（3）推动"农民变股东"，推进农民群众富裕。随着现代农业的发展，家庭承包经营制度的全面落实，农户可以真正成为土地经营主体。然而，农户家庭由于自身规模小且较分散的特点，存在着效益低下、财产性收入低且难以增长等问题，难以适应现代农业的发展和农民增加收入的需要。在稳固家庭联产承包责任制的前提下，只有通过改革现有的农业经营体制才能改变目前面临的困境。六盘水市遵循当地农户和农民的意愿，将村集体经济组织和农民拥有的资金、资源转变为股金、股权，对合作社和龙头企业等新型农业经营主体投资入股，持有一定股权的农民从传统农业中解放出来，资金流入市场，农民的收入稳定增加，农户逐渐富裕（见图 17-3）。以盘县石桥镇妥乐村为例，当地政府利用所拥有的生态资源优势，以农村"三变"致富农民的理念，促进当地旅游业发展。该村农户以景区的 200 多棵银杏树为资本入股村合作社。当地的景区门票收入由村合作社与当地的旅游公司三七分成，其中三成的分红由村合作社提取，2/3 用作入股农户的收益以及对贫困户的扶持，项目涉及的受益农户和贫困户分别为 453 户和 151户。再例如，水城县米箩镇俄戛村的村民李如明以自家的耕地为资本入股到该镇的猕猴桃生产基地，并以股东的身份参与并管理猕猴桃的种植与销售，除劳动所得的固定工资外，每年还能拿到每亩 600 元价格的土地入股分红。

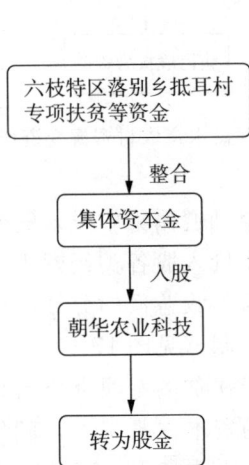

图 17-2　六盘水市农村
资金变股金流程图

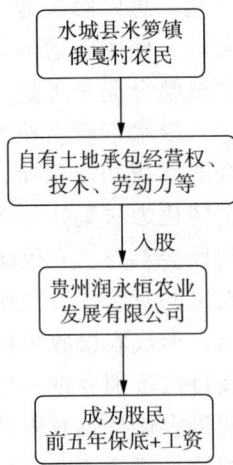

图 17-3　六盘水市农村
农民变股民流程图

### 三、六盘水市农村"三变"改革的成效

（1）盘活了农村各种资源要素。六盘水市辖区范围内有 65 个乡镇和 881 个村落，共有 29 个省级产业园区，全部都顺利地进行了农村"三变"改革，所拥有的各类资源中，有 51 万亩集体土地、接近 6 万米$^2$ 闲置房屋和 30 万亩荒地入股到各类经营主体；所拥有的各类资金有 6.61 亿元财政资金、1.25 亿元村级集体资金、4.28 亿元农民分散资金、45.71 亿元社会资金投入到各类经营主体；共有 39.05 万户农户和 11.31 万户贫困户变为经营主体的股东；打造的 852 个产业平台解决了 29.5 万农民的就业问题。六盘水市的"三变"改革通过以产业为平台，以股权为纽带，将农村的各类资源、各种资产和农民进行拆解聚合，从而整合资源、集中资金、组织农民，盘活农村的资源、资产与劳动力。

（2）壮大了村级集体经济组织。制约农村发展的重要原因就是农村集体经济组织力量薄弱。六盘水市将农村所拥有的各类资源、资金入股到各类经营主体，增加了农户的资产性收入，开辟了壮大村级集体经济组织力量的可靠路径。2013 年六盘水市所拥有的 544 个"空壳村"在 2015 年被全面消除，市辖区范围内村集体经济收入最高达到了 1031 万元。累计达到 2.4 亿元。六盘水市的农业形成了"乡乡有产业、村村有实体、户户有门路"的发展格局。

（3）摸索出一条精准扶贫的新方法。六盘水市的扶贫机制采取了新的模式，即将农村的闲置资源作为资本，入股到各类农村产业合作经济主体，不再采用以前的一对一、点对点的扶贫模式，而是使用了入股分红的新方法，将入股农户、贫困户以及合作企业紧密地联系在一起，不仅提高了扶贫工作的精准度和实效性，还让成为股东的困难群众有了更高的参与度，使得"联产连业、联股连心"在民众与生产经营市场主体中间得以实现，大大增加了帮扶群体的经济社会总收入，从而加快了脱贫工作进程。"三变"改革的三年间，六盘水市农村农民的收入得到了大幅度的提升，到 2016 年末人均可支配收入超过 8000 元，较三年前提高了近 38％。同时，六盘水市的贫困人口和贫困率也有了大幅度的下降，贫困率从 2013 年的 23.5％降低到了 2016 年的 11.28％。

（4）推进了农业产业结构调整。农村农业能否高质量发展很大程度上取决于农业产业的结构性，现代农业在注重农业产业结构的同时也非常注重其生态性、保持农业的高效性、保证农业的安全性。六盘水市以现代农业核心为原则，以"生态产业化、产业生态化"为导向，重点种植猕猴桃和茶叶。同时种植蔬菜、中药材，发展畜牧业等产业。深入贯彻"三变"改革政策，全力推行农业产业结构的完善。六盘水市在经过"三变"改革之后，农业产业的发展规模在扩大，组织化、市场化也在逐渐增强，此外还培育了一些在农业方面有影响力、有号召力

的民营企业，使得一、二、三产业在发展中融合，在融合中发展。2016 年，农业增加值是 125.49 亿元，粮经比为 32.68%，而 2013 年农业增加值只有 58.26 亿元，粮经比高达 51.49%。六盘水市通过农业"三变"改革，以往的传统农业、产品农业、规模农业逐渐向具有创新性和改革性的特色产业、旅游农业、精品农业转变。

（5）构建新型农村发展经营模式。六盘水在"三变"改革中勇于尝试，放弃了曾经的土地流转发展规模经营的传统方式，而是引导农民以承包地经营权入股企业、合作社和家庭农场等经营主体，与它们利益联结，形成一种新型经营模式。农户入股后，不仅使得经营主体可以不用增加成本就可以发展适当的规模经营，也让农户们有了更多的参与感，大大增加了他们的积极性，实现了统与分的有机连接。到 2015 年底，有 56.88 万亩土地以土地经营权的方式入股了经营主体，在全部流转面积中占比为 64.7%。从实践来看，相比较单纯的土地流转机制，形式多样的土地股份合作机制更加灵活、高效且可持续。而这些组合形式在发挥农村规模经营作用上更加合理。

# 第二节　陕西渭南市农村"三变"改革

陕西渭南市"三变"改革激活了农村各类资源要素，解决了农村发展的痼疾，对打赢脱贫攻坚战、推动乡村振兴等起到了重要的促进作用。

## 一、渭南市农村"三变"改革的产生背景

渭南市地处关中平原，自古就是粮食生产的重要地方，也是中华民族发源地之一，历史源远流长，文化底蕴丰厚。但在近代化农业农村发展过程中，渭南市部分农业农村发展较为滞后，截至 2011 年，全市农村土地流转涉及农户共近 4 万余户、72 万余亩，分别占总承包土地和农户总数的 10.5%、3.5%。从总体上看，渭南市土地流转不仅面积小，而且流转率较低。渭南市城镇和农村两极化发展导致大量农民工的出现，较好的生活条件和较多工作机会吸引了农民入城务工。一方面人口外流导致了农村大量土地无人耕种，另一方面农村留下的人口多为年龄较大的农户，他们自身没有能力和技术来耕种大量土地。这两点就导致了当地土地耕种率低，所耕种地块收获率低，大量荒废田地出现。剩下的农村留守农户缺乏现代化的科学种植技术，仅靠原有技术种植传统农作物不能够改善自身生活，缺少资本的他们无法实现规模种植，这就导致了渭南市农村承包地出现广种薄收的现象。解决当下农村耕种用地问题不能仅靠外部带动，还需要从自身内部

寻找解决方法，提高农地利用效率，改善农户生活。2015 年，渭南市政府领导班子积极响应习近平总书记的绿水青山就是金山银山，带动贫困群众增收的呼吁，探索出了适合自身发展的"三变"改革，渭南市农村"三变"改革自此拉开帷幕。

## 二、渭南市农村"三变"改革的主要内容

（1）积极落实资本入村、资源改造，推动村内基础设施建设，鼓励农村寻找自身发展路子，除了农业之外，发展适合自身的产业。以临渭区天留村的多方面发展为例，区委和市政府领导结合天留村的实际情况，在村两委和全体村民的同意下引入了临渭区城投公司和渭南文化旅游发展有限责任公司，统一规划建设村内道路，将村内危房推倒重建、旧房外部装修，铺设相应管道，建设村内外水利设施，大力支持天留村改造；同时，除了发展农业之外，区政府全力打造以天留村为中心的旅游项目，吸引外来企业和外来资本进入天留村，带动当地旅游业发展；当地政府依托天留村绿水青山的自然资源优势，建设了渭南航天生态园，并在内部建有特色民俗村、博物馆、森林公园等，将天留村打造成休闲度假的好地方。2017 年国庆期间，所建成旅游景区实现了盈利，接待游客 17 万余次，实现 400 余万元旅游收入。

（2）推动农村闲置资源变成有价值的资产，对村内资源进行重新配置。以股份制的方式让农业种植用地、建设用地、宅基地以及村内林地等流转起来，把这些土地资源变成资产，增加当地收入（见图 17-4）。以临渭区为例，区内建设村土地流转服务中心，各村可以将村内可流转土地登记于中心内，再由中心将所登记土地往外流转给外部需求企业；天留村以集体土地入股建设渭南航天生态园游客服务中心；秦家村将收回的滩地向外承包给莲菜种植企业，获取一定收益之后建设秦家股份经济合作社；新民小镇通过"党建＋三变"的模式，以当地独有的山地资源优势发展山区养殖，利用废弃学校建设养殖场，组织村内养殖能手养殖牲畜，历经四个月的改革，将村内大部分村民变成了合作社股东，增加了集体收入。

图 17-4　渭南市农村资源变资产流程图

（3）推进村内各类资金变股金，让分散的资金高效利用起来（见图 17-5）。将村政府的部分资金投入到农业农村发展基金中，在维持原有性质和不改变用途的情况下，将这些资金投入到所要建立的集体公司，让这些资金成为股金，股金

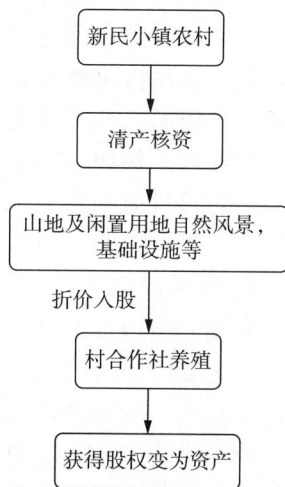

的所有权归村集体，村集体通过自身拥有的股金比例来分享收益。呼吁群众积极通过自身的资金、劳动等参与投资建设，对于一些贫困户，鼓励其通过小额贷款进而拥有村级公司的股份，让村民可以从旅游区建设项目中获取收益。例如，临渭区天留村村集体发展的 10 万元启动资金就是由区政府作为扶持资金发放给村集体的，这 10 万元的启动资金用于村集体入股社会资本的旅游区开发建设项目，村集体的经济实力不断得到增强。与区内的一家文旅公司共同开发旅游区观光车项目，资金主要由村集体来筹集，村民凭借自身的意愿选择是否入股，村民自有闲置的资金可以用于投资这些项目，进而获得不错的收益。新民小镇内的村民集资成立了惠民超市，出资的村民同样获得了一些收益。村民从农民的身份转变成股民，让村民可以留在村内解决就业问题。

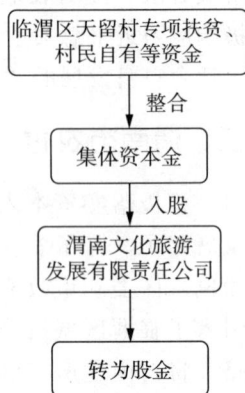

图 17-5　渭南市农村资金变股金流程图

（4）鼓励村内农民变股民，让村民享受发展红利。农民将土地承包经营权和自有的闲置资金等资源入股经营主体，从而获得股利，增加收入。例如，如图 17-6 所示，临渭区天留村将村内闲置的 8.5 亩宅基地入股渭南市文旅景区运营公司当地的民俗宾馆的项目，村集体占股 55%，每年都能获得红利。并利用好周边自然景区，加快推进民居改造，让农民成为乡村旅游发展的受益主体。改造民居 100 多户，共建成农家小院 16 家。杜康镇和家卓村在 2017 年成立村集体合作社，村集体在村内园区内共建立了 10 个蔬菜大棚，将园区打造成当地的蔬菜生产基地。基地获得的收益村集体与农户按 3∶7 的比例进行分红。一年每位农户获得分红 62 000 元。

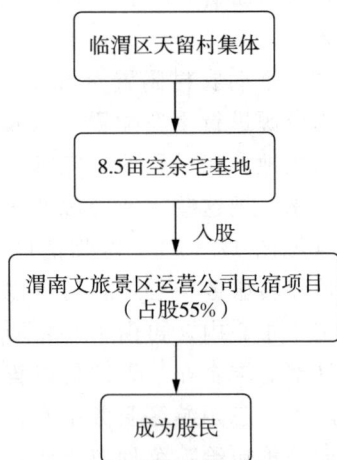

图 17-6　渭南市农村农民变股民流程图

## 三、渭南市农村"三变"改革的成效

（1）盘活村内闲置资源，挖掘农业农村发展潜能。农村资源配置不合理问题是制约当前农业农村发展的关键因素，农业农村发展进入新的阶段，农村闲置的要素资源如何利用起来，是农村发展首先要解决的问题。渭南市在农村"三变"

改革中，通过对当地资源、资产、资金的合理利用，优化资源配置，使得闲置的资源能得以充分利用，并且有效提升了农民维护自身正当利益的意识，为农业农村的持续发展提供了新的动能。截至 2017 年底，全市农村土地经营权累计流转 200 万余亩，农村土地流转规模逐年扩大。蒲城县党定村开发村边 1500 亩荒地，将其打造成景观休闲的宝地，2017 年收入达到 50 万元，成功"变废为宝"，带领村民迈向共同富裕的道路。

（2）壮大了村集体经济实力。渭南市作为一个传统的以农业为主的城市，农村发展相对滞后，村集体经济实力薄弱，在"三变"改革前有大量的"空壳村"存在，村集体经济无从发展。与此同时，渭南市有大量的土地资源没有体现该有的价值甚至处于荒废状态。资源的闲置是制约渭南市农村发展的重要原因之一。通过农村"三变"改革，渭南市村委会积极策划行动，将村集体和农民闲置甚至荒废的资源、分散的资金以股份的形式投入到经营主体，通过与经营主体共同努力，村集体在产业发展中的分红金额不断增多，摸索出一条可以壮大村集体经济实力的新路径。越来越多的原先没有集体经营收益的"空壳村"成功"脱壳"，贫困户成功脱贫。截至 2020 年，全市有经营收益的村子 1844 个，占总村数的 86.07%，比全省高出近 12%，其中年收益 50 万元以上的"示范村" 88 个，341 个村实现收益分红，惠及 10 万余人。

（3）拓宽了农民的增收渠道。农民的腰包变鼓是农村"三变"改革的最根本的出发点，特别是提升农民的财产性收入。为此，以农民收入增加为目标，建立有效提升农民收益的"利农"机制，是"三变"改革的初衷和目的。在渭南市的农村"三变"改革中，在农民自愿参加的基础上，鼓励引导农民将土地承包经营权、住房财产权以及农民自有生产机械等要素，以评估和协商估价的方式，投入到经营主体中，通过合约的方式约定利润分配机制，给予农民更多的财产分配权利，促进农民收入的提升。临渭区天留村通过成立村集体企业，招商引资、大力发展当地的民宿。在不包含资产性收入的情况下，2016 年天留村人均年收入增长 3000 元，增速高达 75%。

（4）有效破解乡村治理难题。国家对乡村治理十分重视，想要实施乡村振兴战略就不得不解决乡村治理难题。随着农村"三变"改革的不断推进，渭南市多地农村招商引资，农村的经营主体和农村农业经营项目的量在持续上升，同时通过股份制合作的方式，在保证农民与市场经营主体产业联合、股份联合、经营联合的同时，也向农民群体提供了大量的就业岗位，在通过增加多种渠道提升农民收入的同时，也在不断改变着农民的思维方式和生活方式等，提升了农民对党坚定治理农村基层的信心，农村社会的治理变得日益稳定、和谐；与此同时，随着渭南市农村"三变"改革的推进，对于土地、林地、园地、四荒地等资源和农村闲置宅基地、设备等资产，农村集体以其使用权入股经营主体。农村集体的财产性收入大幅提高，提升了农村公共服务能力和提高了公共服务产品质量，夯实了农村开展基础活动的基础，农村诸多难题迎刃而解，各级农村工作逐一落地，有效推动了农村治理的现代化进程。

## 第三节　农村"三变"改革的推广价值与适用条件

通过农村"三变"改革中资本化定价机制、利益分配机制、风险防控机制对两个案例进行比较分析，然后阐述农村集体产权"三变"改革的推广价值和适用条件。

### 一、农村"三变"改革案例分析对比

（一）定价机制分析

两个农村"三变"改革案例定价机制对比表见表 17-1 所列。

表 17-1　两个农村"三变"改革案例定价机制对比表

| 项目 | 案例一：六盘水市农村"三变"改革 | 案例二：渭南市农村"三变"改革 |
| --- | --- | --- |
| 定价方式 | 通过主体协议确定 | 第三方机构评估 |
| 定价基准 | 协商定价 | 第三方机构通过资源价值评估和协商定价 |
| 定价机制 | 收益主导型价格形成机制 | 成本逼近法 |

渭南市农村"三变"改革是在六盘水市农村"三变"改革的经验上实施的，在定价方式上更加科学合理。收益主导型价格形成机制主要是指农地流转价格的形成以人们对农地未来预期收益为基础。成本逼近法是从农地投资成本的角度评估农地的流转价格。两种方式都需要在收益上得到农户的认可。

（二）利益分配机制分析

两个农村"三变"改革案例利益分配机制对比表见表 17-2 所列。

表 17-2　两个农村"三变"改革案例利益分配机制对比表

| 项目 | 案例一：六盘水市农村"三变"改革 | 案例二：渭南市农村"三变"改革 |
| --- | --- | --- |
| 利益分配机制 | 牵引与制衡（针对不同对象）<br>主要有以下四种模式：①固定分红（保底）；②按比例分红；③固定分红（保底）＋按比例分红；④实物分红 | 牵引与制衡（针对不同对象）<br>主要模式为保底＋分红 |

（续表）

| 项目 | 案例一：六盘水市农村"三变"改革 | 案例二：渭南市农村"三变"改革 |
|---|---|---|
| 利益分配主体 | 农户、村集体、经营主体 | 农户、村集体、经营主体 |
| 利益分配份额 | 农户和村集体：根据不同类型分红方式，进行保底＋分红。经营主体：收益的一定比例 | 农户：保底分红＋收益的一定比例；村集体：收益的一定比例；经营主体：收益的一定比例 |

根据主导产业的不同、地理环境的不同，农村"三变"改革的利益联结分配机制都会有所变化，但不变的是利益分配的核心——在公平公正的情况下，以农户为优先对象。六盘水市率先开展农村"三变"改革，不同村子、不同运营主体采用不同的分红方式，其核心是农民。渭南市农村"三变"改革是在六盘水市"三变"改革的经验上开展的，在利益分配上多选用租金＋分红的方式，不仅让农民有保底金，还能调动农民的积极性，参加到项目的建设运营中去，更有利于乡村的发展。

（三）风险防控机制分析

两个农村"三变"改革案例风险防控机制对比表见表 17-3 所列。

表 17-3　两个农村"三变"改革案例风险防控机制对比表

| 项目 | 案例一：六盘水市农村"三变"改革 | 案例二：渭南市农村"三变"改革 |
|---|---|---|
| 权益保障风险防范机制 | 村集体牵头签订法律合同的方式 | 村集体牵头签订法律合同，并选择第三方机构评估的方式 |
| 亏损风险防范机制 | 保底分红的方式 | 保底分红的方式 |
| 资源被破坏风险防范机制 | 村集体成立专项小组的方式 | 村集体成立专项小组的方式 |

农村"三变"改革中主要需要防范的是以下三种风险。

（1）权益保障风险。由于传统农民的文化程度有限，维护自身正当利益的意识较差，在资源折价入股的阶段，村集体和村民的资源可能会被恶意低估。这种风险需要通过法律的手段防范，这就需要村集体牵头通过签订合同的手段来防范，渭南市的做法是选择第三方评估机构，这样农民的权利权益更有保障。

（2）亏损风险。农业属于高风险产业，是"看天收成"的产业，不确定因素较多，潜藏着一些不可控的风险。农民对亏损风险抵抗能力较低，六盘水市和渭南市都是通过保底的方式防范亏损风险，类似于土地租赁。

(3) 资源被破坏风险。村集体和农民入股的经营主体大部分都是较大规模的开发和生产，在土地流转或以土地入股后土地的使用会有界限模糊不清的情况发生，有的土地可能被改变用途，如将耕地"非农化"。六盘水市和渭南市都是通过村集体监督的方式去防范风险，保证乡村可持续发展。

## 二、农村"三变"改革的推广价值

(1) 农村"三变"改革通过股份合作的方式，有机地将农户、村集体与各类经营主体结合，利益捆绑，盘活了农村各种类型的"死资产"，有效地解决了原本农村资源、资金分散得不到高效利用以及农村"空心化"的问题，使农民有了更有价值的资源性财产，为乡村振兴提供了新的内生动力。

(2) 农村"三变"改革是农村集体产权制度改革的成功探索，改革步骤看起来较简单，但做起来是相当复杂的，其中有很多环节需要因地制宜地探索，还有一些风险得时刻防范。因此，其他地域的农村在效仿前，需考虑地方区域环境、产业优势，选择相对有条件的村子进行试点改革，从中摸索适合当地"三变"的路径，多个试点进行比较分析，进一步总结完善后再进行全面推广。

(3) 农村"三变"改革关键是进行股份制改革，鼓励农民将资源、资金入股成为股民，让农民在拥有土地种植权利的同时也拥有股份，将农民的利益与经营主体的利益联结，提升农民的积极性和生产效率。完成农村土地承包经营权的确定是各地进行农村"三变"改革的前提，然后进行有效宣传和农民面对面沟通，在农民完全同意的前提下，推动农民以土地经营权入股各类经营主体，使所有生产要素投入到农业现代化生产过程中，有利于盘活农村各类资源、发展现代农业产业、探索农民增收的新路径。

(4) 农村"三变"改革能够在较短的时间内有着不错的成效，离不开社会各类资金进入农业生产过程。建议其他地域农村在农地不改变其性质的前提下，加大政策扶持的力度，做好相关的配套服务，支持并引导各类社会资本发展适应地域自然资源等条件的特色农业，加快推动传统农业的转型升级。

## 三、农村"三变"改革的适用条件

从六盘水市和渭南市的农村"三变"改革成功事例中可以看出，农村"三变"改革需要一定的基础。

一是农村资源丰富。农村"三变"改革过程中，土地资源、自然风景资源、人口资源等都是成功实施农村"三变"改革的基础。农村资源的丰富程度，决定了发展的潜能，有好的生态环境才能进行特色植株的种植，进而才能进行乡村旅游、休闲农业的开发，这样外部企业才会来农村发展。

　　二是具备良好的比较优势产业基础。有好的基础才可以进行一定的产业结构调整，在技术改良和商品品牌的运营下才能创造出更高的价值，才能带动农民的积极性，保证产业的高质量发展。

　　三是需要深度推进农村产权改革。要坚决推进农村产权的改革，让农民真正地拥有资产，农民有了资产才会有资产性收入，才能入股成为股民，从而充分激活农村发展动力，共建美好乡村。

　　四是需要政府出台相关产业的扶持政策。"三变"改革中经营主体是发展的根本动力，只有好的营商环境才能孵化出和吸引来更多的经营主体，壮大其产业规模，增强"三变"改革的内在动力。

　　五是需要敢于担当、有能力的领导班子。这样才能高效鼓舞农民成为股民，才能确保农村土地性质不变、维护生态环境、防范潜在的风险，才能巩固农村"三变"改革的成果。

# 第十八章  土地资本化流转规模经营的实践与经验

土地资本化流转与规模经营发展的程度关系到我国实现农业现代化的进程。土地资本化流转与规模经营的实践主要可以分为以第二产业为主导和以第三产业为主导的土地规模经营合作社模式。在两种合作社模式下总结得出土地资本化流转带动规模经营的推广价值与适用条件。

## 第一节  以第二产业为主导的土地规模经营

以第二产业为主导的土地规模经营主要指的是金沙河合作社，是一种市场经济条件下发展规模经营和现代农业的有效方法。

### 一、金沙河土地规模经营合作社的成立背景

（一）金沙河土地规模经营合作社的概念

金沙河农民专业合作社在固定地租（无论你收入多少，都要向领主缴纳固定数量的地租）和土地出让的基础上，探索"分亩分红"的模式。建立专业农户风险保障基金，加强合作企业成员、专业农户和权益农户之间的利益关系，促进多主体跨区域合作。农民专业代表制度在合作社中的实施，是对大型跨区域合作社民主决策和民主管理的积极探索和创新。金沙河土地规模经营合作社是继家庭联产承包责任制发展之后农业产业的一种全新模式。

（二）金沙河土地规模经营合作社的成立

以河北金沙河面业集团有限公司为代表，在试点期间大力培育了 10 多家农业产业化财团，探索了小农与现代农业发展的关系以及基层综合发展有机衔接的新途径。河北省邢台市南和区金沙河农作物种植专业合作社成立于 2012 年，总出资 2 000 万元。2018 年，农业农村部等部门为实施乡村振兴战略，共同强调了培育和发展农业产业化联合体，决定加快构建现代农业产业体系和小农与现代农业发展的有机关系，开展农业产业化联合体支持政策创新试点工作。金沙河农作物种植专业合作社紧跟政策领导，争做创新试点工作排头兵，于 2019 年被评为全国农民示范合作社。

## 二、金沙河土地规模经营合作社的制度安排

（一）架构机制是前提——股权结构明晰，利益分配合理

金沙河面业集团是中国面条生产方面的龙头企业。2012 年，金沙河面业集团牵头成立金沙河作物种植专业合作社，主要种植优质冬小麦和玉米两大粮食作物。

金沙河作物种植专业合作社主要由三类成员组成，这三类成员分别有不同的贡献方式。一是企业法人成员出资；二是职业农民成员以自己的管理技能入社；三是权益农民以其承包土地经营权的价格购买合作社的股份。资金、技术、土地和其他的资源要素构成了优势互补、资源共享的股权结构。合作社将每个专业农民种植和管理的一定面积的土地作为一个独立的核算单位，从而进行相应的分批额。其中"按亩分红"是最重要的一个环节，是指按照一定的比例进行剩余分配，从而能够实行固定租金和股权分红两种分配方式。

（二）规范管理是基础——人人一本明白账，节本增效抗风险

合作社自行开发了一款移动应用软件"农业云"，所有的财务信息，如销售收入、生产成本和物资采购都可以在网上进行查询，并且可以通过移动电子产品进行实时共享。专业农民可以随时了解物资接收、农业机械使用的相关情况，可以查阅当前季节和年度种植收入、费用、盈余分配及明细的历史。除此之外还能够观察农田人力使用情况，记录操作时间和种植操作标准，对工作质量做出判断和进行评分。合作社借助现代科学技术，让每个人手里都有一个清晰的账目，保证了财务管理的规范化和财务披露的有效性，使得财务管理、会计、宣传和监督等问题都得到了解决。只有合作社的运作变得更加规范，法律规定的社员相应的权利才能得到实现，最后合作社才能不断提高综合经营效率。

为了加强风险防范，提高农民成员的抗风险能力，合作社统一购买了农业保险和商业保险，当社员遇到不可抗力或者其他特殊情况时，减少自身损失；除此之外，合作社应对专业农民提供生活补助，方便为合作社内农民提供日常生活便利，给农民生活增加了保障，增加了合作社抗风险能力。

（三）专业培训是关键——立足农业种植，培养职业农民

金沙河合作社开辟了 3000 多亩的野外教学实验场，并且采用全日制专业学习管理模式。合作社以 3000 亩土地的田野工作收入为基础，对农户进行为期一年的专业训练，在此期间受训者每月可获得 1 万元收益，实施淘汰率为 10％～20％的末尾淘汰制，确保训后剩下的是真正想要并且有能力种植土地的农民。

合作社自成立以来，一直坚持种植小麦和玉米，不断研发适合本地区种植条

件的优质粮食品种。对于新研发的品种，先在 3～5 亩小面积土地上进行了试验，达到相应试验标准后，专门划拨大面积试验田供其试验种植，总结其生长习性和管理保护要点，一切准备完毕后，大规模推广新研发品种。以农民实践培训和试验田种植为重点的金沙河农作物种植专业合作社，正沿着更加规范化、专业化的道路前进。

### 三、安徽涡阳金沙河合作社的经营模式与分配状况

安徽涡阳县金沙河农作物种植专业合作社共有 7000 多亩耕地，其中优质专用小麦的耕种作业都交由至诚农机联合社完成，联合社采用一条龙作业，其土地利用率高、地不会跑墒、播种质量好使得合作社内农户增产增收。截至 2020 年底，涡阳县注册登记农民专业合作社 5901 家，正常经营的有 3567 家，占比为 60.4%；在正常经营的合作社中，种植专业合作社有 2652 家，占比为 74.3%，养殖专业合作社有 380 多家，占比为 10.8%；农机服务专业合作社有 500 多家，占比为 14.9%。自 2020 年初以来，已有 88 个新的农民合作社注册。

（一）安徽涡阳金沙河合作社的经营模式

安徽涡阳金沙河合作社模仿南和区金沙河合作社的经营管理模式，通过第一产业、第二产业、第三产业的整合，形成了农业增加值、农民收入和企业效益的良性循环。

1. 当前的运作机制

目前，从形式上看金沙河合作社采用金沙河面业集团、合作社、土地出租农户、职业农民的模式，这里合作社是金沙河农作物种植专业合作社，土地出租农户包含两类：一类是将自家土地流转给合作社的土地出租农户，另一类是与合作社签订承包种植合同，参与合作社经营管理的职业农民（见图 18-1）。

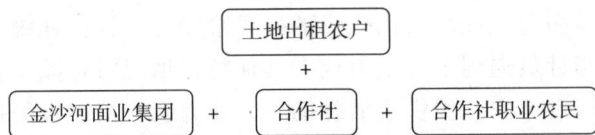

图 18-1 当前的运作机制示意图

合作社的整个生产经营流程涉及四方主体，各方具体的职能分工如下：

（1）金沙河面业集团。由金沙河面业集团负责机耕、基础设施、农田水利种植、土地租金、农药、化肥等生产资料的资本投入，以及小麦生产的最后一个环节——运输、收购。

（2）合作社。合作社负责制定粮食种植标准、统购统销、技术指导、农机服

务、种植管理等日常经营管理工作。

（3）合作社职业农民是指专业农民。参加合作社的农民以合同的形式与合作社签订土地管理合同，并按照合作社的要求进行种植管理。

（4）土地出租农户。将原来由一个家庭耕种的土地转让给合作社的农民，每季度收取合作社在耕种前支付的地租。

四方各司其职、有机配合，从而完成整个粮食生产从种到收，再到售，最后到分配的多个环节。

2. 推进中的运作机制——股权联盟

金沙河目前正在试验和推进新的合作社模式"股权联盟"。该模式中合作社不再支付土地租金给土地流转的农户，而是以农户土地入股的方式和金沙河面业集团一起作为合作社的投资方，加上以人力资本投入形式参与合作社的合作社职业农民，三方共享合作社的利益分成，这意味着农户让渡土地经营权的收益将由旱涝保收的固定租金收入转变为利益风险共担的股权分红。这样一来，参与合作社的四方主体变为了金沙河面业集团、合作社、土地股权农户、合作社职业农民（见图 18 - 2）。

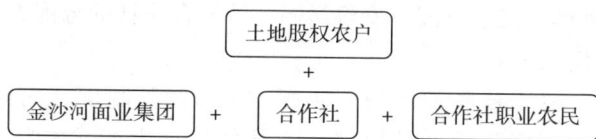

图 18 - 2 股权联盟运作机制示意图

3. "农村党支部参与领导专业合作社"模式下的合作社运作机制

"农村党支部参与领导专业合作社"的模式是指强调"领导不指导、支持不管、助手不安排"的原则，将党支部建在生产力发展链条上，为农民提供生产前、生产中、生产后相关的服务。积极推广金沙河面业集团经验，让分公司整合县内外农产品深加工企业，促进相关的第一产业、第二产业、第三产业的共同发展。

同时，针对粮食种植土地流转率低的情况，专门设计了以金沙河面业集团做大做强、三产融合模式为基础的粮食种植合作社党建工作实施办法。政府需要充分发挥和利用基层党支部在农村群众中的威信和声誉，做好农民思想工作，让农民放心大胆地进入合作社，从而消除农民对土地流转的顾虑。通过党组织力量集中分散单户零教育用地，以降低农民早期土地整合及交易成本，提高耕地资源整合效率，在全县范围内扩大以金沙河合作社为龙头的粮食种植合作社规模。

"农村党支部参与领导专业合作社"模式下的合作社运作机制示意图如图 18 - 3所示。

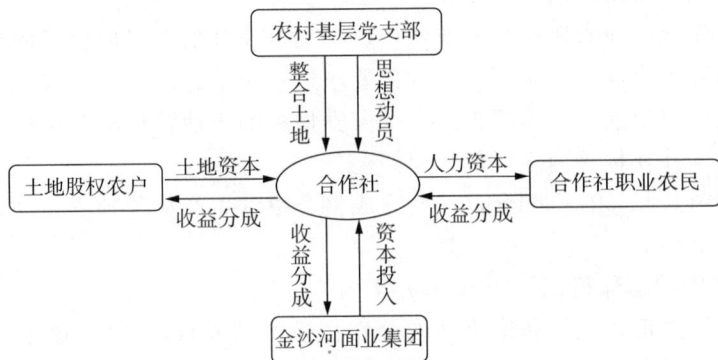

图18-3 "农村党支部参与领导专业合作社"模式下的合作社运作机制示意图

## （二）安徽涡阳金沙河合作社的分配状况

因为土地资源的质量、位置和承包期不同，专业农民的技术经验和管理能力也存在着较大的差异，所以有时很难对其进行相应的货币评估和定价。为了激发合作社成员的积极性，合作社将每个专业农民种植和管理的一定面积的土地作为独立核算单位，并按比例进行盈余分配。安徽涡阳金沙河合作社的分配方式如下。

### 1. 固定租金模式

单一专业农户独立核算的地块，实行"双500"制度。向承包农户支付的"双500"是指季度固定租金和种植前扣除其他种植生产成本后的经营利润，由企业法人成员和专业农户"各分50％"。固定租金模式的具体利益分成示意图如图18-4所示。

图18-4 固定租金模式的具体利益分成示意图

在金沙河模式中，合作社是一个职能平台，其他三方通过合作社这个平台完成粮食种植规模化生产的一系列流程。在这个过程中，金沙河面业集团、土地出租农户、合作社职业农民三方均有资源投入：金沙河面业集团投入的是资金形态的资本；合作社职业农民投入的是包括劳动、管理、技术等在内的人力形态的资本；土地出租农户提供了土地这一生产资料。

### 2. 股权分红模式

以单个专业农户的种植地块为核算单位，权益农户获得"固定租金＋二次分红"，确保权益农户在灾害年份的固定租金收入，并将收益较多年份的盈余重新分配给专业农户，以确保参股农民不承担盈亏责任。股权分红模式的具体利益分成示意图如图 18-5 所示。

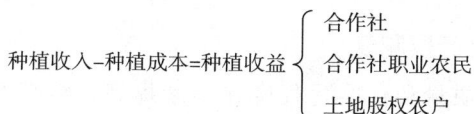

$$\text{种植收入－种植成本＝种植收益} \begin{cases} \text{合作社} \\ \text{合作社职业农民} \\ \text{土地股权农户} \end{cases}$$

图 18-5　股权分红模式的具体利益分成示意图

在利润分配中，合作社、合作社职业农民、土地股权农户三方的分成比例可协商。相较于固定地租模式、股权联盟模式，合作社不再支付固定地租，大幅度降低了种植投入，减轻了合作社的融资压力，节省了财务费用。考虑到现实生活中，农民的风险承担能力弱以及对合作社收益不确定性的担忧，目前金沙河合作社正在推进中的办法是仍保证土地股权农户"双 500"的土地租金不变，在此基础上扣除租金后，剩余部分按一定比例进行二次分配。当发生不可避免的意外时，合作种植产生的一切损失由企业承担，因此土地股权农户则可免于承担亏损损失。通过这种模式最大限度地保障农民土地收益，增强农民的土地流转意愿，扩大合作社的土地规模。

# 第二节　第三产业为主导的土地规模经营

第三产业为主导的土地规模经营主要是农业外包服务为主的模式。本节以江苏扬州市农机合作社为例，详细阐述扬州农机合作社的基本模式及运作方式。

## 一、农机合作社规模经营的发展现状

农机合作社也叫农机专业合作社，农机专业合作社是按照《中华人民共和国农民专业合作社法》和有关法律、法规，依法成立的以农机服务为主的农民专业合作社。农机合作社向成员和其他个人或团体提供服务，以服务其成员为目的，是遵循"自由加入和自由退出"原则的组织。近年来随着经济的发展，农机购置补贴不断增加，农民购买机械的数量与日俱增，一批起点高、规模大、实力强的农机专业合作社加快了发展步伐，其中规模大、效益好的大型农机企业迅速发展。在将来，为了农机合作社经营规模化发展，当地政府应当继续加强对合作社的规范引导，建立科学有效的安全生产管理机制、合理分配机制和运行机制，增强合作社组织和服务的能力。

## 二、农机合作社规模经营的制度安排

农机合作社出现于特定的经济社会环境中，产权制度、分配制度和内部治理制度是其主要制度。

### （一）农机合作社产权制度

农机合作社发展质量和标准化程度在不断提高。截至2020年末，我国农机合作社总数已达7万家。农机合作社主要具有以下五个特点：一是政府的支持一直在增加。这极大地调动了地方政府、农民和社会各经营主体建立农机合作社的积极性，全国各地成立合作社的积极性不断提高。二是作业面积的不断扩大。全国农机社会化服务面积超过40亿亩次。三是装备水平不断提高。全国农机合作社拥有农机具400多万台。四是盈利能力持续增长。我国农机合作社总收入814亿元。五是运行机制不断完善。各地先后出台了符合当地农机合作社发展实际的标准化建设指标，对农机合作社的组织结构建设和社长培训做出了相应规定，开展多种形式的示范合作社，培育了一大批符合标准的示范合作社。

农机合作社产权也呈现多元化趋势（如纯企业型、企业＋农机大户型、企业＋合作社型等），合作社的收入分配也更加多样化。

### （二）农机合作社分配制度

农机社会化服务投资的多元化发展是我国农机合作社发展的基本特征之一，其多元化发展最主要体现为主体观念之间的碰撞与融合。农民是农机合作社的主体，合作社的财产权利属于全体成员，故收入分配在追求公平和效率的同时，收入份额是按照任免权和股份占比来分配的。

### （三）农机合作社内部治理制度

农业机械合作社的组织结构类似于现代股份制企业，合作社内投票制度主要采用1人1票或1股1票，有时也可能是两种形式的结合，在实践过程中除小农主体外还存在其他农机合作社的经营主体，不同的类型主体形成不同的治理模式（见表18-1）。

表 18-1　不同类型农机合作社的治理形态

| 主要类型 | 基本逻辑 | 成立主体 | 合作模式 | 基本原则 |
| --- | --- | --- | --- | --- |
| 小农合作型 | 互助合作 | 小农 | 小农＋小农 | 自愿联合 |
| 涉农部门领办型 | 营利存续 | 相关政府部门 | 部门主导 | 依赖政府/竞争共赢 |
| 基层组织领办型 | 自强自立 | 村干部牵头 | 组织化的农民 | 地缘共同体 |
| 龙头企业领办型 | 公司＋农户 | 企业 | 农民依附企业 | 生产、产品链条 |

### 三、江苏扬州农机合作社的基本模式及运作方式

扬州地方政府以"粮食生产机械化村镇建设的全过程"为起点，采取"先试后进"的方式，不断得到推广，取得了显著成效，成为江苏省农业农村部首批推进粮食生产全机械化的两个示范市之一。扬州市里农户主要种植水稻、小麦、玉米这三种农作物，在种植、收获、秸秆处理等几大环节中机械化水平已达到79%。扬州下属大部分县被列为省级粮食生产全过程机械化示范县。扬州农机合作社有以下三种模式：

（1）合作社自办型。合作社自办型是指直接参与农村土地流转招标，直接从农民手中取得土地经营权的独立法人农业机械合作社。合作社主要生产大米和小麦，利润按投资比例分配。

（2）社社合作型。社社合作型是指农业机械合作社与农业、土地等专业合作社共同参与土地流转招标，取得土地经营权。农业机械合作社提供水稻和小麦从种植到收获的机械化生产，土地储备合作社提供农药、农业技术服务、肥料和种子。农机合作社按亩计收经营费用，其余利润和亏损归土地股份合作社所有。

（3）企社合作型。企社合作型是指农业机械合作社与农业龙头企业联合开发的土地规模经营。农机合作社不仅为大集团的小基地生产提供育苗、耕种、播种等机械化有偿作业，该土地还出租给周围的农民用于蔬菜生产和管理。

扬州率先出台相关的政策性文件指出：确定在水稻种植面积万亩以上的乡镇逐步进行突破政策，计划在4年实现乡镇全覆盖；加强金融支持，扬州市财政要求按照水稻种植8元/亩的标准，对已经建成并通过验收的城镇，按照目标进度给予补助；注意加强和弥补弱点，注重农机与农学的结合，通过农机"三班"（田头班、大棚班、仓库班）从多方面开展多种形式的技术指导，加快补齐植物高效保护、粮食干燥、水稻种植三大薄弱环节；建立长效机制，扬州率先制定出台《粮食生产全程机械化达标创建巩固提升工作意见》，文件中明确要求推广措施、关键机具数量、机械化作业水平、乡镇规模化作业水平达标，要在推广措施、关键机具数量、机械化作业水平、规模化作业水平四个方面只增不减，建立可借鉴、可复制、可推广的先进模式。通过农业机械社会化服务体系的全面建设和运行，团结分散的农机户，有效整合农机资源，形成强大的服务体系，全面提高农业机械化水平，促进农业机械化的可持续发展。

## 第三节　土地资本化流转带动规模经营的推广价值与适用条件

通过分析比较土地资本化流转带动规模经营的案例，可以得出土地资本化流转带动规模经营的推广价值与适用条件。

## 一、土地资本化流转带动规模经营案例分析对比

通过前面的分析，土地资本化流转带动的规模经营主要分为金沙河土地规模经营模式和农机合作社规模经营模式，从农地资本化定价机制、利益分配机制、风险防控机制等方面对两个案例进行比较分析，可以理出一般逻辑与推广价值。

（一）定价机制分析

两个土地资本化流转带动规模经营案例定价机制对比表见表18－2所列。

表 18－2　两个土地资本化流转带动规模经营案例定价机制对比表

| 项目 | 案例一：安徽涡阳金沙河合作社 | 案例二：江苏扬州农机合作社 |
|------|--------------------------|--------------------------|
| 定价基准 | 成本主导型价格形成机制 | 收益主导型价格形成机制 |
| 定价方式 | 农户在确定农地流转价格时以历史成本费用作为参考 | 农机合作社为农户进行服务时，农户与合作社进行协商，按照确定的价格对合作社进行付费 |
| 定价调整机制 | 通过农地的初始取得成本、经营期间对农地进行的改良成本、上缴的税费以及在农地流转过程中需要缴纳的其他交易性支出等因素进行调整 | 通过协商对定价进行调整，最终达成双方都能接受的价格 |

金沙河合作社的定价机制主要以人们对农地未来的预期收益为基础，通过农地的初始取得成本、经营期间对农地进行的改良成本、上缴的税费以及在农地流转过程中需要缴纳的其他交易性支出等因素对价格进行调整；而农机合作社是收益主导型价格形成机制，主要通过对定价进行协商，达成双方都能接受的价格。

（二）利益分配机制分析

两个土地资本化流转带动规模经营案例利益分配机制对比表见表18－3所列。

表 18－3　两个土地资本化流转带动规模经营案例利益分配机制对比表

| 项目 | 案例一：安徽涡阳金沙河合作社 | 案例二：江苏扬州农机合作社 |
|------|--------------------------|--------------------------|
| 利益分配主体 | 固定租金模式：专业农户、合作社<br>股份分红模式：专业农户、土地股权农户、合作社 | 农民、农机合作社成员 |
| 份额比例 | 固定租金模式：企业法人和专业农户比例为1：1<br>股份分红模式：专业农民、企业法人与土地股权农户的比例为5：3：2 | 按股份分配 |

（续表）

| 项目 | 案例一：安徽涡阳金沙河合作社 | 案例二：江苏扬州农机合作社 |
|---|---|---|
| 分配方式 | 固定租金模式：向承包农户支付的季度固定租金和种植前扣除其他种植生产成本后的经营利润<br>股份分红模式：权益农民获得"固定租金＋二次分红"，确保权益农户在灾害年份的固定租金收入，并将好年份的盈余重新分配给专业农户 | 按照任免权和股份的多少来执行，同时追求公平和效率进行分配 |

　　金沙河合作社的利益分配机制是固定租金模式和股份分红模式，增加了农户的自然风险抵抗能力，保障农民的收入；农机合作社主要采取的是股份分配机制。二者都能够帮助农户抵抗自然风险，但金沙河合作社相对于农机合作社能够获得较为稳定的收入。

（三）风险防控机制分析

　　两个土地资本化流转带动规模经营案例风险防控机制对比表见表 18 - 4 所列。

表 18 - 4　两个土地资本化流转带动规模经营案例风险防控机制对比表

| 项目 | 案例一：安徽涡阳金沙河合作社 | 案例二：江苏扬州农机合作社 |
|---|---|---|
| 风险因素 | 信用违约风险、交易风险、市场风险、参与主体行为风险、利益分配失衡风险 | 技术风险、经营风险、交易风险 |
| 风险防控措施 | 明确合作社的政府统一管理；加强对新型农村合作金融合作社业务的金融监管；开发涉农保险产品，建立风险保障机制；加强农民专业合作社自身建设和内部管理 | 提高土地管理的科技含量，降低生产成本；增加农机服务项目，拓展服务渠道；开展土地托管 |

　　金沙河合作社需要通过以下方式来进行风险防控：一是明确合作社的政府统一管理。合作社由农业行政管理部门管理，但没有具体的管理形式，需要明确相关协同管理的指导功能、支持功能和服务功能。二是开发涉农保险产品，建立风险保障机制。鼓励农民专业合作社依法开展互助保险，保障农民利益。三是加强农民专业合作社自身建设和内部管理。加强农民专业合作社自身建设，依法完善法人治理结构，加强制度化、规范化建设。四是加强对新型农村合作金融合作社业务的金融监管。根据我国有关金融法律法规，设立相关的金融机构时需要经过金融监管部门审核批准。

　　不同于金沙河合作社，农机合作社需要通过以下方式来进行风险防控：一是提高土地管理的科技含量，降低生产成本。农机土地合作化经营，发展规模效益，实行全过程机械化，减少劳动，整合农机和农学新技术。二是增加农机服务项目，拓展服务渠道。当前，农机服务收入既是农机合作社的主要经济收入，也是农机合作社的主要业务，适当外延农机合作社项目，有利于增加合作社收入。三是开展土地托管。农民可以将自己的土地交给农机合作社统一管理，实现农民与合作社的双赢，从而可以帮助农民利益共享和风险同担。

通过表 18-2～表 18-4 的分析可以得出金沙河合作社规模经营模式和农机合作社规模经营模式在定价机制、利益分配机制、风险防控机制等方面都存在各自的优势，根据各自不同的优势可以总结出土地资本化流转带动规模经营的推广价值与适用条件，从而更好地推动土地资本化流转。

## 二、土地资本化流转带动规模经营的推广价值

（一）金沙河合作社规模经营的推广价值

（1）土地集约利用。承包地转让给合作社后，金沙河合作社应大力开展标准化农田建设，从而实现适度的规模经营，并且解决了人工挖沟、筑垄造成的土地细碎化问题，耕地有效利用面积增加了 2%，降低了实际地租成本。

（2）采购降低了生产投入的成本。金沙河合作社的技术人员要推广新技术和新品种，而合作种植的规模有利于技术推广的规模，降低劳动力成本的同时节约流通成本；除此之外，金沙河合作社与加工企业直接相连，减少了仓储、运输等中间环节，降低了成本。

（3）社会效益突出。金沙河合作社引领一、二、三产业融合的规模化经营，将传统农产品生产、初加工、销售延伸到食品消费体系，实现全产业链保障食品安全，具有开拓创新的意义。

（二）农机合作社规模经营的推广价值

（1）有利于农业增产和农民增收。在国家农业政策的支持下，农机合作社的农业机械化水平有了前所未有的提高，农业机械专业合作社开展适度规模经营，提高了土地利用率，有利于主要粮食作物生产全面机械化，提高作物单产，有利于农业增产和农民增收。

（2）有利于实现专业化生产。现代化需要细致的内部分工和更加专业化的社会生产，农机合作社经济实力雄厚，对市场形势了解较多，便于开拓产品市场，实行产业化、规模化经营。

（3）有利于加强农机管理。农机合作社作为农机管理的延伸和补充，能够有效地开展农机技术培训、农机生产、农机维修、政策宣传、技术推广、安全监督等农机管理工作，有效地解决了基层农机管理不足等问题。

（4）有利于对农民进行规模化和系列化服务。农业机械合作社的现代化经营有利于规模化生产，提高了农业集约化水平和农业综合生产能力，达到了调整和改善农村生产关系的目的。

## 三、土地资本化流转带动规模经营的适用条件

（一）金沙河土地规模经营的适用条件

"大规模土地生产、合作经营、发展多种产业"的金沙河合作社规模经营需要以下适用条件：

（1）对离开土地的农民给予补贴。在他们找到新工作之前，农民很难接受土地流转，也无法谈论土地的"规模化生产、合作经营、多产业发展"。

（2）政府的主导作用应该到位。政府应在政策上适当倾斜农业产业化，引导资金、服务和社会力量帮助农民走上土地规模化生产、合作经营、多产业发展道路。农业产业化联合经营的实现离不开政府的农业设施建设、农业产业融合、农村土地流转等相关政策的支持，而要做好相关的政策支持保障工作，主要有以下四个方面：①财政补贴。②在农业农村部的协助下，农业组织提供产前、产中、产后一系列服务，如信息、资本、技术和保险。③加大龙头企业与乡镇结合的发展力度。④各级政府要充分发挥土地托管服务中心的相应功能，如在土地出让之前土地使用权需要进行相关的登记和信息发布；在土地出让时，相关中介要进行相应的协调和指导；管理部门要加强和规范土地出让合同的管理；跟踪服务后的土地流转，解决纠纷。

（3）挑选领导人。领导由村党支部书记、村委会主任选任，对选定的村党支部书记、村委会主任进行政治、经济知识的培训，争取做农地资本化的排头兵。

（4）让农民走出"食、衣、安"的圈子。让农户理解实施土地规模经营的三个原则，即自愿、依法、有偿；普及农地资本化流转相关知识，让农户更多地了解到合作社存在的意义，坚定越早实施、越早致富的信念。

（5）各地农业部门和基层党组织要加强宣传，让更多农民更容易加入合作社。总结经验，稳步推进农业产业化工作，各级农业部门要强化职责，继续以更高的标准、更多的措施推动农民专业合作社的建设和发展，使农民专业合作社更好地为乡村振兴服务，真正成为经济强、人民富、生态美新阶段现代化美丽涡阳建设的中坚力量。

（6）在支持合作社方面，要注意要素保障，政治和技术融资，加大资金投入。合作社要坚持质量第一的意识，在保证产出数量的同时，更要兼顾产品的质量，对于有发展潜力的农民专业合作社国家将重点支持，形成"点对面"模式，带动其他合作社共同发展。

（二）农机合作社规模经营的适用条件

（1）详尽的市场调查。中国地大物博，地理条件多样，平原和丘陵地区是农业机械化发展的重点，而山区并不适合发展农业机械化。故在成立农机合作社之前，要对所在的地区的农业生产对机械的需求做出分析，如果市场需求好，再成立合作社，购置农业机械，避免盲目投资，造成不必要的损失。

（2）完善的辅导政策。农民可以利用国家农机购置补贴政策，大型农机户在免耕播种机、秸秆还田机、玉米联合收割机等大型农机工具的购买上能够申请到政策支持，获得各级扶持资金补贴，这样减小了合作社的负担。

（3）专业化的农机合作社管理团队。拥有一个专业化农机合作社管理团队，可以避免合作社内乱象发生，促进了合作社与农户之间的团结，帮助社员解决各方面的问题，增加农机合作社的收入。

# 第十九章　农地抵押贷款的实践与经验

金融机构和农业主管部门根据不同地区的特点进行农村土地经营权抵押贷款产品设计是助力乡村振兴模式的使命探索，也是农村土地实现资本化流转与价值增值的内在要求。本章主要介绍了几种农地抵押贷款的模式，通过案例比较分析得出其推广价值和适用条件。

## 第一节　直接抵押贷款模式

本节主要介绍农地抵押贷款中的直接抵押贷款模式，并通过案例分析对直接抵押贷款模式进行分析。

### 一、农地直接抵押贷款的模式

（一）"农地＋农户"直接抵押贷款模式

土地经营权由农户抵押给金融机构，与金融机构签订合同，土地承包经营权的价值由当地评估机构予以评估，金融机构根据评估结果对农户进行放贷，当地对土地价值收益进行评估，并做好权证的抵押登记（见图19-1）。当存在贷款偿还风险时，金融机构要处置土地经营权。实行地区有我国的黑龙江省、安徽省岳西县和湖南省汉寿县。在此模式中，农户的"信用评级"是关键，中间成本较小，其经济价值相较于其他模式要更低，金融机构将承担所有风险，使得金融机构的风险管理成本增加。

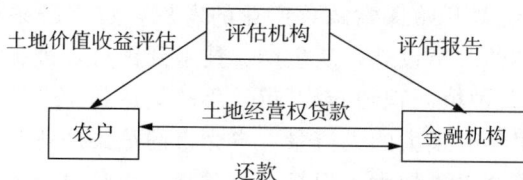

图 19-1　"农地＋农户"直接抵押贷款模式流程图

（二）"农地＋企业"直接抵押贷款模式

企业与农户在平等有偿的条件下签订合同，农户以土地承包经营权入股企业，企业向农户提供技术、资金和器械，农户进行生产，农产品由企业购买并销售，利润按照比例进行分红，农户以此获得股份以及收益。农户进行土地确权登记，评估机构要对地区因素、地上附着物价值、种养殖品种等进行综合考虑，用土地收益法进行价值评估；然后金融机构根据评估结果对企业进行放贷（见图19-2）。企业是指涉农企业，包括涉及农产品生产、销售、加工的企业，以及用农产品作为原料生产、销售非农产品的企业。企业具有专业的能力和加工增值能力，合理的管理制度，配备合格的财务人员，防范市场风险的能力更强，能够给农户带来经济收益。农户参与到股利分红中，提高了农户的积极性。这种模式主要适用于经济较发达地区或传统经济作物或粮食种植区。某些地区虽然具备良好的经济作物或粮食种植地理优势，但资金及技术的缺乏导致农业规模经营无法实现，这些地区的农户便与具有资金、技术与持续经营能力的企业合作，促进当地农业规模化发展。

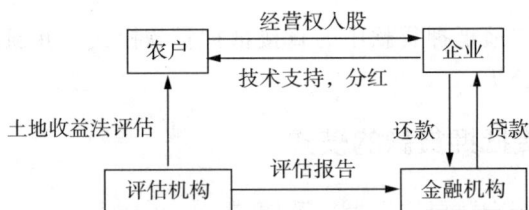

图19-2　"农地＋企业"直接抵押贷款模式流程图

## 二、山东省寿光市农地经营权抵押的实施背景和制度安排

### （一）实施背景

山东省寿光市的地形和气候是寿光市发展种植业的优势，为寿光的蔬菜种植发展提供了地理优势。该市适合大规模的生产种植，地形主要以平原为主，是有名的蔬菜种植地，它的蔬菜产业带动了该市的经济发展，设施蔬菜就是从这开始的。寿光市从20世纪就开始探索蔬菜产业的发展，建立蔬菜产业链，从产业链前端到后端进行完整的改革设立，从生产、技术到销售，被誉为"中国设施蔬菜之乡"。寿光市的蔬菜种植面积约60万亩，年产量达到450万吨，种植蔬菜的农地年收入3万元，每年有很大的人流量。寿光市的蔬菜产业是大棚种植，大棚种植前期的大棚搭建资金投入较大，但是其收益高。正是由于前期的投入较大，农户经常面临资金短缺的问题，与此同时也限制了农民收入的提升。农村融资难的问题、土地流转的需求给金融改革带来了空间。寿光市的融资难和资金短缺问题亟须解决，所以2009年起寿光市开启土地经营权抵押贷款的征程。

（二）制度安排

2009年5月10日，寿光市人民政府提供了一系列政策支持，维护农民利益，解决农民贷款困难的问题。潍坊银行寿光支行、寿光农村商业银行、寿光农村银行成立了农地抵押贷款业务部。一是规范各种收费行为。办理贷款的相关组织，在试点期间不需要缴纳行政相关性的费用，全部由市财政承担。二是切实保护债权人合法权益。政府和相关监管单位，要对农户进行监管，对贷款得到的资金使用路径和安全性进行监管。三是完善土地流转市场。村委会及相关部门要建立信息库、服务大厅，方便相关业务的办理，构建回购机制，有助于因资金短缺而抵押的农户在后续可以赎回抵押物。四是做好咨询指导服务。相关职能部门、镇（街道）、村要对需要以农村房屋、土地经营权或大棚所有权抵押贷款的农户及时提供业务指导。同时，将发展蔬菜大棚、农村住房和承包地经营权抵押贷款纳入镇（街道）年终考核。

2021年寿光市多次组织银行机构深入开展"送政策下乡、送服务上门"银企活动，自活动开展以来与企业对接2000余次、交易金额达到496亿元、新增授信意向91.2亿元、为企业办理各类贷款275.1亿元、节省融资成本6000余万元。引导金融回归实体经济本源，重点加大在农业、制造业"两大主业"的信贷投放力度，引导银行机构活用金融政策，大量的资金为实体企业的发展和转型升级奠定了坚实的基础。实体企业贷款余额615.3亿元，较年初增加66.4亿元，增长12.1%。助推"10·20·50"重点工作"加速跑"，督促银行机构在项目建设上全面对接、在资金上全力支持、在服务上全面跟进，提供全方位、多层次、立体化金融服务。扎实做好服务企业专员工作，从24家银行抽调精干力量组建服务企业发展金融专员队伍，建立"派发—办理—反馈"工作机制，先后为100余家企业解决了融资、担保问题。创新制定了金融信贷服务相关的政策方案，已发放专项信贷11.2亿元，帮助企业和农户解决融资难、贵、慢共性问题。

### 三、山东省寿光市农地经营权抵押的运作模式、分配状况和风险防范机制

（一）运作模式

山东省寿光市农地经营权抵押贷款流程如下：

第一步，农户申请抵押贷款。农户要将证明材料和相关登记资料交给银行，向银行申请用农地经营权贷款。

第二步，向村委会提出推荐申请。村委会接到申请后，要对农户的土地数量、经济实力、土地收益、资产状况等进行综合审核。根据审核的结果，村委会

从符合条件且具有偿还能力的农户中选出不超过 20％的农户向银行机构推荐。

第三步，金融机构对村委会的推荐进行审查。放贷的机构要对村委会推荐的贷款申请人进行资格审查、全面的审核。对贷款人的负债、资产状况、还款能力、土地情况等进行审查。

第四步，资产评估。金融机构在审查结束后，乡（镇）政府聘请专业人士，各个专业的专家，组建评估小组，对贷款申请人的土地抵押价值进行评估。评估小组在对土地进行评估时，采用"回避"规则，以避免出现资产评估不符合实际的现象。

第五步，贷款审核。在进行了资产评估后，金融机构要对贷款人的资格进行考量，再决定放贷额度，若确定放贷，则由金融机构向申请人发放。

（二）分配状况

政府建立风险补偿与奖励机制和利率优惠政策，按 1.5％的比例发放风险补贴。截至 2021 年 7 月底，寿光市银行机构各项存款余额 1 414.8 亿元，各项贷款余额 1 062.3 亿元，存贷款余额继续稳居潍坊各县市首位，实体企业贷款余额615.3 亿元。寿光市 881 家小微企业和个体工商户获得首次贷款 3.4 亿元，已全面完成 975 个村的整村授信工作，建档 23.5 万户，正式签约授信 13.8 万户、187.3 亿元。农民和政府之间的分配方式主要是土地增值收益调节金的分配，按照增值收益的 20％～50％收取。寿光市的土地抵押是只用土地经营权进行抵押，不需要抵押地上附属物，这样农户拥有的土地资产更多，就可以有更多的贷款来融资。

（三）风险防范机制

风险防范机制是为了控制农地经营权抵押贷款的风险，为了降低机构的损失和控制债务人的违约率而设置的机制。寿光市在进行农地经营权抵押贷款的探索中，金融机构为了控制风险，做出了一系列的规定：一是对抵押物的抵押额度设置最高限度，农地根据土壤、面积、位置的不同设置不同的最高抵押额度。承包地、沿海滩涂农用地和果园的最高抵押额度分别是 25 万元、40 万元、30 万元。二是政府为了保障抵押的安全性，建立相关风险补偿机制。政府设立补偿基金，当农户获得贷款后，因为一些原因不能偿还贷款时，这时该风险补偿基金就发挥作用，需要承担起偿还的责任。三是实施土地经营权的定向流转规则，在获得贷款前，贷款申请人可以选择一个抵押物的流转接收人，在自己无法偿还贷款时，由贷款前选择的流转接收人接收抵押物的流转，这样抵押物就可以变现流转，能够继续偿还金融机构的债务，金融机构的损失就得到控制。一般是由本村的经济组织成员承担土地经营权抵押的接收任务。四是评估土地经营权时，寿光市采取的方法是"打折"评估法，在给土地经营权评估时，按土地经营权实际价值的

60％～70％进行定价。降低了贷款的门槛，使得贷款人能够偿还贷款，降低了偿还难度。五是对农地经营权的抵押面积进行限定，农户想要抵押贷款时，用于抵押的农地的面积不得超过农户自己拥有的土地面积的70％，减少了抵押物的损失。六是建立"回购"制度，当借款人到后期因无法避免的因素不能偿还贷款时，采取回购措施，在借款人有能力偿还时，借款人可以向组织购回土地经营权，这样就保障了借款人不会因为一些原因损失土地，也不会对机构造成不能偿还贷款的损失。

## 第二节　间接抵押贷款模式

间接抵押贷款模式是指有第三方机构或者金融机构加入，对农地经营权抵押融资进行担保的模式。

### 一、农地间接抵押贷款的模式

#### （一）"农地＋第三方担保"间接抵押贷款模式

"农地＋第三方担保"间接抵押贷款模式是指农户和第三方机构进行交易，农户把土地经营权直接抵押给第三方机构，同时第三方机构为农户提供担保，在农户有还款风险时，第三方机构能够用土地的流转收益进行偿还，之后土地经营权仍归农民所有。此种模式下，第三方机构的担保无疑是规避贷款风险加重筹码，同时为土地流转打开出路，在债务还清后归还土地也保障了农户的土地权益与生存根本。该模式下的第三方机构角色可分为两类，即政府主导与市场主导。政府主导下，由于其权威性和公益性，利于保障农户权益和化解金融机构风险，但也正是政府公益性的特点，极易导致政府或有负债，且从长远来讲不利于市场经济的发展。市场主导下，土地经营权抵押贷款更具有市场性，有助于形成担保市场，为土地资本化提供基础。该模式缺点为增加贷款成本、影响贷款效率、提高农户贷款门槛、农户土地权益难以保障以及离不开政府的监督与支持，并且现阶段对抵押品的处置也是个难题。

#### （二）"农地经营权抵押＋地上附属物"抵押贷款模式

"农地经营权抵押＋地上附属物"抵押贷款模式是乡村振兴背景下，政府增加政策优惠的一种方式。该模式也是用第三方机构来降低风险，但是不用反担保，因为政府和社会保障委员会保证风险。一是贷款人要购买农业保险，当贷款人不能偿还贷款时，金融机构可减少一些损失。二是银行机构要求借款人在抵押农业用地时附加某些其他抵押品。三是设立金融风险补偿基金，这是最后的降低风险的手段，贷款银行和风险补偿基金共同承担损失。这种模式很符合当下的普惠理念。

（三）"农地＋信托"间接抵押贷款模式

在"农地＋信托"间接抵押贷款模式下，土地经营权被视作一种资产包，符合信托的属性，农民将其委托给信托公司进行管理，信托公司可以转租给专业机构进行生产，信托公司收取租金，并将扣除相关费用后的信托收益提供给农户。在该模式下，土地所有权、承包权和使用权分离，这也是"农地＋信托"间接抵押贷款模式与其他模式最大的区别。因为该模式对土地的供应量与需求量都达到规模化水平，故对农村的外部环境要求较高，而此模式的顺利运转还需完善的服务体系，故此模式更适用于经济发展水平较高的地区。

（四）"农地＋证券化"间接抵押贷款模式

"农地＋证券化"间接抵押贷款模式是农户用土地的预期收益进行担保，作为可以流通的证券形式，吸收社会分散资金，为农户提供较长时间的资金支持，以此扩大农户的资金来源，提高土地承包经营权的流转性，使农户的中长期贷款成为可能。目前此种模式在我国没有好的发展环境，有关农村土地证券化的法律法规尚属空白，农地的产权归属也不清晰，土地价值也没有统一的标准衡量。同时我国的资本市场和中介组织的发育仍不成熟，土地价值的兑换和变现不是很容易，还存在一些困难，虽然土地证券化了，但是其仍然难以发挥其价值，成为有效的抵押物并不容易。

## 二、宁夏同心县农地抵押案例分析

（一）实施背景

同心县位于宁夏回族自治区中南部，农业人口为 30.2 万人，占全县总人口的 75.9％，是我国西北地区典型的农业主导县。从总体上看该地经济基础较为薄弱，主要以农业收入为主。该地的生产模式是小规模生产，主要是种植业和养殖业，都是小规模的农业生产。在种植业中，主要生产玉米和枸杞。养殖业中，主要是养殖牛羊。所以同心县的支柱产业是大枣、枸杞、牛羊肉和羊绒，这些是同心县的特色产业也是生产经营收入的来源。随着经济的迅猛发展，同心县的农业发展水平得到提高，农户在生产经营方面的需求更高，对融资的需求也增加了。2003 年由于牛羊养殖户遇到资金短缺的问题，在政府的政策支持与推动下，同心县开始首次进行农地经营权抵押贷款的实践，2015 年 12 月，同心县被列为全国农村土地经营权抵押贷款试点县之一。同心县的农地抵押提高了农户融资的便利性，调动了农户的积极性，较大程度上解决了融资难的问题，缓解了农户资金不足的问题，为建立信贷市场奠定了基础。从 2007 年开始土地协会陆续改制为土地经营权流转服务合作社，初步实现"土地活起来、农户富起来"的改革初衷。

### （二）运作模式

宁夏同心县农地抵押流程如下：由广大农户倡议发起并成立以村庄为单位的土地经营权流转服务合作社；有潜在贷款需求的农户在确保可以满足基本温饱需求的耕地留作自用的前提下，把自身持有的其余部分农地以入股的方式加入土地经营权流转服务合作社即成为社员，入股的承包地不得超过其承包总量的 40%，社员身份是获得贷款资格的重要前提；需要土地贷款的成员应与其他成员形成小组，达成担保协议后，可以申请抵押贷款；农地经营权流转合作社向金融机构提供担保。满足以上条件的情境下，金融机构在贷款条件审核并通过后即可发放贷款（见图 19-3）。

当获得贷款的农户不能如期偿还贷款抑或不能足额还贷时，合作社则开始发挥组织优势，通过之前缔结而成的联保小组以小组内部流转的形式通过联保人来代为偿还贷款，此时原贷款农户的农地经营权则需给予联保人来处置。

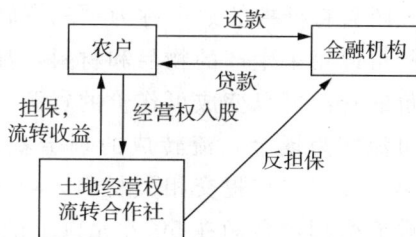

图 19-3　间接抵押贷款模式

### （三）分配机制

宁夏同心县采用了土地入股合作社和贷款反担保的模式。农户将土地的经营权入股合作社，这种模式更加市场化，促进了土地流动。同心县模式农户入股合作社，农户参与收益分红，按照农户持有的股数，以一定比例进行收益分配。不同农民集体经济组织之间的分配，因为农村土地在各个地区的用途、交通、地理位置的不同，带来了收益的差异，所以要通过平衡各区的差别，来推动土地入市。集体组织和成员的分配由于各个地区的特点和收益不同，还没有统一的方式，主要是各个地区根据地方特色和成员之间的协商，共同决定。

### （四）风险防控

宁夏同心县的土地经营权抵押贷款模式是合作社为农户担保，对金融机构进行反担保，以一种连带担保的方式进行风险防控。一是金融机构要求农户必须购买人身意外保险或者其他农业保险，只有购买保险才可以有贷款的资格，当农户发生意外或者无法避免的意外的时候，农户不能偿还贷款，机构面临的损失会有一个基本保障。二是通过资格审查和机构筛选来降低风险。合作社在筛选入社会员时，会对社员的收入能力、资产状况和个人信用情况等多方面进行考核审查。所以银行可以通过农户是否是社员的身份来判断农户的信用情况，降低了机构的风险。在同心县，是关系主导型的抵押贷款模式，农户都非常重视个人声誉，所以担保人、债务人都认真负责。

## 三、贵州省凤冈县——土地经营权＋地上附属物抵押贷款模式

### （一）实施背景

凤冈县在贵州的东北部，地貌是山区，属于山区农业县，经济相对落后，大部分的农地被闲置，没有产生农地价值，农民收入较低。2009 年，在县政府的驱动下，凤冈县开始农村土地经营权抵押贷款的探索。

### （二）抵押制度设计

凤冈县将抵押的财产称为"三资转换"——资源变资产、资产变资本。资源是指可以用来生产的物品和材料，如土地和其他物品。资产就是政府认为没有作价的资源可以变成可作价的资源。资本即资金，政府承认的有固定作价的资产可流转为现金，流转成的现金就是资金。土地经营权的具体抵押步骤如下：第一步，农户提交相关材料，申请贷款。贷款的金额在 50 万元以内的由县级政府受理，金额在 50 万元以上的由乡镇级的政府受理。相关机关对农户进行产权确认并颁发证书。第二步，进行资产评估。凤冈县的农村资产评估中心对农户的土地面积、农地附属物、经济实力进行综合评价。组建评估委员会，根据土地的不同类型，从土地的位置、面积、土质、抵押年限等方面，对土地进行综合评价，根据最后得分，按照每分 5000 元的价格进行计算，得出抵押物的价值。第三步，在评估委员会对资产评估完成之后，进行贷款。担保公司对金融机构进行担保之后，农户可以获得贷款，如果申请贷款的人不能如期偿还贷款，被用作申请贷款的土地经营权和地上附属物将会转入交易中心进行变现。

### （三）风险防范机制

"土地经营权＋地上附属物"抵押贷款模式下的风险主要由担保公司承担，所以通过担保公司来设置防范机制：一是要用能力强的人来做担保公司的负责人，既拥有社会资源也能对信息有高敏感度。二是限制抵押标的。农户进行抵押贷款的抵押标的要多元化，要带上附属物。如果申请抵押贷款的土地是小于 10 亩的土地，担保公司将不会接受贷款抵押的申请。三是担保成本。担保成本由两部分组成，主要是 3% 的担保费和 1% 的还款保障金。四是在该种模式

下，完成资产评估后，担保公司根据评估结果和金融机构的反馈有权力决定是否发放贷款。担保公司根据贷款人之前的项目进行判断，多方位考察是否要放贷。

# 第三节　农地抵押贷款的推广价值与适用条件

本节内容主要讲解直接抵押贷款模式和间接抵押贷款模式的对比，通过案例的比较分析，得出农地抵押贷款的推广价值和适用条件。

## 一、农地抵押贷款案例分析对比

在前面的案例分析中，农地抵押贷款主要有直接抵押贷款和间接抵押贷款两种方式，接下来对两个典型案例从定价机制、利益分配机制、风险防控机制三个方面进行比较分析。

（一）定价机制分析

两个农地抵押贷款案例定价机制对比表见表 19－1 所列。

表 19－1　两个农地抵押贷款案例定价机制对比表

| 项目 | 案例一：山东寿光农地抵押 | 案例二：宁夏同心农地抵押 |
|---|---|---|
| 定价方式 | 权力主导型价格形成机制 | 市场供需决定的价格形成机制 |
| 定价机制 | 根据不同土地性质设置抵押物最高抵押额度，"打折"评估法用于土地经营权评估，以其实际价值的 60%～70% 进行定价 | 入股农户必须留下一定比例（1/3）的土地，一般贷款额度为 3 万元。农户必须是社员或有联保人才有资格获得贷款 |
| 调整机制 | 土地评估时，采用"回避"规则，以避免出现资产评估不符合实际的现象 | 当出现不良贷款时，合作社及联保人首先需要代偿债务，然后由合作社或联保人处置土地经营权 |

山东寿光农地抵押的定价机制是由政府主导的，节省了农户抵押的中间成本，风险更低；宁夏同心县农地抵押贷款的定价机制是政府不在任何一个环节参与，充分发挥了市场的作用，效率更高，市场化更明显，更加贴合贷款人的需求。

（二）利益分配机制分析

两个农地抵押贷款案例利益分配机制对比表见表 19－2 所列。

表 19-2　两个农地抵押贷款案例利益分配机制对比表

| 项目 | 案例一：山东寿光农地抵押 | 案例二：宁夏同心农地抵押 |
|---|---|---|
| 利益分配主体 | 村委会、农户、生产经营主体 | 农户、农村信用合作社 |
| 利益分配方式 | 生产经营主体向村委会支付租金，然后村委会与农户进行收益分配，主要以土地增值收益分配。政府将年均新增土地经营权和蔬菜大棚抵押贷款数的 1.5％予以风险补偿 | 农户土地入股合作社，按照社员的持股比例将每年的收益进行分红，土地股数是农户入股的土地收益价值。农村信用社与土地合作社分摊交易费用，按照 10：1 的比例选举合作社代表 |

　　山东寿光市的利益分配机制中村委会在整个抵押贷款环节起到了至关重要的作用，所以收益的分配需要政府进行调节。宁夏同心县的利益分配机制是以股份分红的形式进行，根据土地股数进行报酬分配。

（三）风险防控机制分析

　　两个农地抵押贷款案例风险防控机制对比表见表 19-3 所列。

表 19-3　两个农地抵押贷款案例风险防控机制对比表

| 项目 | 案例一：山东寿光农地抵押 | 案例二：宁夏同心农地抵押 |
|---|---|---|
| 农户权益风险 | 政府设立农村土地经营权抵押赔偿风险机制。政府出资建立土地经营权补偿基金，当农户无法偿还时，由政府基金承担不能还款的风险 | 通过农业保险降低贷款者的逆向风险。银行要求贷款农户必须购买人身意外保险或者其他农业保险，保证农户有还款保障 |
| 信用违约风险 | 限定土地经营权的抵押面积，寿光市规定，农户进行土地经营权抵押贷款融资的土地面积不得超过其承包土地总面积的 70％ | 通过土地流转合作社和筛选信息降低风险。土地流转合作社对入社农户进行资信、收入情况评估。银行可以依据农户是否是社员或合作社是否替农户做连带保证，判断农户是否具有还款能力，降低银行的贷款风险 |
| 违约处置风险 | 建立抵押土地"回购"制度，借款人不能偿还时，先由村组织回购经营权，农户有能力之时再从村组织处购回，保障农户土地不损失 | — |

　　山东省寿光市的风险主要是农户的违约风险，因此山东寿光采取的风险防控机制也是针对降低债务人违约风险制定的。因为交易双方的信息不对称，信贷方

的信息很难完全收集到，金融机构或者担保公司需要投入非常大的成本才能掌握全面的信息，所以在金融机构和农户之间存在逆向选择和道德风险等问题。这种风险防控机制有效地减少了一些这样的风险，农户的利益也得到了一些保障。宁夏同心县的风险防控机制保护了农户的利益，减少了违约的农户人数，能够对贷款申请人进行担保的大部分都是一个村里的人，所以村民都很注重声誉，村民个人也很重视个人信用。

综上所述，农地抵押贷款模式中，无论是直接抵押贷款还是间接抵押贷款都有自己的优劣势，适合不同的地区和不同的农地条件，具有各自的特点和推广价值。

## 二、农地抵押贷款的推广价值

（一）寿光模式的推广价值

（1）农户的土地经营权进行抵押时，政府负责进行资格审查、价值评估。在完成资格评估之后，发放土地权利证书。

（2）政府做的工作都是免费的，不从中收取费用，这样就会使农户在进行抵押贷款的时候节约很大一部分成本，从而使得农户有更多的资产可以抵押。

（3）在抵押贷款的环节中，各个政府机关单位之间的合作与分工非常明确，也可以给农户在抵押的过程中进行业务指导。

（4）政府在整个抵押的过程中起到推动作用，政府也贯穿了整个过程，所以政府可以得到土地流转的数据，根据这些数据可以看到土地流转市场的不足，进一步完善土地流转市场，村委会也发挥了重要的作用。

（5）加强了农村土地资源和资产的流动性，土地流转的程度在加深，农村的土地由小规模的小农生产渐渐形成有规模的经营，提高了农村产业化，促进了资金流转，农村土地被有效利用。

（二）同心模式的推广价值

宁夏同心县土地经营权抵押贷款模式最大的特征就是没有政府的干预，政府不参与农地抵押的过程，这样受政府的干预就少了。该模式比较市场化，自由度高，贷款流程和手续比较简便，农户不依赖于政府的担保，市场在整个过程中起到了重要的作用。政府不负责抵押物的评估，而是由市场进行评估，评估结果更加透明。该模式的抵押贷款政府处于不参与的状态，完全由农户和金融机构的联合推动。政府主要负责制度的规范与创新，督促制度的实施与落实。所以更加简便的流程和交易过程以及更加简化的抵押贷款模式更符合市场的需求。宁夏同心县是农户将土地经营权入股土地流转合作社，采取联合担保的模式，由土地流转合作社和合作社的两名社员共同组成，并向金融机构担保。这就形成了连带责任，对借款人进行担保。这是比较先进的抵押贷款模式，对银行和农户都是很好的选择。土地流转合作社是作为总担保的存在，其偿还能力比较强，可以为农户进行反担保。当农户不能偿还贷款的时候，土地流转合作社就会将抵押物在合作社内进行流转，提高了土地流转的效率，减小了金融机构受到的损失，也保证了农户的土地及其经营权不受损失。合作社是在村内组建的，以村为单位，这样在发生贷款不能偿还的时候，申请人可以将土地快速地流转向自己，保障了农户的利益与收益。

同心模式进一步缓解了农村融资难的问题。土地的流转更快，贷款的办理完成更加快速，资格的审核更加简便和透明，贷款门槛更低，农户可以得到的贷款金额更多，定价方式更加透明。农户增加收益，在解决融资难问题的同时也保障了机构和农户的损失最小，农户更加容易得到贷款，资金的流转更加快速，这也调动了普通农户的积极性。

## 三、农地抵押贷款的适用条件

（一）直接抵押贷款的适用条件

（1）直接抵押贷款模式作用于农村经济发展水平较高的地区，且借款人多是规模较大的农业生产经营主体，同时地方政府的财政实力比较强，具有较成熟的农村金融市场。

（2）农户申请贷款，农户把土地经营权作为抵押物来申请贷款，银行等金融机构对申请者的资格进行审查，然后发放贷款。村委会是作为第三方的组织，一方面对借贷人进行甄别，另一方面还具有对抵押土地进行处置的职能。

（3）金融机构需承担较高的贷款审核成本。银行等相关金融机构负责对申请贷款的农户进行资产、证明、资格的全面审核。在农户不能或者因为某些原因无法偿还贷款时，抵押物就成为一大难题，其处置权就交给金融机构，所以该模式的交易成本较高。

（4）金融机构的违约风险较大。对于金融机构的风险，政府需要成立基金来进行风险分担，这也是一种控制风险的措施。在贷款申请人没有能力或者出现意外无法偿还贷款的时候，该基金就会和银行相关金融机构按照比例承担相对应的风险和损失。

（二）间接抵押贷款的适用条件

（1）贷款人一般是农户和种植大户，抵押品有原始的土地经营权，也有流转后的土地经营权。

（2）抵押人持有相关资格证明和报告。土地的价值以统一的标准确定下来，才能给金融机构贷款额度提供依据。

（3）间接抵押贷款模式本身降低了金融机构变现土地的风险，其担保、信托、证券化的方式减轻了金融机构对农地抵押品变现难度和变现金额的顾虑，抵押品的处置对土地流转市场的要求没有那么高。

（4）依靠政府引导与监督。政府的指导性文件将给予农户与金融机构开展业务的信心，提供政策上的保障。

综上所述，在农地经营权抵押的过程中土地的评级和确值是前提，土地的流转平台建设是关键，还要依靠政府引导与监督，这样土地经营权的抵押贷款流程才能更加规范合理，土地资本化流转才能更具有市场性，降低了农地抵押贷款的风险，保障了抵押双方的利益。

# 农地资本化政策设计篇

乡村振兴背景下如何通过农地资本化机制有效盘活农村土地资源是激活乡村内在发展动力的重要方向。基于全书主要的研究内容与结论，梳理出农地资本化的政策设计思路与建议，为今后政策制定与实践推广提供参考依据。

# 第二十章　推进农地资本化的政策设计

当前，我国处于乡村振兴与新型城镇化、新型工业化等"四化同步"推进的快速发展时期，每一个重大任务的推进都需要有土地资源的供给保障。有效盘活农村土地资源，推进农地资本化，提高农地资源配置效率是未来乡村振兴的必由之路。有效的政策设计有助于解决农地资本化推进过程中存在的问题，对切实激发乡村振兴土地资源要素活力与内生发展动力意义重大。

## 第一节　明晰产权关系，完善农村产权政策设计

土地权能界定的清晰与否直接关系着农民利益的保障和土地资源配置的效率。土地产权关系与产权政策的着力点包括产权主体、产权权能以及产权实现方式。

### 一、明确农村土地产权主体

《中华人民共和国宪法》和《中华人民共和国土地管理法》规定，我国土地所有制为社会主义土地公有制，包括社会主义全民所有制和社会主义劳动群众集体所有制两种形式。土地所有权包含三层含义：其一，土地所有者可以自由使用和处理其所有的土地并有权获得收益；其二，得到法律的确认和保护；其三，权利在法律范围内行使，即权利受法律的限制。对于农民集体所有土地而言，明确农村产权关系就要明确土地所有权的归属主体，实现农村资产资源的确权登记，重点是明确乡镇政府、村集体、村民小组等主体的产权界限，避免产权权能的重叠或边界的交叉。确定经营性土地资产的类别、范围、数量和折股量化到集体组织成员，颁发产权证，从而确定产权边界。除此之外，还要进一步明确集体土地所有权的内部权力体系，培育新型集体组织，将集体组织的权、责、利及相应关系理顺，在保护农村集体经济组织成员的合法权益的同时，也要明确成员的进入和退出标准，建立完善的成员动态管理机制。土地产权主体对土地权能处置的前提是遵从土地用途的管制规定，耕地要用来生产粮食作物，保障粮食安全。

### 二、强化农村土地产权权能

巩固和完善农村土地承包经营制度，核心是稳定农村土地承包关系，这是农

村政策的基石。总体上要保持承包地基本稳定，坚持"大稳定、小调整"的原则，尊重农民意愿，在政府的指导下通过村集体民主协商解决。不能完全依靠无限细分、均分有限的土地资源解决土地问题，要通过多渠道促进农村劳动力转移就业、完善社会保障制度等方式，统筹解决无地农户问题。

坚持和完善农村土地集体所有制，推进农村土地深化改革，核心是盘活农村土地资产，赋予农民的土地资产更多权能，构建城乡互补、全面融合的新发展格局。打破城乡土地制度障碍，促进城乡一体化，建立统一的建设用地流转交易市场，实现"同等入市、同价同权"，农村建设用地享有和国有土地入市同等权利、同等价格进行流转交易。

### 三、创新农村土地产权实现方式

实行承包地"三权分置"是现阶段解决保护农民承包权与促进土地流转这一矛盾的治本之道。理清权利主体的权利边界和相互权利关系，健全"三权分置"的农地产权体系，完善所有权、承包权权能内容，并且平等保护经营权，依法维护经营主体从事农业生产所需的各项权利。围绕农村土地制度的创新，加快《中华人民共和国物权法》《中华人民共和国土地管理法》《中华人民共和国担保法》《中华人民共和国合同法》等法律法规的修订，对相关配套法规进行"立、改、废"，形成相对完整的制度体系。特别是资格权的设定，可考虑建立政府相关部门备案审查制度，强化对农民利益的保护和宅基地流转秩序的维护。

进一步夯实农村村民自治基础。从全国土地确权和农村土地制度改革试点实践来看，与包括"三权分置"在内的农村系列改革相适应的基层治理体系还有待完善。在国家立法画定底线的基础上，建立、完善村民自治体系，做实做强集体经济组织，真正发挥村民自治组织作用。

## 第二节　提高配置效率，完善农村土地市场政策设计

加快引入全面市场化机制，合理配置农村土地资源。积极培育土地承包经营权流转市场，促进现代农业发展，建立合理的利益分配机制，统筹城乡土地要素配置，建立健全城乡统一的土地市场，充分实现农村集体土地的有形价值。

### 一、加快高标准农田与良田建设，完善耕地资本化流转市场体系

高标准农田建设既保障了中国粮食安全，又为农地流转提供了可参考、标准化的交易标的，是建立完善的农地流转市场的关键一步。在中国农业由小农经济

的发展模式向大规模的现代农业产业转变的过程中，发展多种形式的规模经营，培育新的农业经营主体，实现小农户与现代农业发展的有效衔接。

高标准农田建设要深入实施"藏粮于地"和"藏粮于技"的战略，确保谷物基本自给、口粮绝对安全。以提升粮食产能为首要目标，以农产品主产区为主体，以永久基本农田、粮食生产功能区、重要农产品生产保护区为重点区域，优先建设口粮田。提升农田生产能力与生产效率，着力推进标准化农田灌排设施、田间道路通行运输设施、农田防护与生态环境保护设施、机械化作业设施、科技服务体系、建后管护服务体系等建设，提高水土资源利用效率，增强农田防灾抗灾减灾能力。把建成的高标准农田划为永久基本农田，为推进耕地资源资本化交易与流转夯实基础。建设区域性耕地产权交易市场，健全农业社会化服务体系，提供多元性质的农业社会化服务，同时要坚决遏制"非农化"、防止"非粮化"，为保障国家粮食安全和重要农产品有效供给提供坚实基础。

## 二、推进闲置宅基地退出流转与产权市场建设

（1）坚持农户主体地位，维护农户权益。在盘活利用闲置宅基地的过程中，要充分尊重农户的退出意愿，保障农户合法权益，积极听取、采纳农户的合理诉求。

（2）健全社会保障体系，消除后顾之忧。在盘活利用闲置宅基地的过程中，要实现土地保障向社会保障转变，要根据不同区位条件等特点，制订相应的盘活方案，提供宅基地退出保障住房，保证"户有所居"；大力发展第三产业，吸纳农村剩余劳动力，加强就业帮扶指导，增加农户收入；建立城乡无差异的社会保障体系，保证弱势群体稳定收入来源，消除退出宅基地流转的后期顾虑。

（3）强化宅基地管理，规范利用方式。乡村宅基地管理意识淡薄、利用效率低是突出问题，借鉴试点改革地区的经验，分时段、分地区采取渐进式的管理方式，规范管理主体行为。制定相关政策法规，政府相关部门要加强监管，逐步建立全方位的宅基地管理体系，确保每一户闲置宅基地发挥最大效益。

## 三、完善集体建设用地流转评估体系，构建城乡统一的建设用地市场

集体建设用地入市制度、农村建设用地流转交易机制及农村宅基地退出机制的一系列法律法规需要进一步修改完善，使得建设用地流转有法律依据，健全建设用地市场，才能促进土地正常、健康地流转。推进农村集体建设用地与城市建设用地同权同价的重点就是土地流转价格的评估与确定。完善农村集体建设用地流转评估体系，基层政府组织扮演着至关重要的角色，实践证明地方政府公共服务水平高能够有效刺激土地价值的提升，同时在国内目前农地流转市场不完善的

情况下，政府应在其中尽可能为各方提供相应的支持，引导农地流转市场健康有序地发展。具体做法如下：

（1）改进入市模式。集体经营性建设用地入市模式的选择要因地、因时而变，尤其要分析不同入市模式的交易属性和行动主体的特征，要避免交易费用的大幅上升、交易收益的不均衡，从而影响入市改革的绩效和进程。基于前文对不同模式的分析，入市模式需要提高村民参与积极性，完善政府、村集体和村民之间的沟通渠道。

（2）提升入市绩效。资源利用方面，以土地整备中心主导为主，对区域内零碎、分散的集体土地整合、统一利用及连片开发是当前农村土地入市的主要方向。未来应该充分发挥集体土地整备中心在招商引资方面的优势，带动产业结构升级，提升集体土地的效益；入市效率方面，合适的入市路径除了和当地的经济发展水平相适应，还要结合村民入市意愿选择入市主体和方式，不同地区之间的实践经验也可以相互借鉴学习，促进效率和效益提升。

（3）进一步完善收益分享机制。村民对入市模式的感知性并不强，他们更加关心收益是否有保障。因此，在推广不同的入市模式时要注意保障村民合理的收益分配，确保"保当前、有增长"，收益分配机制要向村民倾斜才能充分调动其参与积极性。

# 第三节　创新流转模式，完善农地资本化实践政策设计

农地资本化实践有赖于各地结合当地资源禀赋特点与风俗情况进行创新性探索，目前主要有农户自发、集体主导与市场主导等农地资本化流转模式，相关农地资本化政策体系的完善有助于推进农地资本化实践进程。

## 一、进一步完善农户自发的农地资本化流转政策设计

（1）加快完善农地相关法律法规。督促地方政府根据国家文件出台相关细则，对土地流转大小、合同期限、流转中需要经历的步骤以及土地转入方及转出方的责任和权利做出详细规定。

（2）严格把关转包合同。村委应严禁村民内部口头转包协议，提倡农户寻找专业机构拟写转包协议，让转包协议书面化；若村中出现土地转包，村委应该把关转包合同，明确转包到期期限等各项要则；增加违约成本，除了在合同中增加违约金，建设转包诚信档案，对于违约的转包农户，村委应登记在册上传系统，减少违约户的信用评分；加大对农户的土地流转教育，增加农户关于农地转包相

关方面的法律知识。

（3）加快建设地方政府农地流转仲裁机构。健全土地纠纷调解仲裁体系，建设各自的租赁信息平台和租赁服务组织，方便租赁双方获得自己所需要的信息，满足各自租赁需求的同时，解决租赁后所产生的问题。

（4）完善土地金融市场。鼓励外来资本进入农地租赁市场，加大农信社对农户的支持力度，重点关注农户以农地使用权向农信社抵押贷款；鼓励农户购买农业保险，政府对购买农业保险的农户予以一定的补贴。

## 二、进一步完善集体主导的农地资本化流转政策设计

（1）加强农民主体地位。在以往的集体组织主导的农地资本化土地流转中，过分重视集体组织的作用，而忽视了农户的关键作用。要对农户进行定期的科技培训，并引导科技人员到田间地头进行指导，为其专门配备专业技术指导人员，培养农民的科技素质等。要更加维护、支持农民在土地流转过程中的主体地位，健全农村集体土地流转的法律法规，以此减少委托代理问题。

（2）加强集体组织中介职能。随着集体经济组织的加入，农地资本化已经基本在农村地区普及，集体组织的加入使得原先农户和土地流转方之间，消除部分委托代理关系。但是由于中介组织也可能会出现寻租和低效率问题，所以要加强对集体组织的监督，同时要通过中介力量实现当地土地流转的高效率。

（3）丰富多样化土地流转方式。要丰富农村土地使用权的流转模式，这一举措不仅可以拓宽融资渠道，还有利于土地的正常流转，提升土地的经济价值。随着农地资本化的普及，集体经济组织主导的农地流转模式是主要的流转方式之一，未来将有望丰富拓展形式，衍生出更多符合当地特点的农地资本化流转方式。

## 三、进一步完善市场主导的农地资本化流转政策设计

（1）建立健全相关法律法规。我国目前并没有专门针对土地信托和土地银行制度的法律法规，土地信托及土地银行关系中各方的权利义务关系不够明确。为了鼓励土地信托和土地银行模式在全国各地的流转，提高运转效率，有必要出台相关法律，规范土地资本化模式健康持续发展。

（2）成立专门的监管机构。为了确保土地资本化项目顺利进行，要设立专门机构持续监管经营商，定期核查项目的开展状况、资金流的运转情况，防范金融风险，确保土地以及钱款不被移作他用。

（3）注重相关政策知识的普及。这有助于加深农户对土地信托和土地银行模式的认识，提高农户对土地资本化模式的接受程度，为土地资本化模式在全国开

展提供成熟有利的条件。相关人员定期对农户进行培训，不断增加农户的专业知识储备，同时告知他们金融风险的存在，提高他们的风险意识。

（4）完善相应的配套机制。对于土地银行，要成立专门的部门负责完善土地银行模式的配套机制，土地使用权的定价机制要秉着"公平、公正、公开"的原则制定，保证信息的公开、透明。

## 第四节 深化基础研究，完善农地资本化实现机制政策设计

农地资本化的有效实现与切实推进需要明确其背后的逻辑理论机制，完善农地资本化定价机制、利益分配机制、风险防控机制以及完善农地抵质押融资的实现机制。

### 一、完善农地资本化定价机制

（1）政府做好引导工作。县（区）级政府要切实做好农村土地流转的引导工作。首先，搭建一个流转服务平台明确各类土地产权，健全农地保障机制；其次，做好信息交流工作，完善农地流转信息沟通渠道，构建信息交流平台，保证农地流转信息能够及时有效地传递到需求者手中；最后，建立完善有效的调节机制，以保证在农地流转过程中的问题能够及时且公平地解决。

（2）建立合理有效的价格体制。建立和完善农村土地流转价格体系。首先，要建立灵活的价格确定机制，根据实际的市场情况去确定合适的价格体制；其次，可以定期公开土地的指导价格，根据农地的不同性质特点以公布的农地价格引导农地流转。

（3）完善价格评估体系。首先，可以对农地进行等级评估，建立一个完善透明的流转土地的信息数据库，借此对所需流转土地进行不同等级的划分，进而确定合适的基准价格。其次，可以引入第三方资产评估机构对农地流转交易价格进行评估，同时必须保障整个评估过程的公开、公平、公正。最后，制定指标体系，确保农地流转的定价有理可依、有章可循。

### 二、完善农地资本化的利益分配机制

（1）统一立法与因地制宜相结合。农地资本化红利的分配直接关系到农村土地改革、农村土地流转的成败，应该建立统一分配原则、分配机制。不同地区可能存在差异，在统一标准的基础上，给予各地一定自由裁决权，如统一红利分配基本原则为按贡献分配、按公平高效分配、建立统一的收益分配关系，明确收益分配规则适用范围，就耕地、宅基地、集体建设用地等分别建立具体的分配规

则。应当划定范围让地方根据实际情况确定具体规则，让地方主体自主决定分享收益的比例和数额等。总而言之，各地在中央顶层做出的指导性规定的基础上因地制宜、量体裁衣。

（2）利益保障与利益监督相结合。在农地资本化红利合理分配的过程中，最重要的是充分维护和保障农民土地的权益。就利益相关主体而言，商业企业只有有利可图才会参与到农地资本化中，其目标函数是追求自身利益最大化；各级政府作为资本化进程的引导方，其目的不是追求个人的利益，而是追求农户生活的提高和农村经济的发展等社会利益；村集体实为一定区域内农民个体的集合，农民才是集体土地所有权益的最终享有人；农民通常文化程度较低，金融知识匮乏，易成为信息不对称的受害者，在农地资本化过程中处于弱势地位。故应建立"以农民利益为中心"的收益分配机制，而该机制的运作和实现需要价格形成、利益分配等监督机制的建立和完善，还可以利用法律监督和舆论监督更好地解决土地增值收益分配问题。

（3）多种分配方式和基本原则相结合。探索和采取灵活多样的收益分配方式有利于资本化红利分配机制的形成，就像土地流转方式在经过不断试点后涌现很多新的模式一样，也应积极创新收益分配方式。要构建完善的农村土地增值收益分配机制；要从土地的永久性和农民生存的代际性入手，探索合理的、可预期的农地资本化红利的分配方式；要追求从长远的角度实现收益的最大利用价值，即立足利益"可持续分配"原则，灵活采用"分红分配""拆股分配"等多种收益分配方式。

## 三、完善农地资本化的风险防控机制

（1）完善农村社会保障体系是解决农地资本化风险问题的重要举措。形成农民受益随经济增长的机制，让农户在耕地资本化过程中更加有积极性，实现农民在流转中受益、在保障中安心的愿景。

（2）完善集体产权制度。当集体所有的建设用地进入市场配置时，需要建立相关制度，从法律、法规、政策等方面保护所有者和使用权主体的权益。一是保障农民集体建设用地能够以与国有建设用地同价的方式进入流转市场。建立集体建设用地产权确权制度，对产权的真实性和所有权进行甄别，在具有合法性的前提下，区分经营性与非经营性。二是根据本土化原则，让农村集体成员合理享有农村集体建设用地的使用权。三是根据商业建设用地、住宅建设用地、公益建设用地等不同类型的建设用地，从经济的专业角度赋予资本市场不同的权利和能力。

## 四、完善农地抵质押融资的实现机制

（1）农地抵押的法律保障。《中华人民共和国民法典》规定了土地承包经营权的用益物权属性，为"三权分置"提供了法律保障。但农地经营权抵押对于大部分农民来说还比较陌生，一经提出需要修改的法律法条较多。

（2）农地价值评估体系建设。土地估价关系到农民和金融机构的切实利益，有关部门需要顺应市场趋势，重视农地市场价值评估机制的建立，落实农地市场价值评估已经建立的宣传，注重农地市场价值评估专业人员的培养。不仅如此，还要在土地经营权登记的基础上构建全国范围内农村土地经营权的数据库，在数据库建设中对每个地块的相关信息都要进行详细记录。

（3）风险处置机制的完善。在政府扶持方面，可以建立专门的农地抵押贷款专项基金。这部分基金可以在贷款人无法按时偿还贷款时，对贷款机构的损失给予一定程度的补偿，确保贷款工作的顺利进行。在机制构建方面，可以引入分担风险的保险机制。除建立专门的农地抵押贷款专项基金之外，通过引入保险机制也可以起到风险分担的作用，以此作为一种补充形式。

# 参考文献

[1] BOGAERTS T，WILLIAMSON I P，FENDEL E M. The roles of land administration in the accession of Central European countries to the European Union［J］. Land Use Policy，2002，19（1）：29－46.

[2] ASSUNEAO J J，MAITREESH G. Can unobserved heterogeneity in farmer ability explain the inverse relationship between farm size and productivity［J］. Economics Letters，2003，80（2）：189－194.

[3] BRABEC E，SMITH C. Agricultural land fragmentation：the spatial effects of three land protection strategies in the eastern United States［J］. Landscape and Urban Planning，2002，58（2－4）：255－268.

[4] LIU H B，ZHOU Y P. The Marketization of Rural Collective Construction Land in Northeastern China：The Mechanism Exploration［J］. Sustainability，2020，13（1），1－17.

[5] 韩长赋. 中国农村土地制度改革［J］. 农业经济问题，2019（1）：4－16.

[6] 魏后凯，刘长全. 中国农村改革的基本脉络、经验与展望［J］. 中国农村经济，2019（2）：2－18.

[7] 吴宇哲，孙小峰. 改革开放40周年中国土地政策回溯与展望：城市化的视角［J］. 中国土地科学，2018，32（7）：7－14.

[8] 龙花楼，屠爽爽. 土地利用转型与乡村振兴［J］. 中国土地科学，2018，32（7）：1－6.

[9] 乔陆印. 乡村振兴视域下农村土地整治的内涵重构与系统特征［J］. 农业工程学报，2019，35（22）：58－65.

[10] 陆林，罗婷婷. 我国土地权能的演进逻辑与夯实谋划［J］. 西南大学学报（社会科学版），2015，41（2）：34－41＋189－190.

[11] 张勇，周丽. 农民市民化进程中农村宅基地财产权的实现路径［J］. 山西农业大学学报（社会科学版），2020，19（4）：72－76.

[12] 张勇，周丽，贾伟. 农村宅基地盘活利用研究进展与展望［J］. 中国农业大学学报，2020，25（6）：129－141.

[13] 汪莉，尤佳. 土地整治中宅基地的退出激励机制——以安徽省为例［J］. 政法论坛，2015，33（4）：149－159.

[14] 刘卫柏，贺海波. 农村宅基地流转的模式与路径研究［J］. 经济地理，2012，32（2）：127－132.

[15] 吕萍，陈卫华，陈泓冰. 农村住宅市场建设：理论意义和现实路径［J］. 经济体制改革，

2017 (2)：62-68.

[16] 曲衍波，柴异凡，朱伟亚，等．基于"诊断—设计—结果"框架的农村宅基地退出模式原型分析 [J]．资源科学，2021，43 (7)：1293-1306.

[17] 郝宇彪，管智超．中国农村土地流转价格形成机制的比较分析 [J]．区域经济评论，2018 (6)：105-113.

[18] 张晓娟．农村土地流转价格影响因素实证分析 [J]．财经理论研究，2018 (5)：9-17.

[19] 张颖，朱奎．"三权分置"下农地经营权流转价格研究——基于价格博弈的分析 [J]．价格理论与实践，2018 (8)：77-81.

[20] 王成量，陈美球，鲁燕飞，等．农户的耕地流转意愿价格及其影响因素分析 [J]．江苏农业科学，2018，46 (3)：294-298.

[21] 刘鹏．我国农村土地承包经营权流转价格研究 [J]．价格月刊，2017 (11)：74-77.

[22] 苏岚岚，孔荣．农民金融素养、农地转入与农地抵押融资——基于陕西、宁夏、山东1947户农户调查数据的实证 [J]．财贸研究，2021，32 (7)：42-55+110.

[23] 王海涛，孙露雨，程金花．基于规模与组织视角的农地承包经营权抵押融资意愿影响因素 [J]．江苏农业科学，2019，47 (13)：6-9.

[24] 肖端．土地流转中的双重委托—代理模式研究——基于成都市土地股份合作社的调查 [J]．农业技术经济，2015 (2)：33-41.

[25] 张笑寒．农村土地股份合作社：运行特征、现实困境和出路选择——以苏南上林村为个案 [J]．中国土地科学，2009，23 (2)：38-42.

[26] 张夏力，王岩．江苏省农村土地股份合作社的发展实践及推进路径 [J]．江苏农业科学，2016，44 (4)：539-542.

[27] 冀县卿，钱忠好．农地股份合作社农地产权结构创新——基于江苏渌洋湖土地股份合作社的案例研究 [J]．农业经济问题，2010，31 (5)：77-83+111-112.

[28] 肖妍，程培堽．农村土地股份合作社运行特征、成效和潜在问题——以上林村土地股份合作社作为例 [J]．农业经济，2012 (7)：84-86.

[29] 卞琦娟，朱红根．农村土地股份合作社发展模式、动因及区域差异分析——以江苏省为例 [J]．江西农业大学学报（社会科学版），2011，10 (3)：7-12+18.

[30] 林乐芬，顾庆康．农户入股农村土地股份合作社决策和绩效评价分析——基于江苏1831份农户调查 [J]．农业技术经济，2017 (11)：49-60.

[31] 桂华．从经营制度向财产制度异化——集体农地制度改革的回顾、反思与展望 [J]．政治经济学评论，2016，7 (5)：126-142.

[32] 苗绘，王金营．中国农村土地集合信托模式创新与保障机制研究 [J]．宏观经济研究，2021 (7)：127-136+145.

[33] 王蔚，徐勤航，周雪．土地托管与农业服务规模化经营研究——以山东省供销社实践为例 [J]．山东财经大学学报，2017，29 (05)：87-95+105.

[34] 崔雪炜．论集体经营性建设用地入市中所有权区分归属的正当性 [J]．大连理工大学学报（社会科学版），2021，42 (2)：108-116.

[35] 叶红玲．探索集体经营性建设用地入市新模式——广东南海农村土地制度改革试点观察

［J］.中国土地，2018（7）：4-9.

［36］蒋省三，刘守英.土地资本化与农村工业化——广东省佛山市南海经济发展调查［J］.
管理世界，2003（11）：87-97.

［37］伏绍宏，洪运，唐欣欣.集体经营性建设用地入市收益分配机制：现实考量与路径选
择——以郫都区为例［J］.农村经济，2017（10）：37-43.

［38］李国权.论宅基地"三权"分置的可能风险及防范对策［J］.河南社会科学，2020，28
（12）：46-53.

［39］徐钝.论农村集体经营性建设用地入市风险预防机制［J］.学理论，2018（7）：106-
107＋119.

［40］陈振，欧名豪，郭杰，等.农地资本化流转风险的形成与评价研究［J］.干旱区资源与
环境，2018，32（9）：13-18.

［41］孙月蓉，代晨.中国农地资本化流转风险分析［J］.经济问题，2015（5）：107-
110＋129.

［42］林超，陈泓冰.农村宅基地流转制度改革风险评估研究［J］.经济体制改革，2014（4）：
90-94.

［43］夏方舟，严金明.农村集体建设用地直接入市流转：作用、风险与建议［J］.经济体制
改革，2014（3）：70-74.

［44］朱强，李民.论农地资本化流转中的风险与防范［J］.管理世界，2012（7）：170-171.

［45］李怀.农村集体经营性建设用地入市收益分配改革：模式、困境与突破［J］.东岳论丛，
2020，41（7）：128-137.

［46］陈寒冰.农村集体经营性建设用地入市：进展、困境与破解路径［J］.现代经济探讨，
2019（7）：112-117.

［47］刘亚辉.农村集体经营性建设用地使用权入市的进展、突出问题与对策［J］.农村经济，
2018（12）：18-23.

［48］吴萍.农村集体经营性建设用地"同等入市"的困境与出路［J］.广西社会科学，2016
（1）：96-101.

［49］高珊，吕美晔，金高峰，等.农村集体经营性建设用地流转市场困境及启示——以江苏
省调查为例［J］.农业经济，2016（1）：84-86.

［50］杨遂全，孙阿凡.农村集体经营性建设用地流转范围探讨［J］.西北农林科技大学学报
（社会科学版），2015，15（6）：1-6.

［51］满明俊.农村集体建设用地流转制度演化与模式分析［J］.农村金融研究，2014（9）：
15-20.

［52］黄晶晶，张坤，魏朝富.重庆市农村建设用地流转模式比较［J］.中国人口·资源与环
境，2013，23（S2）：376-379.

［53］蔡继明.农村建设用地流转模式的比较与选择［J］.经济学动态，2009（9）：64-67.

［54］程世勇，李伟群.农村建设用地流转和土地产权制度变迁［J］.经济体制改革，2009
（1）：71-75.

［55］文枫，鲁春阳，杨庆媛，等.农村集体建设用地流转研究进展［J］.地理科学进展，

2011, 30 (9): 1193-1200.

[56] 陈霄. 户籍制度改革与土地资本化——基于重庆案例的分析 [J]. 财经科学, 2013 (5): 77-84.

[57] 陈霄. 农村土地金融开发的条件、框架与对策——基于重庆改革发展的视角 [J]. 西部论坛, 2012 (3): 20-27

[58] 何晓星, 王守军. 论中国土地资本化中的利益分配问题 [J]. 上海交通大学学报 (哲学社会科学版), 2004 (4): 11-16.

[59] 黄少安, 赵建. 土地产权、土地金融与农村经济增长 [J]. 江海学刊, 2010 (6): 86-95+238-239.

[60] 蒋省三, 刘守英. 土地资本化与农村工业化——广东省佛山市南海经济发展调查 [J]. 经济学 (季刊), 2004 (4): 211-228.

[61] 黎翠梅. 土地资本化与农村土地保障制度的创新 [J]. 财经论丛, 2007 (1): 43-47.

[62] 刘守英. 集体土地资本化与农村城市化——北京市郑各庄村调查 [J]. 北京大学学报 (哲学社会科学版), 2008 (6): 123-132.

[63] 钱忠好, 曲福田. 规范政府土地征用行为 切实保障农民土地权益 [J]. 中国农村经济, 2004 (12): 4-9+64.

[64] 钱忠好. 土地征用: 均衡与非均衡——对现行中国土地征用制度的经济分析 [J]. 管理世界, 2004 (12): 50-59.

[65] 曲福田, 高艳梅, 姜海. 我国土地管理政策: 理论命题与机制转变 [J]. 管理世界, 2005 (4): 40-47.

[66] 阮小莉, 杨恩. 农村土地的金融制度创新及其角色担当 [J]. 改革, 2011 (2): 69-76.

[67] 王昉, 缪德刚. 近代化转型时期农村土地金融供给: 制度设计与实施效果——20世纪30、40年代中国农村土地金融制度思想与借鉴 [J]. 财经研究, 2013, 39 (1): 38-48.

[68] 王兴稳, 纪月清. 农地产权、农地价值与农地抵押融资——基于农村信贷员的调查研究 [J]. 南京农业大学学报 (社会科学版), 2007, 7 (4): 71-75.

[69] 魏开, 魏成. 土地资本化视角下的乡村发展研究——珠江三角洲村庄土地变化的一个案例 [J]. 生态经济, 2013 (1): 32-36.

[70] 张振华. 基于收益现值法的农村土地流转价格研究 [J]. 中央财经大学学报, 2013, (12): 58-62+69.

[71] 苏晓鹏, 冯文丽. 论农村土地承包经营权流转价格评估问题 [J]. 价格理论与实践, 2009, (5): 67-68.

[72] 赵梓琰, 邱道持, 王静, 等. 农村土地资产评估研究进展 [J]. 中国土地科学, 2013, 27 (7): 86-92.

[73] 伍振军, 孔祥智, 郑力文. 农地流转价格的影响因素研究——基于皖、浙两省413户农户的调查 [J]. 江西农业大学学报 (社会科学版), 2011, 10 (3): 1-6.

[74] 刘寒梅, 刘任. 完善土地流转市场定价机制问题研究 [J]. 价格月刊, 2013 (6): 28-31.

[75] 何芳，温修春．我国农村土地间接流转供应链的利益协调机制研究——基于委托代理模型 [J]．运筹与管理，2013，22（4）：60-67.

[76] 穆松林，张义丰，高建华，等．村域土地承包经营权流转价格研究 [J]．资源科学，2011，33（5）：923-928

[77] 鲍海君．城乡征地增值收益分配：农民的反应与均衡路径 [J]．中国土地科学，2009，23（7）：32-36.

[78] 藏波，杨庆媛，周滔．农村土地收益权证券化的农户意愿及其影响因素——基于重庆市11个典型村的调研 [J]．中国人口·资源与环境，2013，23（6）：51-58.

[79] 陈家泽．土地资本化的制度障碍与改革路径 [J]．财经科学，2008（3）：99-107.

[80] 诸培新，卜婷婷，吴正廷．基于耕地综合价值的土地征收补偿标准研究 [J]．中国人口·资源与环境，2011，21（9）：32-37.

[81] 诸培新，唐鹏．农地征收与供应中的土地增值收益分配机制创新——基于江苏省的实证分析 [J]．南京农业大学学报（社会科学版），2013，13（1）：66-72.

[82] 何雄浪，李鹏飞．我国农村土地流转的典型模式探究 [J]．宜宾学院学报，2021，21（07）：46-54+64.

[83] 郑雄飞，吴振其．乡村振兴与农地流转体制机制创新研究——基于地权配置的视角 [J]．浙江工商大学学报，2021（2）：121-129.

[84] 于传岗．农户主导型流转模式长期存在的动力源分析——基于五类农户视角 [J]．农业经济，2014（11）：3-6.

[85] 于传岗．我国农户主导型集体土地流转模式特征、动力与趋势研究 [J]．光华财税年刊，2013：115-136.

[86] 于传岗．基于国家治理视角下农户主导型土地流转性质分析 [J]．农业经济，2012（10）：17-20.

[87] 韩江河．关于农村土地流转的"成都模式"和"温州模式"比较与启示 [J]．广西大学学报（哲学社会科学版），2008，30（6）：17-20.

[88] 杨庆媛，鲁春阳．重庆地票制度的功能及问题探析 [J]．中国行政管理，2011（12）：68-71.

[89] 崔宝敏．天津市"以宅基地换房"的农村集体建设用地流转新模式 [J]．中国土地科学，2010，24（5）：37-40+46.

**图书在版编目（CIP）数据**

乡村振兴背景下农地资本化的实现机制研究/王海涛，张本照，窦晨彬著．
—合肥：合肥工业大学出版社，2022.7
ISBN 978-7-5650-5965-0

Ⅰ．①乡…　Ⅱ．①王…②张…③窦…　Ⅲ．①农业用地—土地资本—研究—中国　Ⅳ．①F321.1

中国版本图书馆 CIP 数据核字（2022）第 126140 号

乡村振兴背景下农地资本化的实现机制研究

王海涛　张本照　窦晨彬　著　　　　　　　　责任编辑　赵　娜

| | | | | | |
|---|---|---|---|---|---|
| 出　版 | 合肥工业大学出版社 | 版　次 | 2022 年 7 月第 1 版 | | |
| 地　址 | 合肥市屯溪路 193 号 | 印　次 | 2022 年 7 月第 1 次印刷 | | |
| 邮　编 | 230009 | 开　本 | 710 毫米×1010 毫米　1/16 | | |
| 电　话 | 理工图书出版中心：0551-62903004 | 印　张 | 17 | | |
| | 营销与储运管理中心：0551-62903198 | 字　数 | 324 千字 | | |
| 网　址 | www.hfutpress.com.cn | 印　刷 | 安徽昶颉包装印务有限责任公司 | | |
| E-mail | hfutpress@163.com | 发　行 | 全国新华书店 | | |

ISBN 978-7-5650-5965-0　　　　　　　　　　　　定价：58.00 元

如果有影响阅读的印装质量问题，请与出版社营销与储运管理中心联系调换。